SIG
BELLES LETTRES

Collection dirigée
par
Laure de Chantal

IMPERATOR

DANS LA MÊME COLLECTION

IMPERATOR

Diriger en Grèce et à Rome

Précédé d'un entretien
avec Pierre-André de Chalendar

Textes réunis et présentés
par
Charles Senard

Deuxième tirage

LES BELLES LETTRES

2017

© *2017, Société d'édition Les Belles Lettres*
95, bd Raspail 75006 Paris

www.lesbelleslettres.com
Retrouvez Les Belles Lettres
sur Facebook et Twitter

ISBN: 978-2-251-44641-7
ISSN: 0003-181X

ENTRETIEN
AVEC
PIERRE-ANDRÉ DE CHALENDAR

Pierre-André de Chalendar, président-directeur général de Saint-Gobain, est une des grandes figures du patronat français contemporain. Après des études à l'Essec (promotion 1979), puis à l'Ena (promotion 1983), il commence sa carrière à l'Inspection générale des finances, avant d'entrer en 1989 chez Saint-Gobain comme directeur du plan. Il occupe ensuite, notamment, des postes de direction aux États-Unis et en Grande-Bretagne et devient directeur général de la société en 2007, avant d'être nommé en 2010 par le conseil d'administration de Saint-Gobain à son poste actuel.

CHARLES SENARD. – *Pierre-André de Chalendar, vous êtes confronté aux enjeux du leadership depuis longtemps. Quel enseignement la lecture de ces textes d'auteurs grecs et romains peut-elle apporter aujourd'hui ?*

PIERRE-ANDRÉ DE CHALENDAR. – Je crois beaucoup à l'histoire. Chez Saint-Gobain, qui est d'ailleurs la plus ancienne des grandes entreprises industrielles françaises – nous avons fêté nos trois cent cinquante ans l'année dernière[1] –, nous y attachons beaucoup d'importance. Parce que, dans la mesure où tout ce qui touche au leadership est lié à la psychologie, aux hommes, étudier l'histoire est extrêmement important,

---

1. Saint-Gobain a été fondé en 1665 par Jean-Baptiste Colbert, sous le nom de Manufacture royale des glaces.

car bien que l'âme humaine ait évolué, il y a des ressorts qui sont valables sur toutes les géographies et dans tous les temps ; il est toujours très utile de s'intéresser aux succès et aux échecs qui ont pu avoir lieu à un moment ou à un autre, et à leur explication. C'est pourquoi j'aime beaucoup lire des biographies, parce que je crois dans le rôle des personnes ; des chefs comme Alexandre le Grand ou César ont été en rupture assez forte avec tout ce qu'il y avait autour d'eux. Les écoles historiques qui ne s'intéressent qu'aux superstructures me laissent sceptique.

Ces textes antiques le montrent, le leadership est aussi déterminant en politique. Les Français vont élire dans quelques mois leur Président de la République ; quelles recommandations auriez-vous à lui donner en tant que chef d'entreprise ?

Il va avoir besoin à la fois de courage et de vision positive. C'est la même chose que quand vous êtes dans une situation de *turnaround* dans une entreprise. Il faut à la fois prendre des mesures énergiques, en leur donnant du sens, et en montrant que c'est pour que cela aille mieux après. Il faut à la fois porter un projet, une vision, un sens, en même temps qu'être capable d'être courageux, de ne pas avoir la main qui tremble. Ce sont les deux choses les plus difficiles et à propos desquelles on peut être le plus inquiet. Et quand je dis inquiet, ce n'est pas uniquement de la faute de ceux qui veulent être leaders, c'est aussi parce que c'est très compliqué.

Le courage, c'est important pour être un bon dirigeant. Être courageux, c'est d'abord être lucide, ne pas se voiler la face, et faire un diagnostic qui soit le plus juste possible. C'est ensuite pouvoir prendre des décisions qui ne sont pas forcément agréables, qui ne sont pas forcément populaires (c'est le contraire de la démagogie), mais qui vont être importantes. Faire preuve de jugement ne suffit pas. Le courage est lié à la décision et à sa mise en œuvre.

Venons-en à vous-même. Quelles ont été les grandes étapes de votre parcours de dirigeant, et lesquelles ont été les plus formatrices ?

J'ai été formé par un homme, Jean-Louis Beffa[2]. Cela fait vingt-sept ans que je suis chez Saint-Gobain, et c'est lui, mon prédécesseur comme patron de Saint-Gobain, qui m'avait recruté à l'époque. Pendant toute une période, je n'ai pas été directement sous ses ordres, mais je l'ai quand même suivi longtemps, et il a clairement été pour moi un mentor. Je crois beaucoup à ce type de relation. Après, comment se manifeste cet apprentissage ? C'est très difficile à dire. Je n'ai pas l'impression d'avoir appris comme on apprend à l'école, je n'ai pas reçu de cours à proprement parler, c'est vraiment sur le tas qu'on apprend, en demandant des conseils sur des situations concrètes, en regardant comment font les autres… On est en contact avec d'autres dirigeants et on s'imbibe progressivement de certaines manières de faire, d'un certain nombre de réflexes, de choses importantes.

Quelles ont été les étapes de mon parcours ? Après l'Essec, puis l'Ena, j'ai passé quelques années dans l'administration, à l'Inspection des finances, au ministère de l'Industrie ; puis j'ai été recruté chez Saint-Gobain comme directeur du plan. C'était un job assez proche de ceux que j'avais eus dans l'administration, une sorte de directeur de cabinet du président. Mon travail consistait surtout à instruire les dossiers. Chez Saint-Gobain, la légitimité vient de l'opérationnel. Cela m'attirait sans que je sache bien en quoi cela consistait et cela m'inquiétait, car je n'y avais pas été préparé. Quand Jean-Louis Beffa m'a dit, au bout de deux ans et demi : « Maintenant, il faut aller dans les usines », l'expérience a été une révélation : cela m'a vraiment beaucoup, beaucoup plu. Mais je me souviens que le seul vrai repère que j'ai eu à ce

2. Président-directeur général de Saint-Gobain de 1986 à 2007, puis président jusqu'en 2010.

moment-là, c'est une expérience que j'avais faite dix ans plus tôt : mon service militaire, que j'avais eu la chance de faire comme officier, et durant lequel j'ai commandé une section de trente appelés. Même si le contexte était assez différent dans ces usines, c'était finalement ce qui en était le plus proche et ce qui m'a été le plus utile au début, bien plus que tout ce que j'avais fait avant, toute cette parenthèse de dix ans, surtout faite de dossiers intellectuels, et qui n'avait pas grand-chose à voir avec ce dont j'avais besoin dans la vie quotidienne de mon nouveau travail. Et, en réalité, c'est vraiment cela que j'ai aimé. J'ai eu par la suite des expériences opérationnelles de commandement dans différents pays : en France, aux États-Unis, puis en Angleterre. C'était à chaque fois des expériences différentes, dans des contextes culturels différents, mais le dernier saut important en termes de leadership a eu lieu quand je suis devenu directeur général de Saint-Gobain : il y avait là, en effet, un changement dans la nature du travail, puisque j'avais à présent un rôle de représentation et de lien entre l'intérieur et l'extérieur du groupe. Les relations avec le conseil d'administration, avec les actionnaires, tout cela était nouveau pour moi et il m'a fallu faire un nouvel apprentissage, pour lequel mon prédécesseur m'a beaucoup aidé.

Voilà l'histoire. Mais j'ai vraiment le sentiment que le leadership, la manière de diriger, ce n'est pas quelque chose que j'ai appris à l'école.

Le leadership ne s'enseigne pas. C'est donc par la pratique que l'on forme des dirigeants ?

Les gens dont on pense qu'ils peuvent être des patrons, il faut les former, il faut prendre des risques, les exposer, en sachant qu'ils ne réussiront pas tous aussi bien. Si on les forme, cela veut dire qu'on est prêt à accepter qu'ils se trompent. J'ai beaucoup appris à ce sujet de mon prédécesseur. Il mettait les gens en position d'apprendre, de faire des erreurs, mais en considérant que cela les formait. On apprend souvent plus de ses erreurs que de ses succès.

Qu'aimez-vous en particulier dans votre rôle de dirigeant d'une grande entreprise ? Quelles y sont vos plus grandes satisfactions ?

J'aime bien faire travailler les gens ensemble. Et j'aime bien me dire qu'en les faisant travailler ensemble, ils obtiennent des résultats meilleurs que ceux qu'ils auraient pu imaginer. C'est une puissante motivation pour moi. J'aime aussi être au contact de mes collaborateurs. Saint-Gobain est une entreprise très exceptionnelle. Je me vois aussi de ce point de vue comme le maillon d'une chaîne, le dépositaire d'un héritage qu'il me faut transmettre et pour cela faire fructifier. Développer le groupe est ma préoccupation principale. Pour cela, il faut à la fois faire les bons choix stratégiques et avoir mis les bonnes personnes aux bons endroits. Les deux grands sujets dont je m'occupe chez Saint-Gobain sont en effet l'allocation du capital et la gestion des ressources humaines. Nous sommes assez décentralisés et les métiers sont donc gérés séparément. Mais dans un groupe comme Saint-Gobain, tout ce qui concerne l'allocation du capital et la nomination des personnes clés, c'est le rôle du patron. J'aime bien les deux, sachant que, dans les deux cas, il y a peu de décisions majeures à prendre, mais qu'il est essentiel de comprendre le mieux possible tout ce qui se passe pour décider le moins mal possible quand c'est important.

Mais ce que j'aime le plus, c'est de faire travailler dans la même direction des gens qui ont eu des parcours très différents, des cultures très différentes, et d'arriver à ce qu'ils se comprennent, à ce qu'on se comprenne tous ensemble. Je crois beaucoup à la force de la diversité dans une équipe. Aujourd'hui, la diversité qui est à la mode, c'est celle des hommes et des femmes, mais pour moi, cela va bien au-delà. La plus importante, et je l'ai toujours trouvée naturellement chez Saint-Gobain, cela s'est fait ainsi, est celle entre les jeunes et les vieux. J'ai pratiquement toujours, dans plusieurs postes successifs, travaillé avec des gens qui allaient prendre leur retraite assez vite, et je trouvais cela extrêmement riche. Je pense que l'alliance de la fougue et de l'expérience est extrêmement précieuse, et que, de façon générale, la valeur de l'expérience est très importante. Et puis il y a aussi la diversité des cultures. Il se trouve que nous avons des affaires qui couvrent toute une série de pays du monde, et il est donc très important pour nous d'essayer de bien comprendre comment on voit les choses dans différents pays, dans différentes cultures. Ce qui m'intéresse beaucoup, comme je vous le disais, c'est de comprendre les différentes cultures et de les faire s'interpénétrer de façon positive.

La plus grande satisfaction que vous pouvez avoir comme dirigeant, à mon sens, est quand vous avez des idées fortes pour changer la culture de l'organisation dans un domaine, et que vous voyez qu'au bout d'un moment, cela porte. J'ai beaucoup essayé de changer la culture de Saint-Gobain, d'une culture « produit » vers une culture « client ». Et c'est une grande satisfaction pour moi de voir que nous ne sommes pas au bout du processus, mais que nous avons beaucoup évolué dans la bonne direction.

Par ailleurs, il y a beaucoup de chiffres dans une entreprise, et quand les chiffres sont en ligne avec ce qu'on a en tête (ce qui n'arrive pas tous les jours !), on est content. Quand on a des équipes qui délivrent, qui sont contentes de leurs résultats, c'est très satisfaisant.

Après, il y a des satisfactions plus prosaïques. C'est vrai que quand on est industriel, quand on a construit des usines et qu'on voit plusieurs années plus tard, après des décisions qu'on a prises, des usines qui fonctionnent, c'est très satisfaisant. C'est la satisfaction de l'ingénieur que je n'étais pas mais que je suis, forcément, un peu devenu…

… Et les aspects les plus difficiles ?

Quand on fait une restructuration, c'est une décision difficile ; mais quand on ne la fait pas, cela peut être encore pire après. Le courage pour un leader, c'est aussi de bouger quelqu'un s'il le faut. De ne pas attendre ; quand cela ne va pas, il faut changer vite.

En quoi consiste l'art de diriger ?

Ce n'est pas facile à définir. Il n'y a pas une façon de faire, il faut être en adéquation avec les gens et les endroits où l'on se trouve. Quand on est dans la matière des relations personnelles et des relations humaines, cela ne se met pas en équation, ce n'est pas cartésien. Je crois qu'il n'y a pas une manière de diriger, il y a autant de méthodes qu'il y a de personnes, cela dépend des tempéraments. Ce sont des choses assez personnelles.

Il y a tout de même quelques conseils que l'on peut donner. Le premier, c'est d'avoir une vision et d'incarner les valeurs qui l'accompagnent. Il faut être capable de motiver les gens qui sont avec vous. J'ai vu de nombreuses méthodes : par exemple, on peut motiver les gens un par un, ou bien les motiver ensemble, ce qui est très différent. Pour ma part, j'ai besoin de travailler avec une équipe, et motiver cette équipe est extrêmement important pour moi.

Après, dans la vie quotidienne, il est très important, je crois, de décider : ce qu'on attend d'un patron, c'est qu'il décide. C'est un des rares conseils que m'a donné Jean-Louis Beffa, quand j'ai quitté la direction du plan – il m'en a donné beaucoup mais sans les formuler aussi explicitement : « Décidez, faites des erreurs, mais décidez, il n'y a rien de pire dans la vie industrielle que d'analyser et de ne pas décider, donc il faut décider. » J'ai un tempérament qui fait que cela ne me pose pas de problème, j'aime bien décider.

Il est aussi très important pour un leader, et plus encore pour un chef militaire, d'inspirer confiance. Quand on part à la bataille, le chef doit être devant, et toute la question est de savoir si les types qui sont derrière vont lui tirer dans le dos. C'est à cela qu'on voit un bon leader : c'est celui qui emmène ses troupes et qui les galvanise. Un mauvais général, on lui tire dans le dos.

Enfin, et c'est vrai de tous les métiers, il faut aimer cela, il faut aimer animer une équipe, être à la tête d'un projet, et je pense qu'on ne le fait pas bien si on n'aime pas le faire. Le dirigeant, pour moi, doit être un passionné. En politique, on dirait peut-être qu'il est « habité » – mais je n'aime pas beaucoup ce mot-là, qui peut être dangereux. C'est un fait que le dirigeant qui est passionné motive, inspire confiance, persuade. Le dirigeant, il y croit. Il croit à son projet. Il déploie une énergie et un enthousiasme qui font partie de sa capacité à inspirer confiance et à persuader. On est un leader parce qu'on a une énergie communicante. Pour diriger, et bien le faire, il faut une énergie communicante. Et vous ne pouvez pas communiquer de l'énergie si vous n'en avez pas, si vous ne la montrez pas. Le général est devant.

Qu'entendez-vous exactement par « avoir une vision » ?

Avoir une vision, c'est dire où on veut aller : c'est-à-dire ce que sera l'entreprise dans cinq ans ou dans dix ans. Donner du sens. Un leader, aujourd'hui, c'est quelqu'un qui donne du sens. On est dans un monde où on recherche beaucoup de sens. C'est un mot très important, qui n'avait pas la même importance autrefois, puisqu'on questionne beaucoup plus facilement qu'on ne questionnait avant, et dès lors qu'on questionne, il faut qu'on trouve une réponse.

Nous, chez Saint-Gobain, nous faisons des matériaux de construction. On pourrait se contenter de dire : « Nous faisons des matériaux de construction. » Mais nos matériaux de construction servent à la fois à améliorer le confort et à rendre le bâtiment plus durable, donc consommant moins d'énergie, et donc contribuant à la

lutte contre le réchauffement climatique. C'est complètement différent. C'est comme cela que je redéfinis Saint-
Gobain. Le fait de contribuer à la construction de cet
environnement et d'un monde plus durable, voilà ce qui
donne du sens. Quand les jeunes viennent travailler dans
une entreprise aujourd'hui, ils ont envie de savoir quelle
va être son utilité sociale, l'utilité sociale de ce qu'ils vont
faire. C'est plus fort qu'avant. Dans le cas de Saint-Gobain,
je trouve d'ailleurs qu'il est facile de donner du sens.

Après avoir défini le sens, il faut aussi savoir le communiquer ?

Oui, il faut le communiquer en interne surtout, mais
aussi en utilisant l'externe pour l'interne. Il se trouve
qu'à côté de Saint-Gobain, j'ai présidé une association
d'entreprises, qui s'appelle Entreprises pour l'environnement (EpE). C'est en quelque sorte le *think tank* des
directeurs de développement durable des grandes entreprises françaises. Cela m'a beaucoup intéressé et j'ai
écrit un livre l'année dernière sur le rôle des entreprises
dans le problème du réchauffement climatique[3], parce
que Saint-Gobain apporte une contribution importante
dans ce domaine. J'avais vu avec EpE qu'aujourd'hui les
entreprises, le monde industriel, ne sont pas seulement
le problème, mais également la solution, et c'est pour
cela que j'ai voulu écrire ce livre. Ce qui m'a frappé, c'est
que l'impact le plus fort que j'ai eu – alors que je ne
l'avais pas du tout fait pour cela – a été en interne. Parce
que cela a accru encore le sens pour les salariés. Le fait
que leur patron porte un discours fort sur ces sujets-là a
été un élément important de fierté et d'appartenance.

Ce sont des choses nouvelles, même si cela fait longtemps que des entreprises jouent ce type de rôle. Pont-à-
Mousson[4], par exemple, s'occupait de l'adduction d'eau

---

3. Pierre-André de Chalendar, *Notre combat pour le climat. Un monde
décarboné et en croissance, c'est possible*, Paris, Le Passeur, 2015.
4. Une des sociétés qui composent Saint-Gobain, fondée au XIXe siècle.

par des tuyaux en fonte, et apportait l'eau potable dans toutes les grandes villes du monde : il y avait aussi cette dimension de contribution. La mission était d'apporter l'eau potable, un élément qui reste primordial pour sortir de la pauvreté dans beaucoup de villes. Toutes les entreprises peuvent se trouver des missions et des visions motivantes, mais l'idée de porter un sens qui est plus large et d'avoir une utilité sociale, je pense que c'est beaucoup plus important aujourd'hui qu'il y a cinquante ans.

Concrètement, que veut dire « incarner des valeurs » ?

Nous par exemple, chez Saint-Gobain, nous avons des valeurs fortes, qui proviennent de notre histoire. Nous sommes un peu spéciaux de ce point de vue-là. Nous avons un héritage important de valeurs qui nous viennent du passé sur l'engagement, sur le respect des uns et des autres. Nous l'avons codifié. Cela se traduit par des manières de travailler. Je pense que de, façon générale, le fait qu'il y ait des règles de comportement est devenu extrêmement important dans les entreprises, et je pense que c'est le patron qui doit les incarner au premier chef. Cela rejoint ce que je disais sur le sens. Chaque entreprise a des valeurs qui lui sont propres, qui jouent un rôle plus ou moins important.

Les valeurs se montrent, et pour cela il faut aller « au contact ». Vous avez des managers qui restent dans leur bureau et qui prennent des décisions à partir de leurs dossiers. Et puis vous avez des managers qui vont beaucoup sur le terrain et qui sont au contact des gens, qui les écoutent, qui leur donnent le sentiment qu'ils sont importants, que ce qu'ils proposent est important, qui les soutiennent et les motivent. On peut aller au contact des gens ou les faire venir dans son bureau, ce n'est pas la même chose. Moi, je n'aime pas beaucoup être dans mon bureau, j'aime bien aller voir les gens – cela prend du temps, cela réclame beaucoup d'énergie.

Pour être un leader, il faut aussi du charisme. L'un ne va pas sans l'autre ?

La capacité à entraîner, à donner envie d'aller dans la même direction, peut se traduire dans certains cas par la peur (je ne pense pas que ce soit une très bonne motivation, même si elle est fréquente), ou par une motivation plus positive. Ainsi, il y a la vision, la capacité à incarner des valeurs, mais aussi, en effet, le charisme, qui est une chose difficile à définir. C'est quelque chose qui se sent. Il y a des patrons qui sont plus ou moins charismatiques. Quand j'ai à sélectionner des dirigeants dans Saint-Gobain, on sent bien qu'il y en a qui sont plus charismatiques que d'autres. Je crois qu'il y a un élément d'empathie dans le charisme. On a envie d'écouter, on a envie de suivre cette personne, on est intrigué ; et il me semble que la capacité à dégager de l'empathie est importante à cet égard. Après, il y a l'autorité naturelle qui joue aussi : il y a des gens qui ont une autorité naturelle, il y en a d'autres qui en ont moins, ce sont des choses qui se travaillent. Mais je pense que l'empathie est une chose qui devient de plus en plus importante, dans un monde qui est moins hiérarchique, je crois, qu'autrefois. Dans les organisations traditionnelles en effet, pour beaucoup de gens, le chef c'était le chef, et voilà. On était très légitimiste ; on l'est moins aujourd'hui par certains aspects, me semble-t-il.

Quels seraient pour vous des exemples de dirigeants charismatiques ?

Pour moi, à l'époque où j'ai grandi comme manager, c'est Jack Welch[5] qui incarnait la figure du grand patron charismatique. Il a eu un impact assez fort sur toute une génération dans beaucoup de pays. Aujourd'hui, c'est

5. Président-directeur général du conglomérat américain General Electrics de 1981 à 2001.

plutôt dans l'Internet que les gens vont chercher les leaders charismatiques. Je les connais moins bien.

Hors du monde de l'entreprise, il y a eu, en France, un magnétisme du général De Gaulle qu'on n'a pas su retrouver. Il a incarné le pays. Mais je pense que tous les grands dirigeants, de gauche comme de droite, qu'on a eus en France, ont eu, d'une manière ou d'une autre, une capacité d'entraînement forte. Ce n'est pas suffisant, mais cela fait quand même partie des attributs nécessaires. Et je pense qu'en politique, s'il n'y a pas ce charisme, il n'y a pas d'élection. L'art de la rhétorique dont vous parlez, celui d'un Démosthène par exemple, art qui s'apprend depuis bien longtemps, est fondamental en politique.

J'ai une assez grande fascination pour Churchill, et les grands bâtisseurs, comme Richelieu ou Pierre le Grand. Churchill, c'est la force de la volonté, le courage. Il est pour moi l'homme du xxe siècle qui a eu le rôle individuel le plus important, un rôle majeur, pour éviter que le monde ne bascule. Richelieu est à mes yeux l'artisan principal de la construction de la France, en tout cas de la France telle qu'on l'a connue après. Pierre le Grand a permis l'ouverture de la Russie à la modernité. Je vous prends trois exemples, il y en a beaucoup d'autres.

Y a-t-il, selon vous, des différences entre les leaders politiques et les leaders du monde de l'entreprise ?

Pour forcer un peu le trait, il me semble que dans le monde de l'entreprise, le discours, c'est bien, mais le fond, c'est plus important. Le fond, c'est-à-dire la vision, l'incarnation des valeurs, et la capacité de mise en œuvre et d'organisation. En tout cas, il y a une différence avec le monde de la politique : dans une entreprise, on n'est pas élu. Donc l'élément « il faut plaire » ne joue pas, ou joue beaucoup moins. Mais cela ne veut pas dire qu'il n'y a pas des patrons qui ne se font pas remercier, non pas uniquement par leurs actionnaires parce que leurs résultats ne sont pas bons, mais aussi parce qu'ils sont incapables d'entraîner l'entreprise. Cela se voit de temps en temps.

Vous disiez tout à l'heure qu'il y a autant de façons différentes de diriger que de personnes. Peut-on néanmoins distinguer quelques grands styles de leadership ?

Il y a par exemple celui qui impressionne parce qu'il comprend mieux, qu'il va plus vite que les autres dans l'analyse, et que ses capacités de jugement sont supérieures. Il y a aussi celui qui travaille à l'empathie, qui donne tout le temps l'impression de valoriser les gens autour de lui. Vous avez des grands chefs qui ne sont pas capables d'avoir des bons autour d'eux. Moi, j'ai tendance à considérer qu'un des critères importants, c'est d'avoir des gens meilleurs que soi autour de soi.

Dans les deux cas, cela peut réussir. Je pense que le premier cas est dangereux, mais il est assez fréquent. On le voit souvent d'ailleurs au moment des successions, moment fondamental pour la pérennité d'une entreprise. Je considère pour ma part que c'est mon job le plus important. Dès que j'ai été nommé, j'ai commencé à réfléchir à qui pourrait être un jour mon successeur, et à la façon dont j'allais organiser ma succession. Beaucoup de gens en sont totalement incapables. En politique, c'est assez fréquent aussi. Mais on ne peut pas dire que ceux qui ne savent pas ne sont pas pour autant des grands patrons. Prenez l'exemple, que vous donnez, d'Alexandre le Grand. On ne peut pas dire qu'Alexandre n'a pas été un grand leader, non ? Alexandre, vu à l'aune de l'entreprise, c'est-à-dire si l'on considère que l'empire de Macédoine était son entreprise, a été l'auteur d'une faillite complète, puisque cela n'a pas duré ; mais ce n'est pas comme cela qu'il est perçu aujourd'hui. Dans une entreprise, ce serait très grave. Heureusement qu'à ce moment-là, il y a généralement d'autres personnes que le leader qui s'occupent de l'entreprise, à savoir le conseil d'administration. Il y a tout de même beaucoup d'exemples de successions de patrons qui se sont très mal passées parce qu'elles ont été très mal préparées, ou bien parce que le patron n'a pas été capable de passer la main ; et c'est là que le rôle du conseil d'administration est très important.

Les différences peuvent aussi être de nature culturelle ?

J'ai travaillé en Angleterre et aux États-Unis. Les choses n'ont pas la même signification des deux côtés de l'Atlantique. Entre les Anglais et les Français aussi, c'est permanent ; les Anglais n'expriment pas les choses de la même manière. Il y a énormément de faux amis. Par exemple, il faut faire très attention quand on croit qu'on est arrivés à une décision à la fin d'une réunion : les Anglais et les Français n'ont pas forcément compris la même chose de la décision. C'est très frappant. Et c'est pareil avec les Américains : le Français aura tendance à ne pas forcément tenir compte de la décision qui a été prise si elle lui paraît mauvaise, et à résister en faisant ce qu'il croit être bon, tandis que l'Américain, lui, ira dans le mur si c'est la décision qui a été prise, même si elle ne lui paraît pas bonne, parce qu'il considère que le chef a décidé. Le chef en France a plutôt en tête, en général, que les collaborateurs vont faire preuve d'autonomie et de jugement, puisque c'est dans la culture. Et cela vaut à tous les niveaux. Il y a un livre très intéressant à ce sujet que je recommande toujours, *La Logique de l'honneur*[6] de Philippe d'Iribarne ; l'auteur prend trois exemples d'usines, en France, aux États-Unis et aux Pays-Bas, et étudie les différences de comportement entre les gens : le rapport au travail des Français obéit à la logique de l'honneur, celui des Américains à celle du contrat, et celui des Néerlandais à celle du consensus. C'est vrai

6. Philippe d'Iribarne, *La Logique de l'honneur. Gestion des entreprises et traditions nationales*, Paris, Seuil, 1990.

aussi pour les chefs ; l'attitude face au commandement diffère beaucoup d'un pays à l'autre ; je ne sais pas si, entre les Grecs et les Latins, il y a de telles différences culturelles ni comment ces différences ont évolué au cours des siècles dans l'Antiquité. Tout cela, ce sont des choses que je trouve fascinantes, et qu'il est passionnant d'essayer de comprendre et de prendre en compte ; c'est ce qui fait pour moi toute la richesse de travailler dans une entreprise internationale.

Le monde évolue. L'économie se transforme, notamment avec le digital. Le leadership doit forcément s'adapter à ces évolutions. De quelle manière ?

Comme je vous le disais tout à l'heure, la notion de hiérarchie a considérablement évolué avec le temps. On vient de mondes assez hiérarchisés dans les entreprises. Quand j'ai commencé, l'information était rare et précieuse, et il y avait une très grande assimilation entre le pouvoir et l'information. L'information, c'était le pouvoir, et celui qui avait le pouvoir, c'est celui qui avait l'information. Et donc quand on avait l'information avant les autres, on ne la leur donnait pas toujours et c'était un élément de pouvoir. Tout cela vole en éclats à toute vitesse, parce que l'information est maintenant accessible à tout le monde, et c'est donc la manière dont on va s'en servir qui va faire la différence. Quelqu'un de vingt-cinq ans qui arrive pour son premier job chez Saint-Gobain, si on lui demande de faire quelque chose, il ne va pas demander à son chef dans le détail ce qu'il a le droit de faire ou de ne pas faire ; par exemple, s'il a le sentiment que l'information dont il a besoin ou que les gens qu'il doit voir se trouvent dans un autre service, il va immédiatement entrer en contact avec la personne qui a l'information ; il va se mettre en réseau, avec les réseaux interne et externe – avec d'ailleurs une grande confusion entre l'interne et l'externe. Autrefois, on serait allé demander à son chef s'il pouvait demander à son collègue s'il était possible pour nous de travailler avec la personne qui lui était rattachée. L'information n'est plus associée avec le pouvoir – c'est très lié au digital et au fait que les jeunes sont des *digital natives*, ils ont toujours été habitués à faire ainsi.

On passe donc d'un mode de management assez hiérarchique à un mode de management collaboratif, qui est désormais la seule solution. On travaille par projets. C'est une vraie révolution qui est en train de se dérouler dans les entreprises, et qui en est à un stade plus ou moins avancé selon l'historique de l'entreprise, l'âge moyen, l'âge des dirigeants (je dis « dirigeants » au sens large). Les start-ups, en général, fonctionnent comme cela depuis le début ; les grandes entreprises sont souvent moins avancées.

Je ne dis pas, d'ailleurs, que les jeunes dont je parle ne respectent pas l'autorité. Le patron de Facebook, par exemple, il n'y a pas de doute que chez Facebook, c'est lui le chef. C'est plutôt que les jeunes n'ont pas le même rapport à la hiérarchie et à l'autorité. Ils ont un rapport qui est, à mon avis, beaucoup plus « effectif » : on leur demande de faire quelque chose et ils le font. Et ils utiliseront tous les gens qui peuvent leur être utiles à cette fin. Alors qu'on m'avait plutôt appris que quand on vous donne quelque chose à faire, ce qui compte, c'est de le faire d'une façon qui correspond à ce qu'on pense que le chef attend. C'est comme cela qu'on a été élevés il y a vingt ans. Ce n'est plus comme cela qu'on est élevés aujourd'hui.

Les objectifs, la vision, sont toujours incarnés par quelqu'un – ce n'est pas quelque chose qui se partage tellement, cela ne fonctionne pas en réseau ; mais on change de mode d'organisation. Autrefois, on aurait pensé qu'une organisation comme celle que j'ai décrite engendrerait nécessairement le chaos, alors qu'on s'aperçoit à présent que ces nouveaux modes d'organisation sont beaucoup plus puissants ; les gens travaillent de façon beaucoup plus rapide. C'est un défi pour les chefs, parce qu'il faut qu'ils s'y habituent et qu'ils s'adaptent à cette nouvelle culture, sinon ils vont être dépassés.

Je vais prendre un exemple de quelque chose qui s'est beaucoup développé dans les entreprises et qui est à cent lieues de la manière dont on travaille en politique, ou de la manière dont on travaillait autrefois dans les entreprises. Ce qu'on appelle l'évaluation à 360 degrés[7]. Cela ne se faisait jamais il y a vingt ans ! Moi, pendant les huit ans que j'ai passés dans l'administration, on ne m'a jamais dit ce qu'on pensait de moi. D'ailleurs, chez Saint-Gobain, on ne me l'a pas beaucoup dit non plus pendant assez longtemps. Je pense que cette évolution est utile. Parce que nous avons tous besoin d'apprendre à nous connaître, et que nous ne le savons pas forcément. De ce point de vue-là, le regard des autres, si on arrive à l'objectiver, est un puissant levier de progrès.

Tout cela change. Parce que je pense que le pouvoir est progressivement démystifié. Quand on est dans un système plus collaboratif ou collégial, où le chef n'est pas infaillible, on est dans un système beaucoup moins hiérarchique. Ce qui ne veut pas dire que la hiérarchie ait disparu. Mais je pense que l'élément « autorité » a un peu changé de contenu. Le contenu reste de définir la vision et d'incarner les valeurs, mais ce n'est pas forcément de décider sur tout. Il faut déléguer beaucoup plus. Je crois beaucoup à ce que les Anglais appellent l'*empowerment*. Il n'empêche que celui qui organise cet *empowerment* reste le chef. Il a un rôle, mais un rôle différent. Il y a une vision assez militaire, traditionnelle, de commandement : on donne des ordres, puis on exécute des ordres, et on donne des sous-ordres, qui vont dans la même direction que cet ordre ; et puis il y a un management beaucoup plus collaboratif, vers lequel on va, où on

---

7. Méthode d'évaluation qui consiste, pour un travailleur à confronter, *via* l'envoi de questionnaires, la perception qu'il a de lui-même sur un certain nombre de compétences à celle de ses supérieurs hiérarchiques, de ses collègues et de ses collaborateurs.

ne fonctionne pas avec des instructions. Il faut trouver en réfléchissant, en travaillant les uns avec les autres, dans le cadre d'un processus beaucoup plus « bottom-up », ce qui ne veut pas dire qu'il n'y a pas d'autorité. Celle-ci est beaucoup plus riche, elle se construit de façon beaucoup plus ouverte. La contrainte dans le système classique était qu'il fallait que le chef soit bien éclairé. Il est plus difficile peut-être et moins naturel d'être le chef aujourd'hui, mais ce dernier est beaucoup plus éclairé.

… Si vous deviez définir le leadership en un mot ?

Je dirais l'« inspiration ». Un leader, c'est quelqu'un qui inspire, plus qu'il ne fait. D'ailleurs, dans le monde beaucoup moins hiérarchique vers lequel on va, cela va devenir de plus en plus son rôle d'inspirer. Inspirer dans le sens de dessiner un cadre, une ambition, une démarche commune, de faire que les gens vont plus facilement au travail le matin et qu'ils travaillent mieux. Et dans une direction qui est la bonne.

Et pour conclure, auriez-vous un conseil à donner aux dirigeants ?

C'est Jean-Louis Beffa qui m'a donné ce conseil ; il m'a dit : « À la fin des fins, il faut être soi-même. » On ne devient pas dirigeant soi-même, ce sont les autres qui vous mettent à ce poste, parce qu'ils estiment que vous en êtes capable… et après, il faut être soi-même.

CARTES

La Méditerranée antique (1 cm = 280 km)

© Les Belles Lettres

Le monde grec (1 cm = 98 km)

© Les Belles Lettres

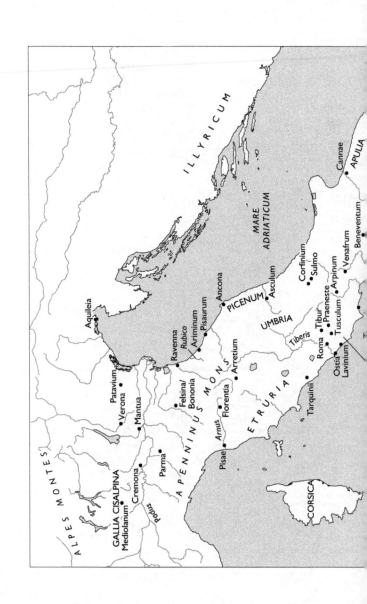

L'Italie antique (1 cm = 93 km)

© Les Belles Lettres

I

PANORAMA
DES GRANDS LEADERS
DE L'ANTIQUITÉ

Qu'est-ce que le « leadership » ? Qu'est-ce qu'un « leader » ? Le terme est barbare à nos oreilles latines – non sans raison, puisqu'il provient étymologiquement, *via* le vieil anglais *laedan*, du proto-germanique **laideja* (diriger, faire marcher). Un « leader » – le mot est entré dans la langue française dès la première moitié d'un XIXe siècle déjà anglomane – est pour nous le chef d'un parti politique, et, par extension, la personne qui prend la tête d'un mouvement ou d'un groupe. C'est surtout, depuis près d'une quarantaine d'années et sous l'influence de la littérature managériale anglo-saxonne, une personne qui occupe un poste de direction dans une organisation, privée ou publique.

L'une des définitions qui a pu être donnée du leadership est qu'il consiste en « la capacité à inspirer confiance et à obtenir le soutien des personnes nécessaires pour atteindre les objectifs de l'organisation[1] ». Le thème est

---

1. « *The ability to inspire confidence and support among the people who are needed to achieve organisational goals* » (A. J. Dubrin, *Leadership: Research Findings, Practice, and Skills*, Boston, Cengage Learning, 2015, p. 2).

aujourd'hui l'objet d'un intérêt considérable ; chaque année, des dizaines de milliers d'ouvrages ou d'articles, scientifiques ou non, paraissent dans toutes les langues européennes à son sujet. Aujourd'hui, aucune organisation contemporaine de taille significative, depuis la PME jusqu'aux multinationales, sans parler des institutions publiques régionales, nationales et jusqu'aux institutions européennes bruxelloises (lointain avatar, situé aux confins de l'ancien Empire, des institutions impériales romaines), n'imaginerait ainsi se dispenser de consacrer une part significative de son budget et de son énergie à former en son sein (ou à recruter à l'extérieur) ses futurs dirigeants.

Les affiches, les couvertures de rapports annuels, les portraits en pleine page dans les journaux économiques et les interviews ont remplacé chez nous statues équestres, bustes en marbre et longues harangues à l'Ecclésia athénienne ou au Forum romain ; les conventions annuelles de multinationales ou de partis où des hommes cravatés en costume sombre ou des dames en tailleur sont applaudis ont supplanté les triomphes sur la voie sacrée du Forum, quand le général vainqueur, vêtu d'une toge pourpre semée d'étoiles, la tête ceinte d'une couronne de laurier en or, le visage passé au vermillon, défilait impassible sous les acclamations de la foule, sur un quadrige tiré par des chevaux blancs. Les mots, les concepts ne sont plus les mêmes : il est aujourd'hui question de leaders, de chefs, d'autorité, de charisme ; il s'agissait en grec de *keleuein*, *arkhè*, *despotès*, *basileus*, *strategos* ou *turannos* ; en latin, de *dux*, *princeps*, *rex*, *potestas*, *imperium* ou *fides*. Les formes et manifestations du pouvoir ont changé, mais les organisations humaines, quelles que soient leurs natures, ont toujours à leur tête des hommes ou des femmes qui doivent, pour se faire obéir, adopter certains comportements et sont animés par certaines motivations ; comportements et motivations qui semblent bien souvent – à près de deux mille ans de distance et *ceteris paribus* – curieusement similaires à ceux de nos contemporains.

Or, dans notre imaginaire collectif, l'Antiquité gréco-romaine convoque des grandes figures de meneurs d'hommes, nimbées d'une aura romantique et vague. Aux personnes réelles (Périclès, Alexandre le Grand, César, Auguste, Trajan…) s'ajoutent d'ailleurs les personnages mythiques : divinités (Zeus) ou héros épiques (Agamemnon, Ulysse, Énée…). S'agissant des premiers, notons que l'intérêt pour les détails de leur vie est ancien : les premières biographies proprement dites, idéalisées, datent du Ve et du IVe siècle avant Jésus-Christ : les Athéniens Isocrate et Xénophon composèrent les premiers éloges, en prose, de chefs d'État, tels le roi de Sparte Agésilas ou le souverain perse Cyrus le Grand. La veine ne se tarit pas tout au long de l'Antiquité, et quelques siècles plus tard, dans ses *Vies parallèles*, Plutarque dressa le portrait de près d'une cinquantaine de grands meneurs d'hommes, associant par paires un Grec et un Romain ; il justifie ainsi son entreprise : « l'histoire des grands hommes est comme un miroir que je regarde pour tâcher en quelque manière de régler ma vie et de la conformer à l'image de leurs vertus[2] ». Les nombreuses biographies ou autobiographies d'hommes politiques ou de chefs d'entreprise qui fleurissent chaque année dans les étals de nos libraires s'inscrivent donc dans une solide et antique tradition. En voici, dans les pages qui suivent, quelques exemples, classés par ordre chronologique, qui donnent une première idée des conceptions que pouvaient avoir les Anciens de l'art du commandement.

Quelques remarques préliminaires s'imposent toutefois. Rappelons tout d'abord – et c'est vrai pour l'ensemble des textes que contient ce recueil – que les descriptions de grands chefs qui suivent s'appuient peut-être sur des aspects réels de leurs existences et de leurs comportements, mais qu'il ne faut pas pour autant

---

2. *Vie de Timoléon*, I, 1.

négliger le double prisme de leur auteur (lequel écrit à une certaine époque et dans un certain contexte socio-culturel), et de leur genre littéraire, avec les « lieux communs » (de l'éloge par exemple) qui y sont associés : les critères de l'objectivité ont évolué, et deux mille ans plus tard, nous ne décririons sans doute pas de la même façon les mêmes réalités. Nombre des auteurs retenus, tel Xénophon dans sa *Cyropédie,* ou Pline le Jeune dans son *Panégyrique de Trajan* (parmi tant d'autres), ne cherchaient d'ailleurs pas tant à décrire la vie d'un personnage historique précis que le modèle du chef idéal.

En outre, la distinction entre personnes réelles et divinités était parfois, aux yeux des chefs eux-mêmes et de leurs contemporains, assez floue. Alexandre le Grand se proclamait le fils de Zeus, et fut divinisé après sa mort ; Jules César, quelques siècles plus tard, affirmait descendre, *via* Énée, de Vénus ; Auguste enfin, son fils adoptif, fut à sa mort déifié et rangé parmi les dieux de l'État romain, à l'instar de nombre de ses successeurs. L'idée est aujourd'hui, de façon générale, passée de mode chez nos contemporains.

Une autre différence notable est que ces grands hommes de l'Antiquité sont, précisément, des hommes : le statut des femmes est tel alors que bien rares sont celles qui accèdent à des positions de pouvoir, et si c'est le cas, c'est souvent dans la mesure où elles parviennent à influencer un homme : ainsi d'Aspasie, la compagne de Périclès, d'Eudoxie, épouse de l'empereur Arcadius ou encore de Théodora, épouse de l'empereur Justinien. Si elles accèdent au pouvoir suprême, telles Cléopâtre, dernière souveraine ptolémaïque d'Égypte, ou encore Zénobie, reine de Palmyre, leurs règnes s'achèvent souvent de façon plus ou moins tragique. La parité dans les conseils d'administration n'était pas une préoccupation antique.

Enfin, ces figures de chefs qu'admiraient les Anciens exerçaient, à peu près tous, leur pouvoir dans les sphères politique ou militaire, voire dans l'administration publique (*via*, par exemple, le *cursus honorum* des Latins), tandis qu'aujourd'hui nos leaders sont aussi, et peut-être surtout, issus de la société civile. L'intérêt manifesté pour le leadership des chefs d'entreprise (agricoles, en l'occurrence) dans un texte comme l'*Économique* de Xénophon fait à cet égard figure d'exception.

HOMÈRE
VIIIᵉ s. av. J.-C.

VIRGILE
Iᵉʳ s. av. J.-C.

CLAUDIEN
Vᵉ s. ap. J.-C.

Hésiode

À tout seigneur, tout honneur : le leader antique le plus puissant est sans aucun doute Zeus, le roi des dieux grecs (Jupiter en latin). L'un des tout premiers poètes grecs connus raconte dans sa Théogonie, *long poème d'un peu plus de mille vers, la naissance et la généalogie des dieux depuis la création du monde, jusqu'au triomphe de Zeus, qui, à la tête des dieux olympiens, a réussi à l'emporter sur les Titans. Il est désormais, et pour toujours, le maître de l'univers. Sa puissance repose sur sa force (il est armé de la foudre, des éclairs et du tonnerre), mais aussi – Zeus étant polygame – sur l'intelligence : il s'est uni à Prudence (Métis, « l'intelligence rusée »), avant de se l'incorporer ; et sur la justice : il a aussi épousé, entre autres, Équité (Thémis, « l'ordre juste »), qui lui a donné trois filles dont le nom est à lui seul un programme : Discipline (Eunomia, traduit aussi par « légalité »), Justice (Dikè) et Paix (Eirènè).*

ZEUS, STRATÈGE MATRIMONIAL

Et Zeus, rassemblant sa fougue et saisissant ses armes, tonnerre, éclair et foudre flamboyante, se dressa du haut de l'Olympe et frappa ; et il embrasa d'un seul coup à la ronde les prodigieuses têtes du monstre effroyable ; et, dompté par le coup dont il l'avait cinglé, Typhée, mutilé, s'écroula, tandis que gémissait l'énorme Terre. Mais, du seigneur foudroyé, la flamme rejaillit, au fond des âpres et noirs vallons de la montagne qui l'avait vu tomber. [...] Et, lorsque les dieux bienheureux eurent achevé leur tâche et réglé par la force leur conflit d'honneurs avec les Titans, sur les conseils de Terre, ils pressèrent Zeus l'Olympien au large regard de prendre le pouvoir et le trône des Immortels, et ce fut Zeus qui leur répartit leurs honneurs.

Et Zeus, le roi des dieux, pour épouse d'abord prit Prudence, qui sait plus de choses que tout dieu ou homme mortel. Mais au moment même où elle allait enfanter Athénée, la déesse aux yeux pers, trompant traîtreusement son cœur par des mots caressants, Zeus l'engloutit dans ses entrailles, sur les conseils de Terre et de Ciel étoilé. Tous deux l'avaient conseillé de la sorte, pour que l'honneur royal n'appartînt jamais à autre qu'à Zeus parmi les dieux toujours vivants. De Prudence en effet le destin voulait que des enfants sortissent sages entre tous – et la vierge aux yeux pers, d'abord, Tritogénie, qui de fougue et de sage vouloir à parts égales avec son père. Mais Prudence devait enfanter ensuite un fils au cœur violent qui eût été roi des hommes et des dieux, si Zeus auparavant ne l'eût engloutie au fond de ses entrailles, afin que la déesse toujours lui fît connaître ce qui lui serait soit heur ou malheur. Ensuite il épousa la brillante Équité, qui fut mère des Heures – Discipline, Justice et Paix la florissante, qui veillent sur les champs des hommes mortels.

Théogonie, 853-859 et 881-903.

HOMÈRE
VIIIe s. av. J.-C.

VIRGILE
Ier s. av. J.-C.

CLAUDIEN
Ve s. ap. J.-C.

Homère

*La majesté d'Agamemnon, roi de Mycènes et chef des armées grecques pendant la guerre de Troie, est manifeste dans cet épisode de l'*Iliade*, où, après s'être adressé aux autres rois des Grecs, il convoque l'armée tout entière. L'origine divine de son pouvoir (pour Homère, les rois sont « issus de Zeus ») est suggérée par le sceptre qu'il tient, arme symbolique avec laquelle, avant Agamemnon, dieux et hommes ont régné. Le roi, comme un pasteur, veille sur son peuple et le protège ; chef de guerre, il est aussi chef politique, garant de la justice et responsable de l'exécution de certains rites religieux.*

AGAMEMNON, PASTEUR D'HOMMES

Cela dit, il quitte le premier le Conseil. Sur quoi les autres se lèvent : tous les rois porteurs de sceptre obéissant au pasteur d'hommes. Les hommes déjà accourent. Comme on voit les abeilles, par troupes compactes, sortir d'un antre creux, à flots toujours nouveaux, pour former une grappe, qui bientôt voltige au-dessus des fleurs du printemps, tandis que beaucoup d'autres s'en vont voletant, les unes par-ci, les autres par-là ; ainsi, des nefs et des baraques, des troupes sans nombre viennent se ranger, par groupes serrés, en avant du rivage bas, pour prendre part à l'assemblée. Parmi elles, Rumeur, messagère de Zeus, est là qui flambe et les pousse à marcher, jusqu'au moment où tous se trouvent réunis. L'assemblée est houleuse ; le sol gémit sous les guerriers occupés à s'asseoir ; le tumulte règne. Neuf hérauts, en criant, tâchent à contenir la foule : ne pourrait-elle arrêter sa clameur, pour écouter les rois issus de Zeus ! Ce n'est pas sans peine que les hommes s'assoient et qu'enfin ils consentent à demeurer en place, tous cris cessant. Alors se lève le roi Agamemnon. Il tient le sceptre que jadis a ouvré le labeur d'Héphaestos. Celui-ci l'a remis à sire Zeus, fils de Cronos. Zeus l'a remis au Messager, Tueur d'Argos. Hermès l'a remis à Pélops, piqueur de cavales. À son tour, Pélops l'a remis à Atrée, le pasteur d'hommes. Atrée mourant l'a laissé à Thyeste riche en troupeaux. Et Thyeste, à son tour, le laisse aux mains d'Agamemnon, désigné pour régner sur d'innombrables îles et l'Argolide entière.

Iliade, II, 84-108.

*Alors que dans l'*Iliade, *les troupes sont d'abord une masse de manœuvres à la disposition des chefs, l'*Odyssée *met surtout l'accent sur la responsabilité du chef à leur égard. Les compagnons d'Ulysse deviennent ainsi un moyen de mettre en évidence les qualités d'un héros qui déploie, souvent en vain, toute sa valeur et son intelligence (il est « l'homme aux mille tours ») pour les faire échapper aux dangers. L'épisode de Circé, où le héros affronte l'inconnu pour ramener ses compagnons, est un bon exemple de la sollicitude d'Ulysse pour les siens ; inversement, la joie de ses compagnons quand ils le voient revenir sain et sauf de la demeure de la déesse met en lumière l'attachement qu'ils ont pour lui.*

ULYSSE, CHEF AIMANT & AIMÉ

C'est l'Homme aux mille tours, Muse, qu'il faut me dire, Celui qui tant erra quand, de Troade, il eut pillé la ville sainte, Celui qui visita les cités de tant d'hommes et connut leur esprit, Celui qui, sur les mers, passa par tant d'angoisses, en luttant pour survivre et ramener ses gens. Hélas ! même à ce prix, tout son désir ne put sauver son équipage : ils ne durent la mort qu'à leur propre sottise, ces fous qui, du Soleil, avaient mangé les bœufs ; c'est lui, le Fils d'En Haut, qui raya de leur vie la journée du retour. Viens, ô fille de Zeus, nous dire, à nous aussi, quelqu'un de ces exploits. [...]

Je m'en allai vers le vaisseau rapide et le rivage de la mer. Et je trouvai près de la nef rapide mes fidèles compagnons, gémissant pitoyablement et versant des larmes abondantes. Comme, dans un parc, de jeunes veaux entourent le troupeau des vaches, qui reviennent à l'étable, après s'être gavées d'herbe ; tous bondissent à leur rencontre ; les clôtures ne les retiennent plus, et, avec des meuglements pressés, ils courent autour des mères ; ainsi, quand ils me virent devant leurs yeux, ils se répandirent autour de moi en pleurant ; ils sentaient en leur cœur la même émotion que s'ils arrivaient dans leur patrie, dans la cité même de la rude Ithaque, où ils avaient été nourris, où ils étaient nés.

Odyssée, I, 1-9 et X, 407-417.

HOMÈRE
VIIIe s. av. J.-C.

VIRGILE
Ier s. av. J.-C.

CLAUDIEN
Ve s. ap. J.-C.

Virgile

Énée, l'un des chefs troyens de la guerre de Troie, apparaît dans l'extrait qui suit de l'Énéide comme un chef attentionné et responsable, capable de prendre sur lui pour réconforter ses hommes découragés, en leur promettant des lendemains meilleurs.

ÉNÉE, ROI NOURRICIER & CONSOLATEUR

Et il ne veut pas renoncer avant d'avoir victorieusement abattu sept bêtes puissantes et égalé leur nombre à celui des vaisseaux. De là Énée gagne le port et fait le partage entre tous ses compagnons. Ensuite il distribue le vin dont, sur le rivage sicilien, le généreux Aceste avait rempli leurs jarres et que ce héros leur avait offert lors de leur départ. Et il console en ces termes leurs cœurs affligés :

« Oui, mes compagnons, nous ne connaissons que trop nos maux passés ; oh ! vous avez connu pire encore ! Un dieu mettra fin aux malheurs présents. Oui, vous avez approché les rages de Scylla et les rugissements issus des profondeurs de son écueil, vous savez ce que sont les rochers des Cyclopes. Reprenez courage, bannissez la triste crainte ; peut-être qu'un jour tout cela ne sera qu'un bon souvenir. À travers bien des hasards, par tant de passes périlleuses, nous gagnons le Latium où les destins nous font voir de paisibles demeures ; c'est là-bas qu'est voué à renaître le royaume de Troie. Tenez bon, conservez-vous pour des jours heureux. »

Tels sont ses mots et, tourmenté d'énormes soucis, il feint l'espérance sur son visage et refoule en son cœur sa profonde souffrance.

Énéide, I, 192-209.

11

Dans le premier chant de l'Énéide, les Troyens accostent près de Carthage (dans l'actuelle Tunisie). Énée et ses compagnons découvrent une ville bruissant d'activité, sous le sage gouvernement de la reine Didon, qui a fondé la cité. L'éclat de la reine n'eut qu'un temps : elle tomba bientôt amoureuse du chef des Troyens, amour contrarié qui la mena au suicide.

DIDON, REINE RADIEUSE

Eux cependant ont vivement pris la route qui leur montre le chemin ; ils gravissaient bientôt la colline massive qui surplombe la ville et en regarde de plus haut les édifices. Énée admire l'étendue des constructions – des baraquements d'autrefois ; il admire les portes, le brouhaha, le pavement des rues. Les Tyriens s'activent, les uns dressent des murs, édifient une citadelle, élèvent des blocs de pierre à force de bras ; d'autres choisissent l'emplacement de leur maison et l'entourent d'une rigole de fondation. Ils se donnent des lois, des magistrats, un sénat vénérable. Ici on creuse des ports, là on jette les assises massives d'un théâtre et on dégage du rocher d'énormes colonnes, hautes décorations de la scène future. C'est ainsi que, dans les campagnes en fleurs, dès le début de l'été, en plein soleil, leurs tâches laissent les abeilles sans repos ; elles font sortir leurs rejetons devenus adultes, condensent le miel coulant, gonflent leurs rayons de ce doux nectar, déchargent de leur fardeau les arrivantes, ou encore se forment en colonne pour défendre leur logis contre l'espèce paresseuse des frelons. Tout est en effervescence, et le miel odorant a un parfum de thym. […]

Tandis que ces merveilles s'offrent aux yeux du Dardanien[1] Énée, qu'il est immobile d'étonnement, absorbé dans cette seule contemplation, la reine Didon, éclatante de beauté, s'avançait vers le temple, escortée

---

1. Dardanus était le fondateur légendaire de Troie.

par toute une troupe en armes. C'est ainsi que, sur les rives de l'Eurotas ou les hauteurs du Cynthe, Diane[2] anime ses chœurs ; à sa suite viennent l'entourer de toutes parts mille nymphes des montagnes. Elle-même, qui marche le carquois à l'épaule, dépasse de la tête toutes ces immortelles, et la joie remplit en secret le cœur de Latone. Telle était Didon, telle elle s'avançait, radieuse, à travers la foule pour aller presser les travaux et l'avenir de son royaume. Arrivée chez la déesse, sous la voûte ronde du temple, entourée de sa garde, elle prit place sur un trône élevé. Elle rendait la justice, donnait des lois à son peuple, distribuait équitablement les travaux ou les tirait au sort.

Énéide, I, 418-436 et 494-508.

2. Déesse des bois et de la nature, aussi appelée Latone.

HOMÈRE
VIIIᵉ s. av. J.-C.

VIRGILE
Iᵉʳ s. av. J.-C.

CLAUDIEN
Vᵉ s. ap. J.-C.

Xénophon

La Cyropédie, *dont voici les premières lignes, est une biographie du fondateur de l'Empire perse, Cyrus le Grand, mais aussi un portrait du chef idéal et une réflexion sur l'art du commandement. De son avènement en 558 à la fin de son règne en 530, Cyrus prit progressivement le contrôle de l'Asie mineure, de la Babylonie, de l'Assyrie, de la Syrie et de la Palestine, et administra semble-t-il ce vaste empire, le plus grand que la terre ait alors connu, avec sagesse et tolérance.*

CYRUS, MAÎTRE D'UN EMPIRE IMMENSE

Nous nous prîmes un jour à considérer combien de démocraties ont été renversées par les partisans d'un autre régime politique que la démocratie, combien de monarchies et combien d'oligarchies à leur tour ont déjà été détruites par le peuple, combien d'individus ont essayé d'exercer la tyrannie, dont les uns ont tout de suite été renversés et les autres, s'ils sont restés au pouvoir si peu que ce soit, sont admirés pour leur habileté ou leur chance. Il nous semblait aussi avoir remarqué dans les maisons privées bien des maîtres, ayant un assez grand nombre ou très peu de serviteurs, qui, même s'ils n'en avaient qu'un très petit nombre, étaient tout à fait incapables de s'en faire obéir. Nous songions en outre que les bœufs ont pour chefs des bouviers, les chevaux des palefreniers et que d'une façon générale les gens qu'on appelle bergers peuvent être regardés justement comme les chefs des animaux dont ils ont la charge. Or, tous ces animaux, nous les voyions, nous semblait-il, plus disposés à obéir à leurs bergers que les hommes à leurs maîtres. Les troupeaux, en effet, vont et paissent là où leurs bergers les conduisent et se tiennent éloignés des lieux dont on les écarte ; quant aux produits qu'ils fournissent, ils laissent les bergers s'en servir comme ils le veulent.

Nous n'avons pas ouï dire non plus que les bêtes d'aucun troupeau aient jamais conspiré contre leur berger, soit pour lui désobéir, soit pour l'empêcher d'utiliser leurs produits ; elles sont même plus rétives avec les étrangers, quels qu'ils soient, qu'avec les gens qui les commandent et qui tirent profit d'elles. Les hommes au contraire ne conspirent jamais plus volontiers que lorsqu'ils s'aperçoivent qu'on entreprend de les gouverner.

Au cours de nos réflexions sur ce point, nous nous rendions compte qu'il n'est aucun des êtres vivants que l'homme ait naturellement plus de peine à gouverner que l'homme. Mais lorsque nous eûmes considéré qu'il a existé quelqu'un, le Perse Cyrus, qui se rendit maître d'un très grand nombre d'hommes dont il était obéi, d'un très grand nombre de cités, d'un très grand nombre de peuples, revenant sur notre opinion, nous fûmes obligé de reconnaître que ce n'est une tâche ni impossible ni difficile de commander aux hommes, si l'on sait s'y prendre. Nous savons que Cyrus en tout cas se voyait obéi de bon gré par des peuples qui habitaient à des jours de marche, à des mois même, par d'autres qui ne l'avaient jamais vu, par d'autres encore qui savaient très bien qu'ils ne le verraient même jamais, et qui pourtant acceptaient de se soumettre à lui. Il se montra en cela bien supérieur aux autres rois, que leur trône fût héréditaire ou conquis par eux : le roi de Scythie, si nombreux que soient les Scythes, ne saurait étendre son pouvoir sur une autre nation, bien heureux s'il le garde jusqu'au bout sur la sienne ; de même celui de Thrace sur la Thrace, celui des Illyriens sur l'Illyrie, et il en est ainsi de toutes les autres nations que nous connaissons ; pour ce qui est des peuples de l'Europe, on dit qu'ils sont encore autonomes aujourd'hui et indépendants les uns des autres. Cyrus, lui, trouvant les populations d'Asie également autonomes, partit avec une petite armée de Perses, régna sur les Mèdes avec leur consentement, avec leur consentement aussi sur les Hyrcaniens, soumit les Syriens, les Assyriens, les Arabes, les Cappadociens, les habitants des deux Phrygies, les Lydiens, les Cariens, les Phéniciens, les Babyloniens, eut aussi sous son pouvoir les Bactriens, les Indiens, les Ciliciens et aussi les Saces, les Paphlagoniens, les Magadidiens et un très grand nombre de peuples dont on ne saurait même dire les noms. Il commanda également aux Grecs d'Asie et, à la suite d'une expédition par mer, aux Cypriotes et aux Égyptiens. Il gouvernait là des peuples qui ne parlaient ni la même langue que lui, ni entre eux une langue commune ; pourtant il sut établir son empire, par la crainte qu'il inspirait, sur une si grande étendue de territoire qu'il fit trembler tout le monde et que personne n'entreprit rien contre lui ; il sut si bien aussi inspirer à tous le désir de lui être agréables qu'ils demandaient toujours à être gouvernés comme il l'entendait et il s'attacha tant de peuples qu'il serait difficile de les parcourir seulement, quelque direction que l'on prenne en partant de la capitale, le levant, le couchant, le nord ou le midi. Pour nous, jugeant cet homme digne d'être admiré, nous avons cherché quel lignage, quel caractère, quelle éducation ont pu le rendre si éminent dans l'art de commander aux hommes. Tout ce que nous avons appris, tout ce que nous croyons avoir découvert à son sujet, nous allons essayer de le raconter.

Cyropédie, I, 1.

HOMÈRE
VIIIᵉ s. av. J.-C.

VIRGILE
Iᵉʳ s. av. J.-C.

CLAUDIEN
Vᵉ s. ap. J.-C.

Thucydide

Périclès (495-429 av. J.-C.) devint à partir de 461 l'homme le plus influent d'Athènes, qui est alors au faîte de sa puissance et connaît son âge d'or. Thucydide, qui avait pour lui une profonde admiration, souligne ici son autorité et la vigueur de son intelligence.

PÉRICLÈS, PORTRAIT D'UN VISIONNAIRE

C'est qu'il avait, lui, de l'autorité, grâce à la considération dont il jouissait et à ses qualités d'esprit, et que, de plus, pour l'argent, il montrait une éclatante intégrité : aussi tenait-il la foule, quoique libre, bien en main, et, au lieu de se laisser diriger par elle, il la dirigeait ; en effet, comme il ne devait pas ses moyens à des sources illégitimes, il ne parlait jamais en vue de faire plaisir, et il pouvait au contraire mettre à profit l'estime des gens pour s'opposer même à leur colère. En tout cas, chaque fois qu'il les voyait se livrer mal à propos à une insolente confiance, il les frappait par ses paroles en leur inspirant de la crainte ; et, s'ils éprouvaient une frayeur déraisonnable, il les ramenait à la confiance. Sous le nom de démocratie, c'était en fait le premier citoyen qui gouvernait. Au contraire, les hommes qui suivirent étaient, par eux-mêmes, plus égaux entre eux, et ils aspiraient chacun à cette première place : ils cherchèrent donc le plaisir du peuple, dont ils firent dépendre la conduite même des affaires. Il en résulta toutes les fautes que l'on peut attendre d'une cité importante placée à la tête d'un empire, et entre autres l'expédition de Sicile[1] ; en

1. Expédition lancée par les Athéniens sous l'influence d'Alcibiade pour contrôler la puissance grandissante de Syracuse et s'assurer le contrôle total de la mer, qui se termina par la défaite de la flotte et de l'armée athénienne et l'épuisement des ressources financières (415-413).

elle, il faut dénoncer, moins une erreur de jugement par rapport aux peuples attaqués, que l'attitude de ceux qui l'avaient ordonnée : au lieu de seconder, dans leurs décisions ultérieures, l'intérêt des troupes en campagne, ils pratiquèrent les intrigues personnelles, à qui serait chef du peuple ; ainsi, ils affaiblirent le ressort des armées et, pour la première fois, apportèrent dans l'administration de la ville le désordre de leurs luttes. Mais, malgré l'échec de Sicile, qui atteignit, avec d'autres ressources, le principal de la flotte, et malgré les dissensions régnant désormais dans la ville, ils tinrent pourtant dix ans contre leurs ennemis antérieurs, augmentés de ceux venant de Sicile ainsi que de la majorité de leurs alliés, entrés en défection, à quoi il faut ajouter le concours, plus tard, de Cyrus, le fils du grand roi, qui fournissait de l'argent aux Péloponnésiens pour leur flotte : les Athéniens ne cédèrent qu'aux coups qu'ils se portèrent eux-mêmes, du fait de leurs conflits privés. Tant étaient fondées les prévisions personnelles de Périclès, lorsqu'il disait qu'il serait tout à fait aisé pour eux de prendre le dessus dans la guerre les opposant aux seuls Péloponnésiens.

La Guerre du Péloponnèse, II, 65, 8-12.

HOMÈRE
VIIIe s. av. J.-C.

VIRGILE
Ier s. av. J.-C.

CLAUDIEN
Ve s. ap. J.-C.

Diodore de Sicile

Alexandre le Grand (356-323 av. J.-C.), fils de Philippe II et élève d'Aristote, partit en 334 à la conquête de l'ensemble du monde connu et changea la face du monde. Guerrier et politique accompli en dépit de son jeune âge, il était convaincu d'être un descendant des dieux : sa mère Olympias le lui avait répété pendant son enfance : par elle, il tenait d'Achille, le héros de la guerre de Troie, et, par son père, d'Héraclès, qui est le fils de Zeus lui-même. En douze ans de règne (à partir de 336), il parcourut environ 18 000 kilomètres, livra quatre grandes batailles, soumit l'empire de Darius, fonda (selon Plutarque) près de 70 villes, pour la plupart appelées Alexandrie, dont la plus éloignée de Grèce se trouve aujourd'hui au Tadjikistan. Diodore de Sicile évoque ici la bataille du Granique (mai 334), première victoire d'ampleur du Conquérant en Asie.

UN EXPLOIT INDIVIDUEL D'ALEXANDRE

En peu de temps, ce roi accomplit de grandes actions et son intelligence comme sa bravoure lui permirent de surpasser par la grandeur de ses exploits tous les rois dont le souvenir nous a été transmis depuis le commencement des temps. En douze ans, il soumit une bonne partie de l'Europe, presque toute l'Asie, ce qui lui valut, à juste titre, une gloire qui égale celle des héros et des demi-dieux d'autrefois. [...] Lui-même accosta en Troade avec soixante vaisseaux de guerre. Du navire, il jeta sa lance et, l'ayant fichée dans le sol, il fut le premier Macédonien à sauter à terre, déclarant recevoir l'Asie des dieux comme un bien conquis à la pointe de la lance. [...]

Comme les barbares combattaient avec vigueur et opposaient leur courage à la valeur des Macédoniens, la Fortune réunit les plus braves au même endroit pour décider de la victoire. Un Perse d'une bravoure remarquable, Spithrobatès, satrape d'Ionie et gendre du grand roi Darius, fondit en effet sur les Macédoniens avec une forte troupe de cavaliers. À ses côtés combattaient quarante Parents du Roi[1] d'une remarquable bravoure, et il pressait vivement ses antagonistes. Combattant hardiment, il tuait une partie de ses adversaires et couvrait les autres de blessures. Comme il était difficile de soutenir un choc aussi violent, Alexandre fit tourner son cheval dans la direction du satrape et chargea le Barbare. Le Perse s'imagina que les dieux lui offraient l'occasion d'un combat singulier. Peut-être sa bravoure personnelle allait-elle libérer l'Asie de l'immense menace qui pesait sur elle et ses propres mains mettraient-elles un terme à l'audace fameuse d'Alexandre ? Prenant les devants, il lança son javelot contre Alexandre dont il transperça l'épaulière droite et la cuirasse. Mais le roi rejeta loin de lui le trait qui se balançait autour de son bras et donna de l'éperon à son cheval. S'aidant de la force de l'élan, il vint planter sa javeline en pleine poitrine du satrape. Voyant la prouesse extraordinaire qui venait de s'accomplir, les unités voisines, dans chaque camp, poussèrent une grande clameur. Toutefois, l'extrémité du fer s'étant brisée contre la cuirasse, le fragment de lance rebondit et le Perse, tirant l'épée, se porta contre Alexandre. Mais le roi prit les devants : tenant vigoureusement sa javeline par le milieu, il la lui planta en pleine figure et poussa son coup. À ce moment, Rhosakès, frère de l'homme abattu, s'avança à cheval et asséna sur la tête d'Alexandre un coup d'épée si dangereux que le casque fut fendu et la peau effleurée. Rhosakès cherchait à porter un second coup dans la même entaille. Mais Clitos, surnommé le Noir, poussa son cheval en avant et trancha la main du barbare.

Regroupés au coude à coude autour des deux hommes abattus, les Parents du Roi commencèrent par lancer leurs javelots contre Alexandre. Puis, combattant au corps à corps, ils affrontèrent tous les dangers afin

---

1. Membres de la haute noblesse perse.

de tuer le roi. Mais celui-ci ne s'avouait pas vaincu par la multitude des ennemis, malgré le nombre et l'ampleur des périls qui l'entouraient. Sa cuirasse avait reçu deux coups, son casque en avait reçu un, et trois le bouclier qu'il avait enlevé du temple d'Athéna. Cependant, loin de s'abandonner, il redressait la tête devant tous les dangers, dans l'exaltation d'un courage désespéré. Ensuite, nombreux furent les autres chefs, célèbres chez les Perses, qui mordirent la poussière non loin de lui : les plus en vue étaient Atizyès, Pharnakès, frère de la femme de Darius, et Mithrobouzanès, qui commandait les Cappadociens. La mort de nombreux chefs et la défaite infligée par les Macédoniens à toutes les formations perses contraignirent en premier lieu les adversaires immédiats d'Alexandre à prendre la fuite. Après quoi les autres furent également mis en fuite et, de l'aveu unanime, le roi remporta le prix de la bravoure, car il apparut que c'était à son action particulière que l'on devait la victoire dans son ensemble.

Bibliothèque historique, XVII, 1 ; 17 ; 20-21.

HOMÈRE
VIIIᵉ s. av. J.-C.

VIRGILE
Iᵉʳ s. av. J.-C.

CLAUDIEN
Vᵉ s. ap. J.-C.

Tite-Live

Nous sommes en 218 avant Jésus-Christ, au début de la deuxième guerre punique, qui opposa les deux ennemis héréditaires, Rome et Carthage, jusqu'en 201. À la tête de ses troupes, le Carthaginois Hannibal (247-182), fils d'Hamilcar Barca (l'un des vaincus de la première guerre punique, qui lui avait fait jurer une haine éternelle contre Rome), vient de s'emparer de toute l'Espagne en en chassant les Romains ; il passe les Pyrénées et remonte vers le Rhône sans rencontrer de véritable résistance, avant de se diriger vers l'Italie. Un obstacle de taille subsiste : les Alpes. Leur traversée, dont Tite-Live fait un récit haletant, est très difficile. Il faudra toute la ténacité et la sagacité d'Hannibal pour en venir à bout.

UNE RUSE CARTHAGINOISE

À partir de la Durance, Hannibal, marchant surtout en plaine, parvint aux Alpes, rencontrant un accueil favorable des Gaulois qui habitaient ces régions. Alors – on le savait déjà par la renommée qui a l'habitude de grossir ce dont on n'est pas absolument certain – lorsqu'on vit de près la hauteur des montagnes et les neiges qui se confondaient presque avec le ciel, des habitations informes placées sur des rochers, le bétail et les bêtes de somme engourdis par le froid, les hommes chevelus et sales, des êtres, animés et inanimés, tous raidis par le gel, et mille autres choses, plus horribles à voir qu'à dire, tout cela fit renaître la peur. Comme la colonne gravissait les premières pentes, on aperçut les montagnards postés sur les hauteurs dominantes ; s'ils s'étaient postés dans des vallées dissimulées, ils auraient, en se dressant soudain pour attaquer, provoqué une déroute et un massacre considérable. Hannibal ordonna de faire halte ; après avoir envoyé en éclaireurs des Gaulois pour inspecter les lieux, et s'être rendu compte qu'il ne pouvait passer par là, il installe son camp sur un emplacement hérissé de partout de rochers abrupts et dans la vallée qui lui offre le plus d'espace. Apprenant alors par les mêmes Gaulois, dont la langue et les mœurs ne différaient pas beaucoup de celles des montagnards, et qui s'étaient mêlés à leurs conversations, que ceux-ci bloquaient le défilé seulement pendant la journée et qu'ils se dispersaient la nuit chacun dans sa demeure, il avança, à l'aube, jusqu'au pied des hauteurs, comme s'il avait l'intention de forcer l'étroit passage ouvertement et de jour. Il passa ensuite la journée à feindre une autre manœuvre que celle qu'il préparait et installa un camp fortifié à l'endroit même où il s'était arrêté ; puis, dès qu'il se fut rendu compte que les montagnards avaient quitté les hauteurs et que la surveillance s'était relâchée, il fit allumer, pour donner le change, plus de feux que n'en exigeait normalement le nombre de soldats restés au camp et, laissant là les bagages, la cavalerie et la majeure partie de ses fantassins, il sortit rapidement des passes étroites et, emmenant avec lui des soldats armés à la légère – et en même temps les plus combatifs – il prit position précisément sur les hauteurs que les ennemis avaient occupées.

Au point du jour, on leva le camp et le reste de l'armée commença à avancer. Déjà les montagnards, au signal donné, sortaient tous de leurs bourgs pour venir occuper leur poste habituel, quand, soudain, ils voient les ennemis : les uns, qui avaient occupé les hauteurs où ils étaient postés au-dessus de leurs têtes, les autres passant sur la route. Le double spectacle qui s'offrait à leurs yeux comme à leur réflexion les retint quelque temps immobiles, puis, voyant la confusion qui régnait dans l'étroit passage et la colonne empêtrée dans la cohue qu'elle provoquait elle-même (les chevaux surtout étaient épouvantés), ils estimèrent que tout ce qu'ils feraient, eux, pour augmenter la peur des ennemis suffirait largement à consommer la perte de ces derniers. Aussi, après avoir fait basculer les rochers qui se trouvaient à côté, ils dévalent en trombe, en hommes habitués à des terrains impraticables et hors-piste. Quant aux Carthaginois, aux prises à la fois avec les ennemis et avec la difficulté du terrain, ils avaient davantage à lutter entre eux (chacun essayant, pour sa part, d'échapper le premier au péril) qu'avec les ennemis. C'étaient surtout les chevaux qui faisaient courir de grands risques à la colonne : épouvantés par les clameurs dissonantes, encore amplifiées par l'écho dans les bois et les vallées qui les répercutaient, ils étaient en proie, s'ils se trouvaient frappés ou blessés, à une telle panique, qu'ils piétinaient pêle-mêle quantité de soldats du train et de bagages de toute sorte ; de ces hommes, beaucoup furent aussi, en raison de la bousculade (il y avait un passage étroit, en pente raide, et bordé, de chaque côté, de ravins à pic), projetés dans de profonds précipices ; quelques soldats le furent également, tandis que – on aurait vraiment cru à un éboulement – des bêtes de somme roulaient avec leur chargement en bas des pentes. Si horrible que fût ce spectacle, Hannibal resta pourtant quelque temps sans bouger et retint les siens, de peur d'accroître le désordre et la confusion ; puis, voyant que sa colonne était coupée en deux et qu'il courait le risque d'avoir fait inutilement traverser son armée saine et sauve, si elle avait été dépouillée de ses bagages, il dévala les hauteurs : cet assaut provoqua la déroute de l'ennemi, mais, par ailleurs, il ne fit qu'augmenter le désordre chez les siens – mais ce désordre s'apaisa instantanément une fois la route libérée par la fuite des montagnards ; aussi fut-ce dans le calme, et même dans le silence, que s'opéra peu après le passage de tous.

Histoire romaine, XXI, 32-33.

HOMÈRE
VIIIe s. av. J.-C.

VIRGILE
Ier s. av. J.-C.

CLAUDIEN
Ve s. ap. J.-C.

Florus

Dans la première moitié du Ier siècle avant Jésus-Christ, les territoires romains sont en proie, de plus en plus souvent, à des soulèvements d'esclaves. Tout en favorisant l'éclosion des grands domaines, l'exploitation massive des prisonniers asservis au cours des guerres, de plus en plus nombreux sur le marché et de plus en plus maltraités, crée une situation dangereuse. La plus longue et la plus sanglante révolte éclate en 73, menée par Spartacus, un gladiateur thrace évadé. Les succès audacieux et la bravoure de ce dernier en firent une figure légendaire.

SPARTACUS LE REBELLE

Spartacus, Crixus, Œnomaüs, après avoir brisé les portes de l'école de Lentulus, s'échappèrent de Capoue avec trente ou davantage de leurs compagnons d'infortune ; en appelant les esclaves sous leurs drapeaux, ils avaient tôt fait de réunir plus de dix mille hommes, mais, non contents de s'être évadés, ils voulaient aussi se venger. Ils décidèrent de s'installer d'abord sur le Vésuve, comme sur l'autel de Vénus. Comme Clodius Glaber les y assiégeait, ils se laissèrent glisser, à l'aide de liens faits de sarments, à travers les gorges du cratère de la montagne jusqu'à sa base même, et, faisant irruption par une issue invisible, attaquèrent subitement notre général qui ne s'attendait à rien de tel, et enlevèrent son camp. Ce fut ensuite le tour des autres, le camp de Varenius, puis le camp de Thoranius. Ils se répandent dans toute la Campanie et, non contents de dévaster villas et bourgs, ils pillent Nole et Nucérie, Thurium et Métaponte, en commettant d'horribles massacres.

Leurs forces grossissant de jour en jour et formant désormais une armée régulière, ils se fabriquèrent des boucliers grossiers avec des baguettes d'osier et des peaux de bêtes ainsi que des épées et des flèches, avec le fer refondu de leurs chaînes. En outre, pour que rien de ce qui convient à une armée régulière ne leur manque, ils se procurent un corps de cavalerie en allant jusqu'à dompter les hardes de chevaux qu'ils rencontrent et confèrent à leur chef les insignes et les faisceaux qu'ils avaient pris aux préteurs. Et celui-ci ne les refusa pas, lui qui, de tributaire thrace, était devenu soldat, de soldat déserteur, puis brigand et ensuite – honneur dû à sa force – gladiateur. Il célébra également les funérailles de ses officiers morts dans la bataille avec la pompe réservée aux généraux en chef et fit combattre à mort des prisonniers en armes autour de leur bûcher, comme s'il voulait ainsi achever d'effacer l'infamie de son passé en donnant des jeux de gladiateurs, après avoir été gladiateur lui-même. Puis il se mit à attaquer aussi des consulaires, tailla en pièces dans l'Apennin l'armée de Lentulus et détruisit, près de Modène, le camp de Caius Cassius. Exalté par ces victoires, il songea – cela suffit pour notre honte ! – à marcher sur Rome.

Enfin toutes les forces de l'Empire se soulevèrent contre un myrmillon et Licinius Crassus prit la défense de l'honneur romain ; chassés et mis en fuite par lui, les ennemis – j'ai honte d'employer ce mot – se réfugièrent aux confins de l'Italie. Là, comme enfermés dans un coin du Bruttium, ils se préparaient à fuir en Sicile et que, n'ayant pas de navires sous la main, ils avaient fabriqué des radeaux avec des poutres et attaché des tonneaux avec des branchages – vaine tentative, étant donnée l'extrême rapidité des eaux du détroit – ils firent enfin une sortie et trouvèrent une mort digne d'hommes de cœur en combattant sans merci, comme il fallait le faire avec un gladiateur pour chef. Spartacus en personne lutta au premier rang avec une très grande bravoure et c'est en vrai général qu'il trouva la mort.

Tableau de l'histoire du peuple romain,
de Romulus à Auguste, II, 8,
Guerre de Spartacus.

HOMÈRE
VIIIᵉ s. av. J.-C.

VIRGILE
Iᵉʳ s. av. J.-C.

CLAUDIEN
Vᵉ s. ap. J.-C.

César

Nous avons la chance de disposer, avec les divers Commentaires *de César, d'un témoignage de première main (le sien), sur son art du commandement. Dans le passage qui suit, César se décrit en action, pendant la fatidique bataille de Pharsale qui l'opposa à Pompée en 48.*

CÉSAR, UN GRAND TACTICIEN EN ACTION

Il restait tout juste assez d'espace entre les deux lignes pour permettre aux armées de se lancer l'une contre l'autre. Mais Pompée avait donné l'ordre à ses troupes d'attendre l'attaque de César sans quitter leurs positions et de laisser notre ligne se disloquer : il avait adopté cette tactique, disait-on, sur les indications de C. Triarius, de façon à briser le premier élan et la première ardeur de nos troupes, à créer des trous dans notre ligne, et à lancer à l'attaque sur des troupes en désordre des soldats qui auraient gardé leur formation. Il espérait aussi que les javelots arriveraient avec moins de force s'il maintenait ses troupes en place que si elles s'élançaient elles-mêmes au-devant des projectiles tirés contre elles, et aussi qu'après une course de longueur double les soldats de César seraient essoufflés et complètement harassés. Il nous semble, pour notre part, que Pompée eut tort d'agir ainsi, car une espèce d'ardeur de l'âme est un sentiment naturel et inné chez tout homme, et le désir de combattre l'enflamme. Ce sentiment, les chefs d'armée doivent non pas le réprimer, mais le favoriser, et ce n'est pas sans raison que s'est établi depuis la plus haute Antiquité l'usage que sonne de toutes parts le signal de l'attaque, et que tous les soldats poussent de grands cris : on a pensé par là épouvanter l'ennemi et en même temps exciter la troupe.

27

Mais lorsque nos soldats, au signal donné, se furent élancés, le javelot en avant, et qu'ils se furent aperçus que les Pompéiens restaient immobiles, instruits par l'expérience et formés par les précédentes batailles, ils ralentirent d'eux-mêmes leur allure et s'arrêtèrent à peu près au milieu du parcours pour ne pas être épuisés en abordant l'ennemi ; puis, quelques instants après, ils repartirent au pas de charge, lancèrent leurs javelots et dégainèrent rapidement, comme César le leur avait enjoint. Les Pompéiens, sans doute, se montrèrent à la hauteur de la situation. Non seulement ils supportèrent la salve des projectiles ennemis, mais ils résistèrent au choc des légions, gardèrent leur formation et, après avoir lancé leurs javelots, tirèrent l'épée. En même temps la cavalerie, à l'aile gauche de Pompée, s'élança tout entière, selon les ordres reçus, et toute la foule des archers se répandit. Notre cavalerie ne résista pas à leur charge, elle fut refoulée et céda un peu de terrain ; la cavalerie pompéienne ne l'en pressa que plus vivement, et commença à se déployer par escadrons et à tourner notre ligne par la droite. Lorsque César s'en aperçut, il donna à la quatrième ligne qu'il avait formée avec six cohortes le signal convenu. Ces troupes s'élancèrent aussitôt en avant et firent en colonnes d'attaque une charge si vigoureuse contre les cavaliers de Pompée qu'aucun d'eux ne résista : tous tournèrent bride et non seulement cédèrent du terrain, mais se mirent aussitôt à fuir précipitamment pour gagner les crêtes les plus élevées. Après leur déroute, tous les archers et les frondeurs, qui restaient en l'air sans défense ni protection, furent massacrés. Du même élan, les cohortes débordèrent l'aile gauche pompéienne malgré la résistance de la ligne ennemie qui se maintenait, et la prirent à revers.

En même temps, César donna l'ordre d'attaque à sa troisième ligne, qui n'avait pas été inquiétée et qui n'avait pas bougé jusqu'à ce moment de sa position. Alors, en face de ces troupes fraîches et intactes qui avaient relevé les éléments fatigués, et tandis que d'autres les prenaient à revers, les Pompéiens ne purent tenir et tous prirent la fuite. César ne s'était d'ailleurs point trompé en pensant que les cohortes qu'il avait placées en quatrième ligne contre la cavalerie seraient la cause déterminante de la victoire, comme il l'avait lui-même annoncé en haranguant ses troupes. Ce furent elles en effet qui repoussèrent d'abord la cavalerie, elles qui massacrèrent les archers et les frondeurs, elles qui, après avoir tourné par la gauche la ligne pompéienne, décidèrent la déroute.

Guerre civile, III, 92-94.

HOMÈRE
VIIIᵉ s. av. J.-C.

VIRGILE
Iᵉʳ s. av. J.-C.

CLAUDIEN
Vᵉ s. ap. J.-C.

Plutarque

Pour diriger, il faut souvent séduire. La vie mouvementée de Cléopâtre (69-30 av. J.-C.), descendante de Ptolémée, l'un des généraux d'Alexandre et reine d'Égypte à dix-sept ans, ses amours avec César, puis Antoine, sa lutte contre Octave, en témoignent. C'est roulée dans un paquet de couvertures que Cléopâtre parvient à se présenter devant César.

PAQUET SURPRISE

Cléopâtre, prenant avec elle un seul de ses amis, le Sicilien Apollodore, monta sur un petit bateau et aborda au palais alors qu'il faisait déjà nuit. N'ayant pas d'autre moyen de passer inaperçue, elle se glissa dans un paquet de couvertures où elle s'étendit de tout son long ; Apollodore lia le paquet avec une courroie et le porta à l'intérieur jusqu'à César. On dit que celui-ci se laissa prendre par cette première ruse de Cléopâtre. Il la trouva hardie ; captivé ensuite par sa conversation et sa grâce, il la réconcilia avec son frère, dont il lui fit partager la royauté.

Vies, César, 54-55.

La première apparition de Cléopâtre dans la vie cette fois d'Antoine, à la tête du parti césarien après la mort du dictateur, confirme son pouvoir de séductrice, dans un tout autre style : plus fastueux, mais tout aussi efficace.

CLÉOPÂTRE OU L'ART DE LA MISE EN SCÈNE

Elle se mit à remonter le Cydnus sur un navire à la poupe d'or, avec des voiles de pourpre déployées et des rames d'argent manœuvrées au son de la flûte marié à celui des syrinx et des cithares. Elle-même était étendue sous un dais brodé d'or et parée comme les peintres représentent Aphrodite. Des enfants, pareils aux Amours qu'on voit sur les tableaux, debout de chaque côté d'elle, la rafraîchissaient avec des éventails. Pareillement, les plus belles de ses servantes, déguisées en Néréides et en Grâces, étaient les unes au gouvernail, les autres aux cordages. De merveilleuses odeurs exhalées par de nombreux parfums embaumaient les deux rives. Beaucoup de gens accompagnaient le navire de chaque côté dès l'embouchure du fleuve, et beaucoup d'autres descendaient de la ville pour jouir du spectacle. La foule qui remplissait la place publique se précipitant au dehors, Antoine finit par rester seul sur l'estrade où il était assis. Le bruit se répandait partout que c'était Aphrodite qui, pour le bonheur de l'Asie, venait en partie de plaisir chez Dionysos. Antoine envoya sur-le-champ la prier à dîner, mais elle demanda que ce fût plutôt lui qui vînt chez elle. Aussitôt, voulant lui témoigner courtoisie et complaisance, il se rendit à son invitation. Il trouva près d'elle des préparatifs défiant toute expression, mais il fut surtout frappé de l'abondance des lumières : il y en avait tant, dit-on, à briller de toutes parts à la fois, suspendues et inclinées de tant de façons, ou droites les unes en face des autres, et rangées en rectangles ou en cercles que, de tous les spectacles magnifiques et dignes d'être contemplés, on en connaît peu de comparables à cette illumination.

Le lendemain, Antoine, la traitant à son tour, mit son point d'honneur à la surpasser en splendeur et en élégance, mais, ayant le dessous et étant vaincu sur ces deux points, il fut le premier à railler la mesquinerie et la grossièreté de sa réception. Cléopâtre, voyant que les plaisanteries d'Antoine sentaient beaucoup le soldat et l'homme du commun, en usa dès lors avec lui sur le même ton, en faisant montre de sans-gêne et d'audace. Et de fait, on dit que sa beauté en elle-même n'était pas incomparable ni propre à émerveiller ceux qui la voyaient, mais son commerce familier avait un attrait irrésistible, et l'aspect de sa personne, joint à sa conversation séduisante et à la grâce naturelle répandue dans ses paroles, portait en soi une sorte d'aiguillon. Quand elle parlait, le son même de sa voix donnait du plaisir. Sa langue était comme un instrument à plusieurs cordes dont elle jouait aisément dans le dialecte qu'elle voulait, car il y avait très peu de barbares avec qui elle eût besoin d'interprète : elle répondait sans aide à la plupart d'entre eux, par exemple aux Éthiopiens, aux Troglodytes, aux Hébreux, aux Arabes, aux Syriens, aux Mèdes et aux Parthes. On dit qu'elle savait encore plusieurs autres langues, tandis que les rois ses prédécesseurs n'avaient pas même pris la peine d'apprendre l'égyptien et que même quelques-uns avaient oublié le macédonien.

Ainsi donc elle conquit Antoine à tel point qu'au moment même où Fulvia, sa femme, luttait à Rome contre César pour les intérêts de son mari, et où il était menacé par une armée parthe massée en Mésopotamie, dont le chef suprême, désigné par les généraux du roi pour commander les Parthes, était Labienus, et qui s'apprêtait à envahir la Syrie, il se laissa entraîner par Cléopâtre à Alexandrie, et là, dans des amusements et des jeux de gamin oisif, il dépensait et gaspillait avec mollesse le plus précieux des biens, selon le mot d'Antiphon, à savoir le temps. Cléopâtre et lui avaient formé une association dite de la Vie inimitable, et chaque jour ils s'offraient l'un à l'autre des festins en faisant des dépenses incroyables et sans mesure.

Vies, Antoine, 26-28.

HOMÈRE
VIIIe s. av. J.-C.

VIRGILE
Ier s. av. J.-C.

CLAUDIEN
Ve s. ap. J.-C.

Auguste

Auguste, fils adoptif de Jules César et fondateur de l'Empire romain, accéda au pouvoir suprême après avoir vaincu Antoine et Cléopâtre à Actium en 31 avant Jésus-Christ. Dans les extraits suivants des Res gestae *(« Choses accomplies »), qu'il avait rédigées et fait diffuser dans son Empire romain, il retrace son parcours et ses bienfaits envers le peuple romain : ses débuts, ses guerres, les charges qu'il a refusées, les charges exercées, les honneurs reçus, les dépenses qu'il a effectuées (distributions d'argent, constructions et restauration, jeux et spectacles), ainsi que ses hauts faits militaires.*

AUGUSTE, BILAN D'UN RÈGNE

Copie présentée ci-dessous de hauts faits du divin Auguste, par lesquels il a soumis le monde entier à l'empire du Peuple romain, ainsi que des dépenses qu'il a faites pour la République et pour le Peuple romain, dont l'original a été gravé sur deux piliers de bronze dressés à Rome.

À l'âge de dix-neuf ans, par décision personnelle et à mes propres frais, j'ai levé une armée avec laquelle j'ai rendu la liberté à la République opprimée par la tyrannie d'une faction. Pour cette raison, le Sénat, par des décrets honorifiques, me coopta dans son ordre sous les consuls Gaius Pansa et Aulus Hirtius[1], en me conférant le droit de donner mon avis parmi les consulaires ; en outre, il m'accorda l'*imperium*. Il me confia le soin de veiller, en qualité de propréteur, conjointement avec les consuls, à ce que la République ne connût pas de dommage. Le Peuple quant à lui m'élut la même année consul, après que les deux consuls étaient tombés à la guerre, et triumvir

---

1. 43 av. J.-C.

chargé de la restauration de la République. Ceux qui ont assassiné mon père, je les envoyai en exil, et je vengeai leur crime en vertu d'actions judiciaires conformes à la loi. Et quand après cela, ils firent la guerre à la République, je les ai vaincus deux fois en bataille rangée. J'ai fait souvent des guerres sur terre et sur mer, civiles ou extérieures, dans le monde entier, et après la victoire j'ai épargné tous les citoyens qui demandaient grâce. Quant aux peuples étrangers à qui on pouvait pardonner en toute sécurité, j'ai préféré les conserver que les exterminer. [...] J'ai deux fois triomphé par ovation et j'ai trois fois célébré un triomphe curule. J'ai été salué vingt et une fois du titre d'*imperator*, le Sénat me décernant plusieurs autres triomphes, que j'ai déclinés. J'ai déposé au Capitole les lauriers de mes faisceaux, après avoir acquitté les vœux que j'avais formulés pendant chaque guerre. Pour des succès remportés par moi ou par mes légats, sous mes auspices, sur terre et sur mer, le Sénat a décrété cinquante-cinq fois qu'il fallait rendre grâces aux dieux immortels. Quant aux jours pendant lesquels ont été célébrées ces actions de grâces en vertu d'un sénatus-consulte, ils ont été huit cent quatre-vingt-dix. Dans mes triomphes, neuf rois ou enfants de rois ont été conduits devant mon char. J'ai été consul treize fois quand j'écris ce texte, et me trouve dans la trente-septième année de la puissance tribunicienne. [...]

Vingt-six fois, en mon nom ou en celui de mes fils et petits-fils, j'ai offert au peuple des chasses de fauves africains au cirque, au forum ou bien dans des amphithéâtres ; pendant ces chasses environ trois mille cinq cents bêtes ont été tuées. J'ai donné au peuple le spectacle d'un combat naval au-là du Tibre, là où se trouve maintenant le Bois des Césars, après avoir fait creuser le sol sur une longueur de mille huit cents pieds et une largeur de mille deux cents pieds. Au cours de cette bataille, trente trirèmes ou birèmes garnies de rostres, et un nombre plus grand encore de bateaux plus petits s'affrontèrent. Dans ces flottes combattirent, outre les rameurs, environ trois mille hommes. [...] J'ai agrandi les frontières de toutes les provinces du Peuple romain, dont étaient voisines des nations qui n'obéissaient pas à notre pouvoir. J'ai pacifié les provinces des Gaules et des Hispanies, ainsi que la Germanie, tout le territoire que délimite l'Océan entre Gadès et l'embouchure de l'Elbe. J'ai pacifié les Alpes, de la région qui est proche de la mer Adriatique jusqu'à la mer Tyrrhénienne, sans jamais faire la guerre de manière injuste à un peuple. Ma flotte a navigué sur l'Océan de l'embouchure du Rhin vers des régions orientales jusqu'au pays des Cimbres, où aucun Romain n'était jamais parvenu jusqu'à cette date, ni par terre ni par mer. Les Cimbres, les Charydes et les Semnons, ainsi que d'autres peuples germains de cette région, ont demandé par des ambassadeurs mon amitié et celle du Peuple romain. Sous mon commandement et mes auspices, deux armées ont été conduites à peu près en même temps en Éthiopie et dans l'Arabie qu'on appelle Heureuse : dans les deux nations, de grandes masses d'ennemis ont été détruites en bataille et plusieurs places fortes ont été prises. [...] Vers moi ont été souvent envoyées des ambassades des rois de l'Inde, que l'on n'avait jamais vues avant ce temps auprès d'aucun chef romain. [...]

Pendant mon sixième[2] et mon septième[3] consulat, après avoir éteint les guerres civiles, étant en possession du pouvoir absolu avec le consentement universel, je transférai la république de mon pouvoir dans la libre disposition du Sénat et du Peuple romain. Pour ce mérite, je fus appelé Auguste par sénatus-consulte, les montants de la porte de ma maison furent revêtus sur ordre public de laurier, une couronne civique fut fixée au-dessus de la porte de ma maison, et dans la Curie fut accroché un bouclier d'or, que le Sénat et le Peuple romain m'offraient en raison de ma justice et de ma

2. 28 av. J.-C.
3. 27 av. J.-C.

piété, ainsi que l'inscription figurant sur le bouclier l'atteste. Depuis ce temps, je l'emportais sur tous en autorité, mais je n'avais pas plus de pouvoir que tous ceux qui ont été mes collègues dans toutes les magistratures. Lorsque je gérais mon treizième consulat[4], le Sénat et l'ordre équestre, ainsi que le Peuple romain tout entier, m'ont donné le titre de père de la patrie, et ont décidé que ce titre serait gravé dans le vestibule de ma maison, dans la Curie, et au Forum Auguste sous le quadrige qui m'y a été élevé en vertu d'un sénatus-consulte. J'ai soixante-seize ans au moment où je rédige ce texte.

Res Gestae divi Augusti/
Hauts faits du divin Auguste,
1-4, 22-23, 26, 31, 34-35.

4. 2 av. J.-C.

HOMÈRE
VIIIe s. av. J.-C.

VIRGILE
Ier s. av. J.-C.

CLAUDIEN
Ve s. ap. J.-C.

Pline le Jeune

L'empereur romain Trajan (53-117), d'origine espagnole, fit une brillante carrière militaire, qui lui valut d'être adopté par l'empereur Nerva. Lui ayant succédé en 98, il consolida les positions romaines sur le Rhin et le Danube, puis se consacra avec compétence à l'administration de l'Empire. Pline le Jeune prononça son Panégyrique *devant Trajan lui-même en 100 – voici le portrait élogieux qu'il dresse du prince au début de son allocution (sans doute remaniée et amplifiée avant publication).*

TRAJAN, EMPEREUR MODÈLE

Souvent, pères conscrits, je me suis en moi-même demandé quelles grandes qualités devait avoir celui qui d'un geste de sa puissance régit mers et terres, paix et guerres ; tandis que je m'imaginais et me représentais un prince digne d'un pouvoir comparable à celui des dieux immortels, jamais même en rêve je n'ai rien su concevoir de semblable à celui qui est devant nous. Tel s'est illustré à la guerre, qui s'est obscurci durant la paix ; tel autre s'est distingué sous la toge, mais non pas sous les armes ; celui-ci a cherché le respect, mais par la terreur ; tel autre l'amour, mais par l'abaissement ; celui-ci a perdu au dehors une gloire acquise dans sa maison, celui-là a perdu dans sa maison une gloire gagnée au dehors ; enfin personne jusqu'ici ne s'est rencontré dont les vertus ne fussent gâtées par le voisinage de quelque défaut. Au contraire quel accord et quel concert de toutes louanges et de toute gloire est le lot de notre prince ! Sa gaieté n'enlève rien à sa gravité, sa simplicité à son autorité, sa bonté à sa majesté. Sa force, la grandeur de sa taille, la beauté de sa tête, la noblesse de ses traits, sans compter cette inflexible maturité, sa chevelure qu'une attention des dieux a ornée des marques prématurées de la vieillesse qui ne fait qu'accroître sa majesté, tout cela n'annonce-t-il pas aux quatre coins de l'univers un souverain ? Tel devait être celui que nous ne devons ni aux guerres civiles ni à l'oppression des armes, mais à la paix et à l'adoption et aux divinités enfin fléchies par les habitants de la terre.

Panégyrique de Trajan, 4.

HOMÈRE
VIIIᵉ s. av. J.-C.

VIRGILE
Iᵉʳ s. av. J.-C.

CLAUDIEN
Vᵉ s. ap. J.-C.

Histoire Auguste

Zénobie, veuve, successeur (et peut-être meurtrière) d'Ode-nath, assassiné en 267 après Jésus-Christ, devint reine de Palmyre, une cité autonome de Syrie sous protectorat romain depuis plus d'un siècle. Profitant de la faiblesse de Rome et de l'empereur Galien à cette période, elle se lança dans une politique d'expansion ambitieuse, s'emparant de l'Égypte en 269 et de la majeure partie de l'Asie mineure en 270. L'empereur Aurélien (qui régna de 270 à 275) riposta quand elle décida, en 271, de décerner à son fils le titre d'Auguste. Il reprit l'Asie mineure, et, après un siège difficile, conquit Palmyre, qui subit alors de terribles destructions – prélude de celles qu'un fanatisme stupide allait lui faire à nouveau subir en 2015. Zénobie et ses fils ornèrent le triomphe d'Aurélien à Rome, avant de recevoir une pension et une villa à Tibur, où ils passèrent le reste de leurs jours. Le ton réprobateur adopté par l'auteur anonyme de ce portrait en dit long sur la place des femmes dans la société du temps.

ZÉNOBIE, REINE VAILLANTE

Toute honte est désormais bue, puisque, du fait de l'épuisement de l'État, on est arrivé au point que, sous le règne pernicieux de Gallien, même des femmes, et qui plus est étrangères, ont excellemment régné. C'est en effet une étrangère, nommée Zénobie – dont nous avons déjà abondamment parlé –, laquelle se vantait de descendre de la famille des Cléopâtres et des Ptolémées, qui, après son mari Odénat, s'étant jeté sur les épaules le manteau impérial, ornée à la manière de Didon, ayant aussi reçu le diadème, régna au nom de ses fils Hérennianus et Timolaus plus longtemps qu'il n'était admissible pour une personne de son sexe. Et en réalité, alors que Gallien dirigeait encore l'État, cette femme orgueilleuse occupa la fonction royale ; du fait que Claude était retenu par la guerre contre les Goths, c'est à peine si, en fin de compte, vaincue et menée en triomphe, elle se soumit à la juridiction romaine. Il existe une lettre d'Aurélien qui porte témoignage sur cette femme faite prisonnière.

En effet, ayant encouru de certains des reproches parce que lui, un homme très courageux, avait triomphé d'une femme comme s'il s'était agi de quelque général, il écrivit une lettre au Sénat et au peuple romain et se défendit en s'expliquant de la manière que voici : « J'apprends, pères conscrits, qu'on me reproche de n'avoir pas accompli une tâche digne d'un homme en menant Zénobie dans mon triomphe. Assurément, ceux qui me critiquent n'auraient pas assez d'éloges s'ils savaient de quelle femme il s'agit, combien elle est avisée dans ses choix, combien ferme dans ses décisions, combien sévère envers les soldats, combien généreuse quand la nécessité l'impose, combien austère quand la fermeté l'exige. Je puis affirmer que c'est à elle qu'Odénat doit d'avoir vaincu les Perses et d'être parvenu, après avoir mis Saport en fuite, jusqu'à Ctésiphon. Je puis soutenir que cette femme a inspiré une telle crainte aux peuples de l'Orient et de l'Égypte que ni les Arabes, ni les Sarrasins, ni les Arméniens n'ont bougé. Du reste je ne lui aurais pas garanti la vie sauve si je n'avais pas été convaincu qu'elle avait rendu de grands services à l'État romain en assurant la sauvegarde de l'Empire pour elle et ses enfants. Qu'ils gardent donc le venin de leur langue, ces gens à qui rien ne plaît. En effet, s'il n'est pas honorable d'avoir vaincu une femme et de l'avoir conduite en triomphe, que disent-ils de Gallien, pour la honte duquel cette femme a bien dirigé l'Empire ? Que disent-ils du divin Claude, ce général vertueux et irré-prochable, qui, à ce qu'on dit, a admis qu'elle exerce le pouvoir suprême parce qu'il était lui-même accaparé par ses campagnes contre les Goths ? Cette décision, il l'a prise avec précaution et sagesse, afin d'achever lui-même en toute sécurité ce qu'il avait entrepris, tandis qu'elle garantissait la sauvegarde des frontières orientales de l'Empire. »

Ce discours révèle quelle opinion Aurélien avait de Zénobie. On rapporte qu'elle était tellement chaste qu'elle ne connaissait même son mari que dans l'intention de procréer. En effet, après avoir couché une fois avec lui, elle restait continente en attendant ses règles, au cas où elle aurait été enceinte ; si tel n'était pas le cas, elle consentait à rendre derechef possible une conception. Elle vivait au sein d'un appareil royal. Elle recevait l'adoration plutôt à la manière perse. Elle organisait des repas à la manière des rois perses. À la manière des empereurs romains, elle paraissait casquée devant les assemblées, avec un vêtement à liseré pourpre et des pierres précieuses qui pendaient au bas de la frange, sanglée au moyen d'une gemme en forme d'escargot placée au milieu en fonction de fibule de femme, le bras souvent nu. Elle avait un visage foncé, de couleur basanée, avec des yeux noirs extraordinairement vifs, une intelligence digne d'un dieu, un charme incroyable. Telle était la blancheur de ses dents que la plupart des gens croyaient qu'elle avait des perles, non pas des dents. Sa voix était claire et virile. Sa sévérité, quand les circonstances l'exigeaient, était celle d'un tyran, sa bienveillance celle des bons princes, quand le sens du devoir l'imposait. Elle était généreuse avec circonspection, économe des finances publiques plus qu'on ne l'attend d'une femme. Elle se déplaçait en chariot, rarement dans une voiture de dame, le plus souvent à cheval. On dit par ailleurs que, fréquemment, elle marchait à pied trois ou quatre milles avec les fantassins. Elle chassait avec la passion des Espagnols. Elle buvait souvent avec les généraux, bien que, dans les autres circonstances, elle fût sobre ; elle buvait aussi avec les Perses et les Arméniens, au point de l'emporter sur eux. Pour les banquets, elle utilisait une vaisselle d'or ornée de pierres précieuses, elle utilisait une vaisselle à la manière de Cléopâtre. Comme serviteurs, elle avait des eunuques d'âge rassis, de très rares jeunes filles. Elle avait ordonné à ses fils de parler latin, si bien qu'ils ne s'exprimaient que difficilement et rarement en grec. Elle-même ne savait pas très bien le latin, néanmoins elle le parlait, non sans quelque inhibition ; elle parlait aussi le copte à la perfection. Elle était si compétente en histoire alexandrine et orientale qu'on dit qu'elle en avait rédigé un résumé ; pour ce qui concerne l'histoire romaine, elle l'avait lue en grec.

Quand Aurélien, après s'être emparé d'elle, l'avait fait comparaître devant lui et l'avait interpellée en ces termes : « Qu'est-ce à dire, Zénobie, tu as eu l'audace de braver des empereurs romains ? », on dit qu'elle répondit : « Je sais que tu es un empereur, toi qui remportes des victoires, quant à Gallien, à Auréolus et à tous les autres je n'ai pas estimé qu'ils fussent des princes. La supposant semblable à moi, j'ai souhaité que Victoria fût associée à mon règne, si la proximité des lieux l'avait rendu possible. » Elle fut donc conduite en triomphe dans un tel appareil que rien ne parut plus somptueux au peuple romain : en premier lieu, elle était ornée de pierres précieuses énormes, si bien qu'elle pliait sous le poids de ses parures. On rapporte, en effet, que cette femme si courageuse s'arrêta fort souvent, disant qu'elle n'arrivait pas à supporter le poids des pierres précieuses. En outre ses pieds étaient chargés d'entraves en or, ses mains également de chaînes dorées, un collier doré ne manquait pas à son cou, qu'un garde du corps perse portait devant elle. Aurélien lui laissa la vie sauve, et on dit qu'elle vécut avec ses enfants, désormais à la manière d'une matrone romaine, une propriété lui ayant été offerte à Tivoli, laquelle se nomme aujourd'hui encore Zénobie, non loin du palais d'Hadrien et de l'endroit qu'on appelle la Conque.

Histoire Auguste, Zénobie.

HOMÈRE
VIIIe s. av. J.-C.

VIRGILE
Ier s. av. J.-C.

CLAUDIEN
Ve s. ap. J.-C.

Anonyme

Un orateur resté anonyme adressa en 312 à l'empereur Constantin, au nom de la ville d'Autun, des remerciements aux accents parfois quelque peu larmoyants pour sa visite l'année précédente à la cité sinistrée et pour sa générosité.

LA COMPASSION DE CONSTANTIN

Tu t'es demandé avec étonnement, empereur, d'où provenait la multitude qui se pressait à ta rencontre, alors que de la montagne voisine tu n'avais vu que solitude. De la campagne les hommes de tout âge étaient tous accourus pour voir celui à qui ils souhaitaient volontiers de leur survivre. [...] La chaleur d'un enthousiasme irrésistible s'est emparée de nous et, exaltés comme par le pressentiment de notre bonheur prochain, nous t'avons accueilli avec autant d'allégresse que si nous tenions déjà les bienfaits que tu avais l'intention de nous accorder. Nous avons orné les rues qui mènent au palais d'une décoration modeste en vérité, mais nous avons fait sortir les bannières de tous les collèges, les statues de tous nos dieux, et un tout petit nombre d'instruments aux sons éclatants dont les porteurs devaient, par des raccourcis, se présenter à plusieurs reprises sur ton passage. On nous aurait crus riches, à juger de la réalité par notre empressement. Mais notre pauvreté, si bien dissimulée qu'elle fût, ne pouvait échapper à ta clairvoyance : tu as compris que ce n'étaient là, inspirées par le sentiment du devoir et de l'honneur, que trompeuses démonstrations de l'indigence.

De toi-même tu as daigné nous inviter à approcher de ta divinité, de toi-même nous adresser la parole, de toi-même nous demander quelle aide nous désirions. Voilà, empereur, les véritables bienfaits, ceux qui ne sont pas arrachés par les prières, mais qui proviennent de ta générosité spontanée, ceux qui, sans qu'on ait l'ennui de solliciter, vous donnent le plaisir de recevoir. Ce n'est pas une petite affaire que d'adresser pour soi à l'empereur de tout l'univers une requête particulière, de paraître le front haut sous les regards d'une telle majesté, de composer son visage, d'affermir son âme, de formuler sa requête, de parler sans crainte, de finir à propos, d'attendre la réponse. Toutes ces difficultés, empereur, tu les as épargnées à notre timidité, non seulement en nous questionnant le premier sur les remèdes que nous réclamions, mais en cherchant aussi à comprendre par toi-même tout ce que nous taisions, tandis que nous étions prosternés à tes pieds et que tu nous relevais avec les paroles les plus bienveillantes. Nous avons vu tes yeux humides exprimer la compassion. Sur ce visage coulaient des larmes salutaires pour nous, glorieuses pour toi : en nous la douleur s'était désormais dissipée, et à notre tour nous pleurions de joie. Comme la pluie que tous les vœux appellent féconde les campagnes desséchées par des chaleurs persistantes, ainsi tes larmes faisaient ruisseler la joie en nos cœurs et, bien qu'il ne nous fût pas permis de manifester notre satisfaction pendant que tu pleurais, la reconnaissance pourtant triomphait de nos scrupules, puisque ces larmes trahissaient chez toi la pitié et non point la douleur.

Panégyriques latins,
Discours de remerciement à Constantin, VIII, 8-9.

HOMÈRE
VIIIe s. av. J.-C.

VIRGILE
Ier s. av. J.-C.

CLAUDIEN
Ve s. ap. J.-C.

Claudien

Le poète fait souvent l'éloge de Stilicon, général d'origine vandale qui était le véritable maître de l'empire d'Occident à la fin du IVe et au début du Ve siècle. À l'occasion du mariage en 398 de la fille de ce dernier et d'Honorius, le jeune empereur d'Occident, il composa un épithalame où il fit notamment prononcer par ses soldats l'éloge de leur chef.

STILICON, L'AIR NOBLE DU POUVOIR

Nous pourrions raconter quels combats il livra sous l'Hémus,
Quelle lutte a ensanglanté les vapeurs du Strymon,
Combien il est connu par son écu et avec quel élan il
    foudroie l'ennemi,
Si Hymen ne nous l'empêchait. Nous chantons maintenant
Ce qu'il est opportun de dire. Qui est meilleur conseil ou
    connaît mieux
La mesure du droit, du juste ? En toi, ce qui toujours s'oppose,
Se concilie : force et génie, hardiesse et sagesse.
Qui a front plus serein ? À qui conviendraient aussi bien
Les sommets de l'État romain ? Quel cœur suffirait à de
    tels soucis ?
Te dresses-tu parmi le peuple ? En te voyant, chacun s'écrie :
C'est Stilicon, c'est lui. L'air noble du pouvoir
S'atteste et se montre de soi, sans voix hautaine,
Sans simuler une démarche altière et sans geste effronté.
Tout ce qu'un autre affecte et s'efforce de feindre,
Nature t'en fait don. Tu resplendis en même temps
D'une pudeur, d'une belle rigueur ; pour faire mieux
    vénérer ton visage,
Les cheveux blancs te sont vite venus[1]. Hors du destin,

---

1. En 398, Stilicon a environ trente-trois ans ! Mais l'association de la force de la sagesse à la sagesse du vieillard est un lieu commun des panégyriques.

Bien que la gravité échoie au vieux et au jeune la force,
Les deux âges te couvrent de leurs qualités distinctives.
Héros, tu ornes la Fortune. Tu n'as ni trait pour nuire
Ni épée infectée par la gorge des citoyens.
Tu ne te rends pas odieux par la terreur et la faveur ne
    détend pas
Ton mors. Nous t'aimons tout autant que nous te redoutons.
Et même notre crainte est un acte d'amour pour toi,
Arbitre si juste des lois, si fidèle gardien d'une paix glorieuse,
Ô le meilleur des chefs et le plus fortuné des pères !

Œuvres, t. II, 2 :
Poèmes politiques (395-398),
Épithalame pour les noces de l'empereur Honorius
(carm. 9-10), 309-334.

Jordanès

Dans ce passage, l'historien décrit, sur la foi des récits de Priscus qui avait été envoyé en ambassade auprès de lui en 449, le redoutable Attila (env. 395-443), chef des Huns, peuplade d'origine asiatique dont l'empire s'étendait de l'Asie centrale jusqu'à l'Europe centrale, et qui entra, au cours de son règne, en conflit ouvert avec l'Empire romain, lequel ne dut sans doute son salut qu'à sa mort.

UNE AMBASSADE CHEZ ATTILA

C'est grâce à cette paix qu'on vint à bout d'Attila, maître de tous les Huns et seul au monde à régner sur les nations de presque toute la Scythie. Cet homme fascinait par la sinistre réputation dont il jouissait parmi toutes les nations. L'historien Priscus fut envoyé par Théodose le Jeune en ambassade auprès de lui et voici comment, entre autres, il en parle : « Traversant en fait d'immenses fleuves – c'est-à-dire le Tisia, le Tibisia et le Dricca –, nous sommes parvenus à cet endroit où jadis Vidigoia, brave des braves parmi les Goths, succomba à une trahison des Sarmates, puis non loin de là nous sommes arrivés au village où séjournait le roi Attila, un village, dis-je, qui était aux dimensions d'une cité fort étendue. Nous y découvrîmes une construction monumentale en bois, formée de planches immenses. Leur assemblage dissimulait la solidité du tout, de telle sorte que même quelqu'un d'attentif avait peine à distinguer les joints. On pouvait voir des salles de banquet regorgeant d'un faste complaisant, des portiques édifiés dans tous leurs atours. Quant à son espace intérieur, il était pourvu d'une enceinte sur l'ensemble de son immense pourtour, et son étendue même révélait qu'il s'agissait d'une cour royale. Telle était la résidence du roi Attila, maître de toute la barbarie, tel était le genre de construction qu'il réservait aux cités qu'il avait prises. »

Plus exactement, cet Attila avait pour père Mundiuc, dont les frères, Octar et Ruas, occupèrent, raconte-t-on, le trône des Huns avant Attila, bien qu'ils ne gouvernassent pas autant d'hommes que ce dernier. Après leur mort, il leur succéda, avec son frère Bleda, sur le trône des Huns. Pour avoir d'abord des moyens à la mesure de la politique de conquêtes qu'il préparait, il cherche, par un parricide, à faire croître ses ressources, et c'est en tuant les siens qu'il en vient à mettre en péril toute l'humanité. Mais justice fut faite, et cet homme qui augmentait son pouvoir par un abominable expédient trouva la fin honteuse que méritait sa cruauté. En effet, après avoir éliminé perfidement son frère Bleda, qui régnait sur une grande partie des Huns, il réunit sous son commandement la totalité de ce peuple. Rassemblant en outre la foule des autres nations qu'il tenait alors sous sa coupe, il ambitionnait d'assujettir les premières nations de l'univers, les Romains et les Wisigoths.

Son armée comptait, disait-on, 500 000 unités. Il était venu au monde pour mettre sens dessus dessous les nations, il était le cauchemar de tous les pays, lui qui, par je ne sais quel sortilège, semait partout la terreur et s'était taillé une terrible réputation. Plus précisément, il était, à l'abord, hautain, promenant son regard sur tout ce qui l'entourait, afin que sa puissance fût manifeste à chaque mouvement de son corps altier. Il aimait certes les guerres, mais était capable de contrôler sa propre violence. Il était d'un jugement très avisé, miséricordieux envers ceux qui le suppliaient, bienveillant envers ceux à qui il avait accordé une fois pour toutes sa confiance. Au physique, il était courtaud, avec une large poitrine, une fort grande tête, de petits yeux, une barbe peu abondante, une poudre de cheveux blancs, un nez camus, un teint brunâtre, affichant les particularités de sa race.

Bien qu'il fût, par nature, toujours confiant en sa haute destinée, son assurance était cependant accrue par la découverte de l'épée de Mars, laquelle avait toujours été considérée comme sacrée par les rois des Scythes.

D'après l'historien Priscus, celle-ci fut trouvée dans les circonstances que voici : « Un bouvier, dit-il, s'était aperçu qu'une génisse du troupeau boitait et il ne trouvait pas la cause d'une telle blessure. Inquiet, il suit les traces de sang et finalement arrive à l'épée que l'animal inattentif avait foulée alors qu'il broutait. Il la déterre et l'apporte aussitôt à Attila. Ce dernier le remercie du cadeau et, plein de présomption, estime qu'il a été désigné comme prince de l'univers entier et que, à travers l'épée de Mars, c'est le pouvoir de décider de l'issue des guerres qui lui a été conféré. »

Histoire des Goths, XXXIV-XXXV.

HOMÈRE
VIIIᵉ s. av. J.-C.

VIRGILE
Iᵉʳ s. av. J.-C.

CLAUDIEN
Vᵉ s. ap. J.-C.

Procope

Bélisaire (500-565) fut un remarquable général de l'empe-reur romain d'Orient Justinien (lequel régna de 527 à 565). Ses plus grandes victoires furent la récupération de l'Afrique sur les Vandales en 533, puis, en 540, de l'Italie sur les Ostrogoths. L'historien grec Procope, secrétaire de Bélisaire et qui l'accom-pagna lors de sa campagne en Afrique, exalte dans La Guerre contre les Vandales *la figure de ce dernier. La scène décrite ici se situe le 15 septembre 533 : Bélisaire est entré dans Carthage et s'est installé dans le Delphix, le palais même du roi vandale Gélimer, qui vient de subir une cuisante défaite.*

LE BONHEUR DE BÉLISAIRE

C'est donc dans le Delphix que Bélisaire prit son déjeuner, en compagnie de tous les responsables marquants de l'armée. Il se trouvait que le repas que l'on avait préparé le jour précédent pour Gélimer était prêt. Nous dégustâmes ses mets eux-mêmes, et présentés par les domestiques du souverain, qui nous donnaient aussi du vin à boire et accomplissaient les autres obli-gations du service. On pouvait alors voir la Fortune se montrer dans toute sa splendeur : elle marquait claire-ment combien tout dépend d'elle et combien l'homme ne possède rien en propre. Quant à Bélisaire, il goûta ce jour-là une félicité comme jamais aucun de ses contem-porains n'en connut, ni même personne dans les temps jadis. D'ordinaire, en effet, les soldats romains ne péné-traient pas, même par groupes de cinq cents, dans une cité qui leur était soumise sans y provoquer de troubles, surtout s'ils y rentraient à l'improviste. Mais ce général-ci avait si bien organisé toutes les troupes placées sous ses ordres qu'il ne se produisit aucune violence ni aucune menace, et que rien n'entrava, bien au contraire, les acti-vités de la cité. On avait pris celle-ci, on avait modifié son régime politique, on l'avait intégrée à l'Empire, et pourtant aucune famille ne fut empêchée de s'approvisionner au marché ; les secrétaires, munis des listes qu'ils avaient rédigées, conduisirent comme à l'accoutumée les soldats dans leurs logements, que ces derniers occupèrent tranquillement, après avoir acheté au marché, chacun comme il l'entendait, leurs provisions pour le repas. Ultérieurement, Bélisaire donna des garanties aux Vandales qui s'étaient réfugiés dans les sanctuaires et s'occupa des remparts de la ville, car l'enceinte de Carthage était si délabrée qu'en bien des points elle était accessible à n'importe qui et pouvait être aisément attaquée.

La Guerre contre les Vandales, I, XXI, 5-11.

II

COMMENT DEVENIR
UN CHEF ?

L'exemple type de l'éducation (réussie) d'un grand chef est sans doute celle d'Alexandre le Grand, que son père confia quelques années à Aristote. Mais tout le monde n'a pas la chance d'être le fils d'un roi puissant et d'avoir pour professeur particulier l'un des plus grands philosophes de l'Antiquité…

Différentes voies, mutuellement non exclusives, existent pour devenir un meneur d'hommes. Il y a tout d'abord ce qui relève de la formation initiale. Les Anciens ont mis en place un dispositif élaboré et original de formation des élites : les écoles de rhétorique, dont les grandes écoles constituent, à certains égards, l'un des lointains avatars dans la France d'aujourd'hui. Répandues dans le monde grec et romain, elles visaient à inculquer aux jeunes gens l'art oratoire, indispensable dans des cultures où la parole est reine : ainsi par exemple, la démocratie attique, qui ne connaît que le gouvernement direct, accorde la prééminence à l'homme politique capable d'imposer son point de vue, par la parole, à l'assemblée des citoyens – à l'instar, par exemple, d'un Périclès. Les grands sophistes du Ve siècle avant Jésus-Christ, tel Protagoras, ont découvert qu'il était possible d'enseigner une technique appropriée, condensant, en un système complexe de règles, de procédés et d'habitudes, les leçons de l'expérience : la rhétorique, raffinée au cours des siècles qui suivent, mais qui garda une remarquable cohérence. Protagoras cherchait à faire de ses élèves de bons citoyens, capables de bien gérer leur maison et de gérer avec efficacité les affaires de l'État. Au siècle suivant, Isocrate fonda une école célèbre à Athènes, qui accueillit en tout près d'une centaine d'élèves – en moyenne cinq ou six par an (il mourut quasi centenaire) ; il se plaît, à la fin de sa vie, à énumérer dans son discours *Sur l'échange* les grands hommes politiques qu'il compta dans ses promotions. Soulignons qu'il s'agit, chez lui comme chez ses successeurs, d'un enseignement généraliste : l'art oratoire n'apprend pas seulement à bien parler, mais aussi à bien penser et à bien agir ; il forme des hommes, à l'esprit droit et délié ; le reste n'est qu'affaire de pratique – ces conceptions seront communes à toute l'Antiquité. Plus tard, l'apprentissage de la rhétorique est aussi adopté à Rome et occupe, avec quelques nuances (en particulier une inflexion juridique très nette), une place tout aussi majeure dans la formation des élites aux derniers siècles de la République romaine – Cicéron, auquel son art oratoire permit d'accéder au faîte des honneurs politiques de son temps, en est bien entendu un exemple canonique, tant par ses discours que par les divers dialogues où il expose ses conceptions en matière de rhétorique. Après Auguste, l'éloquence supérieure n'est plus l'éloquence politique, mais celle, plus désintéressée, du conférencier. Le prestige artistique reconnu à l'orateur lui confère toutefois une certaine efficacité politique et les cités en difficulté choisissent tout naturellement des orateurs célèbres comme ambassadeurs. Et l'Empire romain a su trouver au fil des siècles dans les écoles de rhétorique « une pépinière d'esprits alertes et déliés, fort capables de lui fournir le personnel de ses hauts cadres administratifs et gouvernementaux[1] ».

---

1. H.-I. Marrou, *Histoire de l'éducation dans l'Antiquité*, t. II : *Le Monde romain*, Paris, Seuil, 1948, p. 92.

Les grands chefs de l'Antiquité ont aussi souvent recouru à une pratique qui demeure fort en vogue dans les organisations contemporaines, le mentorat – le terme étant d'ailleurs d'origine homérique : Mentor, vieil ami d'Ulysse auquel ce dernier avait confié sa maison à son départ pour Troie, joua le rôle d'un conseiller auprès de son fils Télémaque. S'associer à un aîné plus élevé dans la hiérarchie, tel le lierre qui s'enlace autour d'un arbre plus fort que lui (pour reprendre la métaphore arboricole filée par Plutarque), est une voie lente, mais sûre, pour s'élever dans la hiérarchie. Deux illustrations nous en sont données par Xénophon, qui rapporte une conversation (fictive sans doute, car il écrit près de deux cents ans après les faits) entre Cambyse et Cyrus le Grand, et, quelques centaines d'années plus tard, sur un tout autre mode, introspectif cette fois, par Marc Aurèle s'exerçant à énumérer les vertus du commandement qu'il estime avoir apprises de son père adoptif Antonin le Pieux.

Reste que l'on a beau s'être formé le mieux possible et avoir acquis, auprès de modèles stimulants, toute l'expérience et l'aptitude requise, la Fortune (*Tychè*, en grec ; *Fortuna* en latin) décide, en définitive, de notre accès, ou non, au pouvoir. Tout dépend en particulier, hier comme aujourd'hui, des choix en matière de succession du leadership effectués par nos prédécesseurs – un enjeu considérable, rien n'étant plus dangereux que la vacance du pouvoir. Bien entendu, les modes de gouvernement fort divers expérimentés par les sociétés antiques, oscillant, selon la distinction classique, entre démocratie, oligarchie et pouvoir monarchique (héréditaire ou non), rendirent la question du choix de son successeur plus ou moins pertinente selon les lieux et les époques. Dans un régime oligarchique comme celui des derniers siècles de la République romaine, des *homines novi*, tels Marius ou Cicéron, peuvent ainsi s'enorgueillir de ne devoir qu'à eux-mêmes leur réussite (« c'est en moi seul que je mets mes espérances ! »), et non à leur appartenance à la classe sénatoriale. Mais dans l'empire d'Alexandre et plus tard dans son héritier, l'Empire romain, la question du choix du successeur est tout à fait cruciale, pour les dirigeants comme pour les peuples qu'ils administrent. Un bel exemple d'échec en la matière est fourni par le Conquérant lui-même, selon Quinte-Curce : sur son lit de mort, très prématurée il est vrai (il avait trente-trois ans), Alexandre le Grand aurait ainsi déclaré à ses généraux laisser son empire « au meilleur » – formule malheureuse (?) qui déclencha quarante années de lutte sanglante entre ces derniers. Les empereurs romains cherchèrent à se montrer plus prévoyants et à instituer des mécanismes de transmission du pouvoir à même d'assurer que le trône ne reste jamais vacant, en généralisant notamment, faute d'héritiers directs aptes au pouvoir, la pratique de l'adoption d'hommes de mérite.

HOMÈRE
VIIIᵉ s. av. J.-C.

VIRGILE
Iᵉʳ s. av. J.-C.

CLAUDIEN
Vᵉ s. ap. J.-C.

Plutarque

Aristote, le plus grand philosophe de son temps, éduquant Alexandre, qui allait en devenir le plus grand conquérant. Nous aimerions en savoir plus sur le cursus qu'il lui fit suivre.

LE PLUS ILLUSTRE
& LE PLUS SAVANT DES PHILOSOPHES

Philippe, constatant que son fils avait une nature inflexible et qu'il luttait contre toute contrainte, mais se laissait aisément conduire à son devoir par la raison, essayait lui-même de le persuader plutôt que de le commander, et, comme il ne se fiait pas entièrement aux maîtres chargés de son instruction littéraire et scientifique pour le surveiller et le former [...] il fit venir le plus illustre et le plus savant des philosophes, Aristote, à qui il donna des honoraires magnifiques et dignes de lui : en effet, il releva de ses ruines la ville de Stagire, patrie d'Aristote, qu'il avait lui-même détruite, et la repeupla avec ses citoyens exilés ou réduits en esclavage. Il assigna au maître et à l'élève, pour y passer leur temps dans l'étude, le nymphée de Miéza[1], où l'on montre encore aujourd'hui les bancs de pierre et les promenades ombragées d'Aristote. Alexandre, à ce qu'il paraît, n'apprit pas seulement la morale et la politique, mais il eut part aussi aux leçons secrètes et plus profondes que les philosophes se gardaient de divulguer. [...]

Il me semble que le goût d'Alexandre pour la médecine lui venait d'Aristote plus que d'aucun autre. Loin de se contenter de la théorie, il soignait aussi ses amis malades et leur prescrivait des traitements et des régimes, comme on peut le voir par ses lettres. Il avait aussi un

---

1. Un nymphée est un sanctuaire consacré aux Nymphes. Miéza se trouvait dans les environs de Pella, capitale de la Macédoine.

goût inné pour la littérature et la lecture. Il considérait l'*Iliade* comme un modèle pour la valeur guerrière ; il emporta la recension qu'Aristote avait faite de ce poème et qu'on appelle l'édition « de la cassette ». Il l'avait toujours sous son oreiller avec son épée, au témoignage d'Onésicrite[2]. Comme il ne pouvait trouver d'autres livres en Haute-Asie, il invita Harpale à lui en envoyer : celui-ci lui expédia un grand nombre de tragédies d'Euripide, de Sophocle et d'Eschyle. [...]

Au début, il admirait Aristote et, comme il le disait lui-même, il ne l'aimait pas moins que son père, parce que, si l'un lui avait donné la vie, l'autre lui avait appris à bien vivre. Mais, par la suite, il en vint à le traiter plutôt en suspect, non pas au point de lui faire du mal, mais ses attentions n'avaient plus la vivacité affectueuse d'autrefois, ce qui était le signe qu'il se détachait de lui.

Vies, Alexandre, 7-8, 4.

2. Pilote du navire personnel d'Alexandre, il rédigea peu de temps après la mort de ce dernier un ouvrage peut-être intitulé *L'Éducation d'Alexandre*.

LES GRANDES ÉCOLES
DE RHÉTORIQUE

HOMÈRE
VIIIᵉ s. av. J.-C.

VIRGILE
Iᵉʳ s. av. J.-C.

CLAUDIEN
Vᵉ s. ap. J.-C.

Isocrate

Tout le monde n'est pas Alexandre et n'a pas la chance d'avoir un tel maître. Le commun des mortels (ou, plus précisément, compte tenu des réalités sociologiques du temps, les jeunes hommes libres de la classe aisée) était envoyé dans des écoles de rhétorique, dont l'une des premières avait été fondée à Athènes, vers 390 avant Jésus-Christ, par l'Athénien Isocrate qui devait l'animer jusqu'à la fin de sa vie. Dans les années 350, ce dernier publia le discours Sur l'échange, *dont proviennent les extraits qui suivent. Dans ce plaidoyer fictif, il défend ses ouvrages et ses conceptions en matière de culture intellectuelle et donne de précieux détails sur l'enseignement de la rhétorique dans son école : le cycle d'études durait jusqu'à trois ou quatre ans ; les étudiants, venus de tout le monde grec, payaient des honoraires élevés et offraient des cadeaux ; ils recevaient un enseignement sur les formes du discours, au sens large (contenu, figures de styles, formes de raisonnement…), et écoutaient et discutaient en commun, dans une atmosphère de séminaire, les discours du maître. Isocrate s'appuyait sur la conviction que ne peut bien parler que celui qui pense bien et qui est un homme de bien.*

UN PROGRAMME D'EXCELLENCE

C'est en effet après avoir écrit et publié ces discours que j'ai eu une réputation étendue et que j'ai acquis nombre de disciples, dont aucun ne serait resté s'ils n'avaient rencontré en moi celui qu'ils s'attendaient à trouver. Sur un si grand nombre d'élèves, dont certains ont vécu avec moi trois ans, d'autres quatre, on n'en trouvera pas un qui se soit plaint de quelque enseignement donné chez moi. Au contraire, à la fin, quand ils allaient s'embarquer pour retrouver leurs parents et leurs amis, leur amour pour nos occupations était si grand que la séparation était accompagnée de regrets et de larmes.

[...] Dans les premiers qui ont commencé à venir à moi, se trouvent Eunomos, Lysitheidès et Callippos ; puis Onètor, Anticlès, Philonidès, Philomèlos, Kharmantidès. À tous ceux-là, la cité a décerné des couronnes d'or, les regardant, non pas comme des gens qui convoitaient le bien d'autrui, mais comme de bons citoyens. [...]

Voilà donc à peu près l'esquisse de l'éducation intellectuelle. Mais je pense que vous pourrez mieux encore comprendre sa puissance, si je vous expose le programme que nous présentons à ceux qui veulent nous fréquenter. Nous leur disons que ceux qui excelleront plus tard, soit dans les discours, soit dans l'action, soit dans tout autre genre d'occupation, doivent tout d'abord être heureusement doués pour le travail qu'ils ont choisi, puis avoir reçu l'instruction et la science qui conviennent à cet objet, en troisième lieu être rompus et familiarisés à leur usage et à leur pratique ; car c'est par ces moyens qu'en tout genre d'activité on arrive à être parfait et à surpasser de beaucoup les autres. De tout cela, ce qui convient aux professeurs et aux élèves, c'est en particulier pour ces derniers d'apporter à l'étude les qualités naturelles nécessaires, pour les autres d'être capables d'instruire ces élèves bien doués, et en commun pour tous c'est l'exercice qui mène à l'application pratique ; car il faut que les uns dirigent attentivement leurs disciples et que ceux-ci observent avec un soin énergique les conseils qu'on leur donne. Voilà donc ce que nous disons pour toutes les professions. Mais si quelqu'un laissait de côté le reste pour me demander ce qui est le plus indispensable à l'éducation oratoire, je lui répondrais que les qualités naturelles ne peuvent être surpassées et l'emportent de beaucoup sur les autres. [...] D'ailleurs ceux aussi, nous le savons, dont la nature est inférieure à celle des précédents, mais qui l'emportent en pratique et en exercices, dépassent, non seulement leur niveau originel, mais celui même des gens bien doués qui se sont trop négligés. Ainsi chacun de ces deux ordres de qualités peut rendre un homme habile à parler et à agir, et tous deux réunis en un seul individu peuvent faire que nul ne le surpassera. [...]

C'est grâce à la parole que nous formons les esprits incultes et que nous éprouvons les intelligences ; car nous faisons de la parole précise le témoignage le plus sûr de la pensée juste ; une parole vraie, conforme à la loi et à la justice, est l'image d'une âme saine et loyale.

Discours, t. III : *Sur l'échange*,
87, 93-94, 186-189, 191, 255.

HOMÈRE
VIIIe s. av. J.-C.

VIRGILE
Ier s. av. J.-C.

CLAUDIEN
Ve s. ap. J.-C.

Cicéron

Cicéron donne ici la parole à Antoine (143-87 av. J.-C.), homme politique et orateur parmi les plus célèbres de la génération précédente. Exposant ses principales conceptions en matière de rhétorique, ce dernier évoque certains aspects de la méthode qu'il adopte pour former des orateurs.

DÉCOUVRIR ET DÉVELOPPER LES POTENTIELS

Je suppose donc que j'aie à vous former un orateur. J'examinerai d'abord de quoi il est capable. Je veux qu'il ait une teinture des lettres, qu'il ait lu, écouté, qu'il connaisse les préceptes mêmes de l'école. Je le mettrai à l'épreuve, pour juger de ses moyens extérieurs, de sa voix, de ses forces, de son souffle, de son articulation. Si je crois qu'il peut s'élever aux premiers rangs, je l'engagerai à tourner son activité vers l'éloquence ; je l'en conjurerai même, s'il est par surcroît un homme de bien : tant j'estime qu'un orateur, éloquent et vertueux ensemble, apporte de gloire à une cité tout entière. Si je reconnais que, malgré les plus grands efforts, il ne dépassera point une médiocrité honnête, je le laisserai faire à sa guise, sans le presser trop vivement. Enfin, s'il n'a ni inclination ni aptitude d'aucune sorte, je l'avertirai de se tenir tranquille ou de s'appliquer à quelque autre besogne. Celui qui a des dons magnifiques, il faut l'encourager de toutes manières ; celui qui en a de passables, il faut au moins ne pas le décourager. […] Mes paroles auront donc en vue celui-là seulement qui mérite exhortation et soutien, et je me bornerai à lui transmettre ce que m'a enseigné la pratique, afin qu'il puisse arriver, guidé par moi, où moi-même je suis arrivé sans guide : je n'ai rien de mieux à lui apprendre.

Et pour commencer par un de nos amis, Sulpicius ici présent, la première fois que je l'entendis, il plaidait, étant très jeune encore, une très petite cause ; mais sa voix, son extérieur, son geste, tout en lui annonçait un homme né pour l'éloquence. Sa parole était rapide et animée, ce qui venait de son naturel ; ses expressions avaient un bouillonnement et une exubérance peut-être excessive, ce qui venait de son âge – et ce n'était point pour me déplaire : j'aime dans la jeunesse cette fécondité luxuriante. On réduit aisément la vigueur des ceps qui ont poussé trop de branches ; mais si la souche ne vaut rien, aucune culture ne fait croître de nouveaux sarments. De même, je veux dans un jeune talent trouver de quoi élaguer ; la sève est vite épuisée, quand la maturité a été trop prompte. Je vis aussitôt ce que promettait Sulpicius et, sans perdre un instant, je l'engageai à prendre pour école le forum[1] et, pour maître, l'homme de son choix – ajoutant que s'il m'en croyait, cet homme serait Crassus. Il saisit cette idée, m'assura qu'il suivrait mon avis et me demanda même (par amabilité, j'en suis sûr) d'être aussi l'un de ses maîtres. Une année s'était à peine écoulée, depuis notre entretien et le conseil par moi donné, lorsqu'il accusa C. Norbanus, dont j'assumai la défense. On ne saurait imaginer quelle distance il me parut y avoir entre le Sulpicius d'alors et celui de l'année précédente. Sa nature à elle seule le portait à la manière de Crassus, éclatante et magnifique ; mais elle eût tout de même été insuffisante, si ses efforts pour reproduire son modèle n'avaient tendu au même but et s'il n'avait pris l'habitude, en parlant, de tenir ses yeux, son esprit, sa pensée constamment fixés sur Crassus.

Voici donc le premier de mes préceptes : indiquer à l'élève quel modèle il doit imiter et lui dire de s'exercer ensuite, le maître une fois choisi, à en donner une reproduction et une image fidèles. Qu'il ne fasse pas comme ces maladroits copistes de ma connaissance, qui s'attachent seulement aux choses les plus faciles à saisir,

1. C'est-à-dire à s'exercer à la parole non pas dans une école de rhétorique, mais en plaidant.

ou même aux bizarreries et aux imperfections. Rien n'est plus aisé que de copier quelqu'un dans l'arrangement de sa toge, dans son maintien, dans ses gestes. Lui emprunter ses défauts pour en rester marqué à son tour, ce n'est pas un grand mérite. Voyez Fufius, qui maintenant encore, avec sa voix cassée, déchaîne ses fureurs à travers la république ; ne pouvant égaler l'éloquence nerveuse qu'avait du moins Fimbria, il ne retient de celui-ci que les contorsions de bouche, le débit lourd et pâteux. En voilà un qui n'a pas su choisir son modèle, et de ce modèle même il n'a gardé que le pire. Le moyen de bien faire (je le répète), moyen nécessaire, c'est d'abord de savoir ouvrir les yeux au moment de choisir, puis, le choix arrêté, de s'appliquer à rendre ce que l'on y découvrira de meilleur.

De l'orateur, II, 85-92.

HOMÈRE
VIIIe s. av. J.-C.

VIRGILE
Ier s. av. J.-C.

CLAUDIEN
Ve s. ap. J.-C.

Quintilien

Dans la préface de son Institution oratoire, *écrite à la fin du Ier siècle après Jésus-Christ et qui reste à ce jour la meilleure synthèse existante de la rhétorique antique, Quintilien dresse, après Cicéron, le portrait de l'orateur idéal, qui se doit d'être à la fois un sage et un homme de bien ; la rhétorique est pour lui comme une formation complète de l'homme comme du citoyen. Pour lui, cet objectif reste atteignable : il affiche un bel optimisme dans les capacités de développement de l'esprit humain, qui exerça une grande influence, bien des siècles plus tard, sur l'humanisme de la Renaissance.*

L'ORATEUR PARFAIT

Mais mon but est de former l'orateur parfait, lequel ne peut exister s'il n'est un homme de bien ; aussi exigeons-nous de lui à la fois une aptitude exceptionnelle à la parole et toutes les qualités de l'âme. En effet, je n'admettrais pas qu'il faille réserver aux philosophes, comme certains l'ont pensé, le soin d'exposer les règles d'une vie droite et honnête, car l'homme qui peut vraiment jouer son rôle de citoyen et qui est capable d'administrer les affaires publiques et privées, l'homme qui est apte à diriger des villes par ses conseils, à leur donner une assise par des lois, à les réformer par ses décisions de justice, cet homme ne saurait être autre assurément que l'orateur. Aussi, tout en avouant que j'userai de certains principes contenus dans les traités des philosophes, je soutiendrais volontiers que ces principes sont en toute justice et en toute vérité de mon domaine et qu'ils ressortissent en propre à l'art oratoire. Lorsqu'on a si souvent à disserter de justice, de courage, de maîtrise de soi, et d'autres vertus du même ordre, et qu'on a de la peine à trouver un cas, où l'une de ces questions ne se trouve impliquée et ne demande, pour être développée, des qualités d'invention et d'élocution, doutera-t-on alors que, partout où sont requises la vigueur du talent et l'abondance de la parole, l'orateur n'ait pas un rôle principal ? Au surplus, comme Cicéron le démontre très clairement, la sagesse et l'éloquence, unies dans leur nature, sont tellement liées aussi dans leur exercice que le sage et l'orateur étaient tenus pour identiques. Par la suite, on en vint à voir multiplier les disciplines ; en effet, du moment où la parole devint une source de gain et que l'on se mit à faire mauvais usage des bienfaits de l'éloquence, ceux qui étaient tenus pour habiles à parler cessèrent de se soucier de morale. [...]

Que l'orateur soit donc un homme tel qu'il puisse être appelé vraiment un sage et qu'il soit parfait, non seulement dans ses mœurs (car, à mon sens, cela ne suffit pas, bien qu'il y ait des gens pour être d'un avis contraire), mais aussi par sa science et par l'ensemble de ses aptitudes oratoires : un tel homme ne s'est peut-être jamais encore rencontré ; il n'en faut pas moins tendre vers la perfection : c'est ce qu'ont fait la plupart des Anciens, qui, tout en pensant qu'on n'avait pas encore trouvé le Sage, n'en ont pas moins transmis des préceptes de sagesse. Car, assurément, l'éloquence consommée est une réalité, et la nature de l'esprit humain n'est pas un obstacle pour y parvenir. Si l'on n'a pas cette chance, ceux qui s'efforceront vers les sommets iront cependant plus haut que ceux qui, désespérant d'emblée d'atteindre leur but, se seront arrêtés tout de suite vers le bas de la montée. [...]

Il faut cependant affirmer, avant tout, que les préceptes et les traités ne peuvent rien sans les dons naturels. Aussi, l'ouvrage que j'écris n'est-il pas plus fait pour l'homme dépourvu de talent qu'un traité d'agriculture pour des terres stériles. Il y a aussi pour chaque homme d'autres auxiliaires naturels, la voix, des poumons qui résistent à la fatigue, la santé, l'assurance, la prestance ; si l'on en est doté moyennement, on peut les améliorer méthodiquement, mais parfois, ces dons manquent à un tel point que leur défaut gâte même les qualités qui procèdent de la nature ou de l'étude : inversement, sans un maître expérimenté, une étude persévérante, une pratique prolongée et assidue de l'écriture, de la lecture, de la parole, ces avantages ne servent à rien par eux-mêmes.

Institution oratoire, t. I, livre I,
Prologue, 9-13, 18-20, 26.

PRATIQUES ANTIQUES
DU MENTORAT

HOMÈRE
VIIIe s. av. J.-C.

VIRGILE
Ier s. av. J.-C.

CLAUDIEN
Ve s. ap. J.-C.

Plutarque

Le petit traité des Préceptes politiques *est un manuel pratique adressé aux membres de l'élite de son temps. Plutarque y oppose deux voies pour parvenir aux sommets de l'administration : la première, de débuter par une action d'éclat, et la seconde, plus sûre mais plus lente, de s'attacher à un mentor, tel le lierre autour de l'arbre – mentor qu'il convient de choisir avec précaution.*

LES DEUX VOIES DU POUVOIR

Il y a deux voies d'entrée dans la politique, l'une rapide, brillante et glorieuse, mais qui n'est pas sans risque, l'autre plus prosaïque et plus lente, mais plus sûre. Les uns s'élancent dans la politique en partant tout de suite, comme d'une pointe qui avance dans la mer, d'une action éclatante, remarquable, mais audacieuse, estimant que Pindare a raison de dire : « À toute œuvre qui débute il faut donner un front qui resplendisse au loin », car le peuple accueille avec enthousiasme celui qui débute, par une sorte de lassitude et de dégoût pour les têtes habituelles, comme font les spectateurs pour un nouveau concurrent ; et l'autorité ou la puissance qui s'accroît brillamment et rapidement terrasse l'envie. Comme dit Ariston, le feu ne fait pas de fumée, la gloire n'excite pas d'envie, lorsqu'ils brillent d'un éclat vif et immédiat ; mais ceux dont l'autorité s'accroît peu à peu, lentement, sont attaqués de différents côtés. Aussi beaucoup voient-ils leur autorité se flétrir avant même qu'elle se soit épanouie à la tribune. Mais quand on peut dire d'un homme, comme on le dit de Ladas, « le claquement de la barrière était encore dans ses oreilles », que déjà « il était couronné », déjà il conduisait avec éclat une ambassade, obtenait le triomphe, menait une campagne, alors, après de tels succès, l'envie et le dédain n'ont pas la même force. […]

Mais c'est l'entrée sûre et lente qu'ont choisie bien des hommes illustres, Aristide, Phocion, Pamménès de Thèbes, Lucullus à Rome, Caton, Agésilas de Sparte. Car, de même que le lierre s'entortille autour des arbres pleins de force et s'élève en même temps qu'eux, chacun de ces personnages s'est attaché, quand il était encore jeune et inconnu, à un homme plus âgé et illustre, et peu à peu, s'élevant grâce à sa puissance et croissant avec elle, il s'est implanté et enraciné dans la vie politique. Aristide dut son ascension à Clisthène, Phocion à Chabrias, Lucullus à Sylla, Caton à Fabius Maximus, Pamménès à Épaminondas et Agésilas à Lysandre. Mais Agésilas, parce qu'il croyait Lysandre animé d'une ambition déplacée et de jalousie, ne tarda pas à rejeter d'une manière outrageante celui qui le guidait dans ses actions. Par contre, tous les autres ont, conformément à l'honneur et à la sagesse politique, respecté jusqu'à la fin leur protecteur et contribué à l'honorer, rehaussant à leur tour de leur lumière, comme les corps célestes qui sont tournés vers le soleil, la source de lumière qui les faisait briller, et joignant leur éclat au sien. Par exemple, les détracteurs de Scipion déclaraient qu'il n'était que l'acteur de ses exploits, et que son ami Lélius en était le véritable auteur ; mais Lélius ne s'enorgueillit jamais de ces propos et continua toujours avec zèle à seconder la valeur de Scipion et à servir sa gloire. L'ami de Pompée, Afranius, qui, malgré son humble origine, s'attendait à être élu consul, renonça à cette ambition parce que Pompée favorisait d'autres candidats, en disant qu'il y aurait moins de gloire pour lui à obtenir le consulat que de peine et d'amertume à l'obtenir contre la volonté de Pompée et sans son appui. En attendant seulement un an, il ne manqua pas d'obtenir la charge, et il conserva l'amitié de Pompée. Ceux qui sont ainsi conduits jusqu'à la gloire par la main d'autrui y gagnent d'obtenir la faveur de beaucoup de gens, et s'il se produit un événement fâcheux, d'être moins détestés. C'est pourquoi Philippe recommandait à Alexandre de se faire des amis tant que cela lui était possible, sous le règne d'un autre, en étant aimable et serviable.

Celui qui débute dans la vie politique doit choisir comme guide non pas simplement un homme renommé et puissant, mais un homme qui le soit à cause de sa valeur. Car, de même que les arbres ne consentent pas tous à accepter et à supporter la vigne qui s'enroule sur leur tronc, et que certains l'étouffent et arrêtent sa croissance, de même, dans les États, les hommes qui ne recherchent pas le bien, mais uniquement les honneurs et le pouvoir, ne laissent pas aux jeunes gens l'occasion d'agir, mais, comme si ces jeunes gens leur ôtaient de la bouche la gloire dont ils se nourrissent, ils les accablent de leur jalousie et les font s'étioler. Ainsi Marius, après avoir obtenu grâce à Sylla de nombreux succès en Libye puis en Gaule, cessa de se servir de lui parce qu'il supportait mal son ascension. [...] Sylla passa alors aux côtés de Catulus et de Metellus, qui étaient des hommes de valeur et des adversaires de Marius, et il ne tarda pas à chasser et à abattre Marius, qui, par la guerre civile, avait été bien près de causer la ruine de Rome. Sylla, au contraire, donna à Pompée de la grandeur dès sa jeunesse, se levant et se découvrant à son approche, et aux autres jeunes gens aussi il donnait l'occasion de se distinguer à la tête des troupes, il en poussait même quelques-uns malgré eux, remplissant les armées d'émulation et d'ardeur. Il assura ainsi son pouvoir sur tous, en voulant être non pas le seul mais le premier et le plus grand au milieu de beaucoup d'autres, grands eux-mêmes. Voilà donc les hommes auxquels il faut s'attacher et s'unir, non pas pour leur dérober leur gloire, à la manière du roitelet d'Ésope, qui se fit porter sur le dos de l'aigle et qui soudain prit son vol et le devança, mais pour la recevoir d'eux, en toute bienveillance et en toute amitié, sachant qu'il n'est pas possible de bien commander, selon le mot de Platon, si on n'a pas commencé par servir correctement.

Œuvres morales, t. XI : *Préceptes politiques*, 12, 10-12.

HOMÈRE
VIIIᵉ s. av. J.-C.

VIRGILE
Iᵉʳ s. av. J.-C.

CLAUDIEN
Vᵉ s. ap. J.-C.

Virgile

Énée est arrivé dans le Latium. La guerre menace avec Turnus, roi des Rutules. Énée s'allie avec Évandre, chef d'une colonie d'Arcadiens ayant établi domicile sur les pentes du mont Aventin, l'une des sept collines sur lesquelles Rome fut plus tard bâti. Tous deux, se cherchant des alliés, décident de débarrasser les Étrusques de leur tyran, Mézence, allié de Turnus. Un haruspice annonce à l'armée étrusque qu'elle doit se choisir pour chef un étranger. Les Étrusques se tournent d'abord vers Évandre, mais celui-ci leur conseille, dans l'extrait qui suit, de choisir plutôt Énée. Il confie ici son fils Pallas à ce dernier.

SUPER MENTOR

C'est toi, Énée que je vais moi-même donner pour chef à ces milliers d'hommes. Tout le long du rivage, leurs vaisseaux en foule compacte frémissent d'impatience et réclament qu'on lève les étendards ; mais un vieil haruspice les retient, qui prophétise le destin : « Combattants, élite de la Méonie, fleur de notre vaillance ancestrale, un juste courroux vous porte contre l'ennemi, et Mézence vous a enflammés d'une colère qu'il mérite. Mais il serait impie qu'un Italien réunisse sous son commandement toute une race. Prenez des étrangers pour chefs. » Alors l'armée des Étrusques s'est arrêtée dans cette plaine, épouvantée par l'avertissement des dieux. Tarchon lui-même m'a envoyé des porte-parole et la couronne royale avec le sceptre ; il me fait remettre ces insignes pour que je vienne au camp et que j'assume la royauté sur les Tyrrhènes. Mais, engourdie par les glaces de l'âge et le passage des générations, la vieillesse me refuse de prendre le commandement, ainsi que mes forces trop tardives pour les exploits guerriers. J'y exhorterais mon fils si, étant par sa mère à demi sabellien, il ne tirait d'ici une part de sa patrie. Mais toi dont le destin agrée les années et les origines, toi que réclame la volonté divine, va de l'avant, ô le plus valeureux chef des Troyens et des Italiens !

Par ailleurs, je t'adjoindrai Pallas que voici, qui est mon espérance et ma consolation. Sous un maître tel que toi, qu'il s'accoutume à supporter le métier des armes et le poids des travaux de Mars, à voir tes hauts faits, et qu'il ait en toi un modèle à admirer dès ses jeunes années. Je lui donnerai deux cents cavaliers arcadiens, notre force d'élite, et Pallas t'en donnera autant en son propre nom. »

Énéide, VIII, 496-519.

HOMÈRE
VIIIe s. av. J.-C.

VIRGILE
Ier s. av. J.-C.

CLAUDIEN
Ve s. ap. J.-C.

Xénophon

L'historien évoque, dans l'extrait qui suit, un épisode important de la formation du fondateur de l'Empire perse : la conversation qu'il eut avec son père Cambyse au sujet de l'art de diriger, bel exemple de mentorat en acte – le passage donne un aperçu des idées de Xénophon en la matière.

L'ART DIFFICILE D'ÊTRE UN CHEF

Chemin faisant, le père de Cyrus se mit à lui parler en ces termes : « [...] C'est une tâche convenable et belle de faire tous ses efforts pour devenir soi-même un homme vraiment accompli et pour assurer largement sa propre subsistance et celle de sa maison. Mais si c'est là une grande tâche, savoir veiller sur les autres hommes de façon à les pourvoir abondamment de tout le nécessaire et à les rendre tous tels qu'ils doivent être nous paraissait une œuvre digne assurément d'admiration. – Oui, par Zeus, père, je me rappelle que tu disais cela aussi et je trouvais comme toi que c'est une tâche extrêmement difficile d'être un bon chef ; je suis aujourd'hui encore du même avis quand j'examine le principe même du commandement et que j'y réfléchis. Cependant, lorsque, portant mes regards sur d'autres peuples, je considère quelle sorte de chefs se maintiennent à leur tête et à quelle sorte d'adversaires nous aurons affaire, il me paraît tout à fait honteux de trembler devant de pareils ennemis et de refuser d'aller se battre contre eux. Je constate que tout le monde, à commencer par nos amis d'ici, s'imagine que le chef doit se distinguer de ceux qu'il commande par des repas plus somptueux, plus d'or dans sa caisse, un sommeil plus long et, d'une façon générale, une vie moins pénible que la leur. Selon moi, au contraire, ce n'est pas par sa mollesse et son faste que le chef doit se distinguer des hommes qu'il a sous ses ordres, mais par sa vigilance et son ardeur au travail. – Mais, dit Cambyse, il est des cas, mon enfant, où il faut combattre, non des hommes, mais les choses elles-mêmes, dont il est difficile de triompher commodément. Par exemple, tu sais que ton autorité aura tôt fait d'être détruite, si l'armée n'a pas le nécessaire. […] Avise donc, de concert avec Cyaxare, aux moyens de ne jamais manquer de ce dont vous avez besoin et de vous ménager un courant de ressources régulières. Avant toutes choses, souviens-toi de ne jamais attendre, pour te procurer le nécessaire, que le besoin t'y oblige ; c'est quand tu es le mieux pourvu, avant d'être dans l'embarras, que tu dois prendre tes dispositions ; car tu obtiendras davantage de ceux auxquels tu te seras adressé, si tu n'as pas l'air d'être sans ressources. […]

Je crois d'autre part, dit Cyrus, que pour inspirer de l'ardeur aux soldats, rien n'est plus efficace que de faire naître en eux des espérances de bonheur. – Mais, mon enfant, dit Cambyse, c'est agir là comme si à la chasse on lançait toujours aux chiens le même appel que lorsqu'on voit le gibier ; les premières fois, bien sûr, ils obéissent avec ardeur, mais si on les trompe souvent, à la fin, même lorsque l'on voit réellement une bête, ils n'obéissent pas. Il en est de même des espérances : à force de décevoir l'attente des biens qu'on faisait espérer, même lorsque ces espérances sont fondées, on finit par ne plus pouvoir être cru. Il faut s'abstenir de dire soi-même ce dont on n'est pas très sûr. Des porte-parole peuvent obtenir parfois les mêmes résultats, mais on doit ménager le plus possible le crédit de ses propres encouragements pour les cas de péril extrême.

– Par Zeus, dit Cyrus, je trouve, père, que tu as raison et cette conduite me plaît. Sur l'art d'obtenir l'obéissance des soldats, je crois n'être pas sans expérience. Toi-même, dès mon enfance, tu me l'apprenais en me forçant à obéir. Après cela tu m'as mis entre les mains de mes maîtres qui faisaient de même ; quand nous fûmes dans la classe des jeunes gens, notre chef s'y employait énergiquement. Enfin il me semble que la plupart des lois nous apprennent avant tout ces deux choses : commander et être commandé. Or, lorsque j'y réfléchis, je crois constater que le meilleur encouragement à l'obéissance, ce sont toujours les louanges et les honneurs pour qui obéit, le déshonneur et les châtiments pour qui désobéit. – Oui, mon enfant, dit Cambyse, pour se faire obéir de force, c'est bien la marche à suivre, mais pour obtenir, ce qui vaut beaucoup mieux, une obéissance volontaire, il existe une autre voie plus courte : si les hommes estiment quelqu'un plus avisé qu'eux-mêmes touchant leur intérêt, ils lui obéissent de grand cœur ; tu pourrais te rendre compte qu'il en est ainsi dans bien des cas, par exemple celui des malades : comme ils s'empressent d'appeler les médecins, pour que ceux-ci leur prescrivent ce qu'ils doivent faire ! En mer, comme les passagers obéissent avec empressement aux pilotes ! Lorsque l'on pense que d'autres connaissent mieux une route que soi-même, comme on presse le pas, pour ne pas rester en arrière ! Au contraire, quand les hommes croient que l'obéissance leur sera funeste, ils se refusent absolument à céder devant des punitions et à se laisser séduire par des présents ; car les présents mêmes, quand c'est pour son malheur, personne ne les accepte volontiers. – Tu veux dire, père, que, pour se faire obéir, le moyen le plus efficace est de passer pour plus habile que ses subordonnés ? – Oui, c'est bien ce que je veux dire. – Et comment serait-il possible de donner très vite une telle opinion de soi ? – Il n'est pas, mon enfant, de voie plus courte, dans les matières où l'on veut avoir la réputation d'être habile, que de s'y rendre habile. Examine-les l'une après l'autre, tu reconnaîtras que je dis vrai : Si tu veux, sans l'être réellement, passer pour un bon cultivateur, un bon cavalier, un bon médecin, un bon joueur de flûte ou n'importe quoi, songe à tous les subterfuges qu'il te faudra imaginer pour donner de toi cette opinion. Et même si tu persuadais à plusieurs personnes de te louer afin d'acquérir de la réputation et te procurais, pour l'un ou l'autre de ces métiers, de beaux instruments, tu pourrais faire illusion sur le moment, mais au bout de peu de temps, mis à l'épreuve, tu te verrais confondu et convaincu en outre d'imposture. – Et cette habileté dans un art destiné à être utile, comment l'acquérir réellement ? – Il est clair, mon enfant, pour les choses qui s'apprennent, que c'est en les apprenant, comme tu l'as fait pour la tactique ; pour celles que les hommes ne peuvent apprendre et que la sagesse humaine ne peut prévoir, c'est en consultant les dieux par la divination que tu pourras être plus habile que d'autres ; enfin, ayant connaissance d'un travail qu'il y aurait intérêt à faire, c'est en prenant soin qu'il soit fait ; car un homme qui donne tout son soin à sa tâche est mieux avisé que celui qui la néglige.

Maintenant, pour se faire aimer des hommes placés sous ses ordres (et c'est à mes yeux un point des plus importants), il faut suivre évidemment la même voie que lorsque l'on désire être aimé de ses amis, c'est-à-dire, je pense, se montrer leur bienfaiteur. Mon enfant, dit-il encore, il est difficile d'être toujours à même de faire du bien à qui l'on veut ; mais faire voir qu'on partage la joie de ses amis, s'il leur arrive un événement heureux, ou leur peine, si c'est un malheur, que l'on a à cœur de les aider, s'ils sont dans l'embarras, que l'on redoute pour eux un échec et qu'on s'efforce de le leur éviter, c'est sans doute la meilleure façon de les assister. Au cours de ses campagnes, il convient que les soldats voient leur chef s'exposer plus qu'eux à la chaleur du soleil en été, au froid en hiver, aux fatigues, s'il faut peiner. C'est tout cela qui contribue à le faire aimer davantage de ses hommes. – Tu veux dire, père, que le chef doit être encore plus endurant en toute occasion que ceux qu'il commande ? – Oui, mais rassure-toi sur ce point : avec la même constitution physique un chef et un simple soldat, sache-le bien, ne sont pas affectés de la même façon par les mêmes fatigues : le désir de gloire les rend plus légères pour un chef, et aussi l'assurance où il est que ses actes, quels qu'ils soient, ne passent pas inaperçus. »

Cyropédie, 1, 6, 1-25.

HOMÈRE
VIIIᵉ s. av. J.-C.

VIRGILE
Iᵉʳ s. av. J.-C.

CLAUDIEN
Vᵉ s. ap. J.-C.

Marc Aurèle

L'empereur énumère ici ce que son père adoptif et mentor,
Antonin le Pieux (138-161), lui a appris de l'art d'être empereur.

UN PÈRE POUR MODÈLE

De mon père : la douceur ; et la ferme persévérance
dans les décisions prises après mûre réflexion ; et le
mépris de la vaine gloire que l'on pourrait tirer de ce
que l'on considère comme des honneurs ; et l'amour
du travail et la continuité de l'effort ; et la disposition à
écouter volontiers ceux qui ont à proposer quelque chose
d'utile au bien public ; et ce qu'il y avait d'inflexible dans
sa manière de répartir à chacun selon son mérite ; et
savoir par expérience où il faut tenir la bride serrée, et
où il faut la relâcher ; et avoir mis fin aux amours pour
les adolescents ; et l'orientation de sa pensée vers le bien
commun ; et le fait de permettre à ses amis de ne pas
manger toujours à sa table et de ne pas être contraints
de voyager avec lui ; et que ceux qui s'étaient absentés
à cause de quelque obligation le retrouvaient toujours
semblable à lui-même ; et, dans les conseils, le souci qu'il
avait d'examiner les choses avec exactitude, et son opiniâ-
treté dans cet examen : mais oui, l'on ne pouvait pas dire
de lui : « il a renoncé à son enquête en se contentant
d'impressions superficielles » ; et la fidélité à ses amis : ni
prompte à se lasser ni encline à l'engouement ; et l'art
de se suffire à soi-même en toutes choses et la sérénité ;
et le souci de prévoir à longue échéance et de préparer
à l'avance les plus petits détails, mais sans en faire un
drame ; et que, sous son règne, aient été refrénées les
acclamations et toute forme de flatterie ; et son attention
continue aux besoins de l'empire, son administration
économe des dépenses publiques et sa tolérance devant
les critiques que l'on pouvait faire à propos d'une telle

attitude ; et, à l'égard des dieux, pas de crainte supersti-
tieuse ; à l'égard des hommes, pas de basse démagogie,
de désir de plaire à la foule, de recherche de la faveur de
la populace, mais la sobriété en toutes choses et la solidité, sans se laisser aller à la vulgarité ou à l'engouement
pour les innovations ; et l'art de faire usage, sans ostenta-
tion, mais aussi sans vain scrupule, des choses qui contri-
buent à la commodité de la vie et dont la Fortune procure
l'abondance, en sorte que, si elles se présentaient, il y
goûtait très simplement et, si elles étaient absentes, il
n'en éprouvait pas le besoin ; et que personne n'aurait
pu dire de lui qu'il était un sophiste, ou qu'il était d'une
obséquiosité servile, ou qu'il était perdu dans ses études,
mais qu'il était un homme mûr, accompli, au-dessus de
la flatterie, capable de défendre ses propres affaires et
celles des autres ; en outre son respect pour ceux qui
philosophent vraiment ; quant aux autres, il ne leur
faisait pas d'affront, mais il ne se laissait pas pour autant
séduire par eux ; et aussi le charme de sa conversation et
de ses plaisanteries, mais sans être fastidieux ; et le soin
qu'il avait de son propre corps, avec mesure, non pas
comme un homme qui tient à la vie ni comme quelqu'un
qui veut paraître beau, ni non plus en se négligeant, mais
de telle manière que, grâce à l'attention qu'il portait à
lui-même, il n'eut que très rarement besoin de recourir
à l'art médical ou à des drogues ou onguents, à usage
interne ou externe ; surtout sa déférence, sans aucune
jalousie, à l'égard de ceux qui avaient acquis une capacité particulière, par exemple celle de l'éloquence ou
celle qui résulte de l'étude des lois et des coutumes ou
d'autres matières, et son empressement à tout faire pour
que chacun soit honoré selon sa compétence propre ;
et faisant tout conformément aux traditions ancestrales ;
en outre sa répugnance à changer de lieu et à passer
d'une affaire à l'autre, mais au contraire le goût qu'il
avait de demeurer dans les mêmes endroits et de s'occuper des mêmes affaires ; et, après les paroxysmes de ses
maux de tête, la fraîcheur et la vigueur avec lesquelles il

revenait tout de suite à ses tâches habituelles ; et le fait qu'il n'avait pas beaucoup de secrets, mais qu'ils étaient très peu nombreux et tout à fait exceptionnels, et ne se rapportant qu'aux intérêts de l'État ; et dans l'organisation des spectacles, la construction des monuments, la distribution de largesses et autres choses de ce genre, la prudence et la modération d'un homme qui regarde simplement ce qui doit être fait et ne vise pas la gloire qu'il pourrait retirer de ce qu'il a fait ; quelqu'un qui ne se baignait pas à des heures indues, qui n'avait pas la manie de bâtir, qui ne faisait pas attention à la qualité des mets, des tissus et des couleurs des vêtements ou à la beauté des esclaves ; [...] aucune dureté, aucune inflexibilité, aucune précipitation, rien de tel que quelqu'un puisse dire une fois de lui : « Jusqu'à la sueur ! » ; mais toutes ses actions, après avoir été bien définies jusque dans les détails, étaient mûrement réfléchies, comme en prenant son temps, sans trouble, avec ordre, solidement, en cohérence les unes avec les autres ; on pourrait lui appliquer ce trait mémorable que l'on raconte de Socrate, qu'il pouvait aussi bien s'abstenir que jouir de ces choses à l'égard desquelles un grand nombre de gens sont faibles quand il s'agit de s'en abstenir, et relâchés quand il s'agit d'en jouir ; or être fort et, de plus, savoir aussi bien endurer que se modérer, selon que l'on est dans l'un ou l'autre cas, c'est le propre d'un homme possédant une âme parfaite et invincible, comme il le montra à l'occasion de la maladie de Maximus.

Écrits pour lui-même, 1, 16.

LA SUCCESSION

HOMÈRE
VIIIe s. av. J.-C.

VIRGILE
Ier s. av. J.-C.

CLAUDIEN
Ve s. ap. J.-C.

Quinte Curce

La vie romancée d'Alexandre le Grand, telle que la raconte Quinte-Curce, s'achève à Babylone, le 13 juin 323 avant Jésus-Christ, sur une fin dramatique : le Conquérant laisse son trône « au meilleur », mais sans préciser de qui il s'agit (!). Ce flou fut à l'origine de près de quarante années de guerre entre ses successeurs, les « diadoques », qui abandonnèrent les ambitions de conquête d'Alexandre et se livrèrent une guerre acharnée. L'empire construit par Alexandre ne retrouva jamais son unité.

DERNIÈRES PAROLES AMBIGUËS

Sa vue leur tirait des larmes, et les soldats donnaient l'impression de regarder non plus le roi, mais ses funé-railles. Cependant, ceux qui entouraient le lit trahis-saient leur chagrin ; dès que le roi les eut remarqués : « Trouverez-vous, dit-il, quand je vous aurai quittés, un roi digne de pareils hommes ? » Qu'on le dise ou qu'on l'entende, le fait est incroyable : l'attitude qu'il avait choisie au moment de recevoir les soldats, il la conserva pendant tout le temps que mit l'armée entière pour lui rendre ce suprême hommage ; et une fois cette foule congédiée, comme libéré de toute dette envers la vie, il retomba, harassé. Il fit approcher davantage ses Amis, car la voix aussi avait commencé à lui manquer ; et il enleva de son doigt sa bague, qu'il remit à Perdiccas, en ajoutant la recommandation de faire porter son corps près de Jupiter Hammon. Et ils lui demandèrent à qui il laissait la royauté : il répondit qu'il la laissait à qui en était le plus digne, mais qu'il prévoyait déjà que cette rivalité lui vaudrait de beaux jeux funèbres. De nouveau, Perdiccas l'interrogea sur la date qu'il choisissait pour qu'on lui rendît les honneurs divins ; il répondit qu'il choisissait le moment où eux-mêmes seraient heureux. Ce fut la dernière parole du roi, et, peu après, il s'éteint.

Tout d'abord, le palais entier retentissait de gémissements et de sanglots ; puis, comme en un désert de solitude, tout se tut, figé dans un silence lugubre : la douleur se mettait à réfléchir sur ce qui allait arriver. Les pages, habitués à la garde de sa personne, étaient incapables de maîtriser l'immensité de leur peine, ni de se tenir à l'intérieur du vestibule ; errants et pareils à des forcenés, ils remplissaient une si grande ville de leur deuil et de leur chagrin, sans négliger aucune des plaintes que la douleur suggère dans un tel malheur. [...] Sa vigueur, son expression quand il entraînait les soldats au combat, assiégeait les villes, escaladait les murailles ou récompensait le courage devant l'armée réunie, tout cela se présentait aux yeux. Alors, les Macédoniens se repentaient de lui avoir dénié les honneurs divins, et ils avouaient leur impiété et leur ingratitude pour avoir frustré ses oreilles d'un titre dû. Et, après être restés longtemps soit à vénérer leur roi, soit à le regretter, leur pitié se reporta sur eux-mêmes. Partis de Macédoine, ils se rendaient compte de leur abandon, au-delà de l'Euphrate, au milieu d'ennemis qui méprisaient une domination récente : « En l'absence d'un indiscutable héritier du roi, en l'absence d'un héritier du royaume, chacun tirerait à soi les forces publiques. » Les guerres civiles qui ont suivi, on les pressentait à la réflexion.

Histoires, 10, 5.

HOMÈRE
VIII* s. av. J.-C.

VIRGILE
I** s. av. J.-C.

CLAUDIEN
V* s. ap. J.-C.

Salluste

*Le grand général romain Marius, qui vient d'être nommé
consul pour la première fois (en 107 av. J.-C.), prépare la guerre
contre le roi numide Jugurtha. Dans un discours célèbre, il
revendique son statut d'« homme nouveau » (*homo nouus*),
pour être parvenu aux plus hautes charges de la République par
son mérite seul, sans appartenir à la noblesse romaine.*

NOBLESSE OBLIGE

« Je sais bien, citoyens, que la plupart des gens se
montrent tout autres, quand ils vous demandent le
pouvoir, qu'ils ne le sont quand ils l'ont obtenu ; avant,
vous les voyez laborieux, suppliants, modestes ; après
ils ne vivent plus que dans la mollesse et l'orgueil. Pour
moi, je suis d'un sentiment tout opposé : comme l'ensemble de la République a plus de prix que le consulat
ou la préture, on doit employer plus de soin à la bien
gouverner qu'à solliciter ces honneurs. Je n'ignore pas
non plus quelle charge j'assume en acceptant le grand
honneur que votre bienveillance m'a fait. Préparer la
guerre tout en épargnant le trésor, contraindre au service
militaire des gens qu'on ne voudrait pas heurter ; veiller
à tout au-dedans comme au-dehors, et mener toutes ces
tâches au milieu des jalousies, des oppositions, des intrigues, c'est une chose, citoyens, plus rude qu'on n'imagine. Ajoutez que si les autres viennent à faiblir, leur
vieille noblesse, les hauts faits de leurs ancêtres, le crédit
de leurs parents par le sang ou par l'alliance, le grand
nombre de leurs clients, tout cela vient à leur aide ; moi,
toutes mes espérances sont en moi-même, et je n'ai pour
les défendre que ma valeur et mon intégrité ; car le reste
ne compte pas. Je vois bien aussi, citoyens, que tous les
regards sont tournés vers moi, que les hommes justes et
honnêtes, sachant que mes services ne sont pas inutiles

à la République, me sont favorables, que la noblesse
cherche l'occasion de fondre sur moi. Aussi dois-je
redoubler d'efforts et pour ne pas vous laisser prendre,
et pour faire échouer leurs entreprises. Depuis mon
enfance jusqu'à ce jour, j'ai vécu de manière à me faire
une habitude de tous les travaux, de tous les périls. Ce
qu'avant d'éprouver vos bienfaits, je faisais gratuitement,
irais-je y renoncer, citoyens, maintenant que j'en ai reçu
le salaire ? Ceux-là qui, pendant leur brigue, se sont
parés des dehors de l'honnêteté, ont peine à se modérer
dans l'exercice du pouvoir ; pour moi, qui ai passé toute
ma vie dans la pratique des vertus, l'habitude de me bien
conduire est devenue une seconde nature.

Vous m'avez chargé de la guerre contre Jugurtha :
ce qui a profondément indigné la noblesse. Considérez
en vous-mêmes, je vous prie, s'il vaut mieux revenir sur
ce choix, et envoyer pour cette besogne ou toute autre
semblable quelqu'un pris dans ce bloc de la noblesse,
un homme de vieille lignée, riche en portraits d'ancêtres
et pauvre en états de service, sans doute pour qu'une
fois aux prises avec une besogne dont il ignore tout, il
aille s'agiter, se démener, et finalement prendre un
homme du peuple qui lui apprenne son métier. En effet,
il arrive le plus souvent que celui que vous avez nommé
pour commander cherche à son tour un autre qui lui
commande. J'en connais aussi, citoyens, qui, une fois élus
consuls, se sont mis à lire et les actions de nos ancêtres,
et les préceptes de Grecs sur l'art militaire : gens qui font
tout à rebours ; car si pour exercer une charge, il faut
d'abord y être élu, il n'en faut pas moins s'y être au préa-
lable pratiquement exercé.

Comparez maintenant, citoyens, avec l'orgueil
de ces gens, l'homme nouveau que je suis. Les choses
qu'ils ne connaissent que pour les avoir lues ou apprises
oralement, moi je les ai vues, ou je les ai faites : ce qu'ils
ont appris dans les livres, moi je l'ai appris à la guerre.
À vous maintenant de juger ce qui vaut le mieux, des
paroles ou des actes. Ils méprisent ma naissance, et moi,

leur lâcheté ; à moi c'est ma condition, à eux ce sont des hontes qu'on jette à la face. Et du reste j'estime que la nature humaine est une, que c'est un bien commun à tous, et que c'est le plus valeureux qui est le mieux né. Et si l'on pouvait demander aujourd'hui aux pères d'Albinus ou de Bestia qui, d'eux ou de moi, ils eussent préféré avoir pour fils, quelle réponse feraient-ils, croyez-vous, sinon qu'ils eussent voulu donner le jour au plus valeureux possible ? Si les nobles ont le droit de me mépriser, qu'ils en fassent autant pour leurs ancêtres qui n'ont dû, comme moi, leur noblesse qu'à leur mérite. Ils sont envieux de ma dignité ; qu'ils le soient donc de mon labeur, de ma probité, de mes périls même, puisque c'est à ce prix que je l'ai obtenue. Mais gâtés par leur orgueil, ils vivent comme s'ils dédaignaient vos honneurs, et ils les briguent comme s'ils en étaient dignes. Ils s'abusent étrangement s'ils veulent obtenir à la fois ces deux choses incompatibles, les plaisirs de la paresse et les récompenses dues au mérite. Bien plus, lorsqu'ils prennent la parole devant vous ou au Sénat, ils remplissent leurs discours de l'éloge de leurs ancêtres ; ils croient que le rappel de ces hauts faits rehausse leur propre gloire. C'est précisément le contraire. Plus la vie des uns a été illustre, plus la lâcheté des autres paraît infâme. Telle est la vérité : la gloire des ancêtres est comme un flambeau pour leurs descendants ; elle ne laisse dans l'ombre ni leurs vices, ni leurs vertus. Je n'ai pas d'aïeux à invoquer, je l'avoue, citoyens ; mais, ce qui est autrement glorieux, je puis parler de mes propres exploits. Voyez maintenant leur injustice. Ce qu'ils s'arrogent au nom d'un mérite qui n'est pas à eux, ils ne veulent pas l'accorder à mon mérite personnel, sans doute parce que je n'ai pas d'ancêtres, et que ma noblesse est toute nouvelle : mais il vaut mieux se l'être faite soi-même, que d'avoir déshonoré celle qu'on a reçue. »

La Guerre de Jugurtha, 85.

HOMÈRE
VIIIe s. av. J.-C.

VIRGILE
Ier s. av. J.-C.

CLAUDIEN
Ve s. ap. J.-C.

Tacite

En 14 après Jésus-Christ, après trente-cinq ans à la tête de l'Empire, Auguste va bientôt mourir. Il a cherché par tous les moyens à organiser au mieux sa succession, mais ses héritiers ont disparu l'un après l'autre. Il ne lui reste plus que Tibère, le fils d'un premier mariage de sa femme Livie, qu'il a désigné comme son héritier officiel, et un unique petit-fils, Agrippa Postumus, qu'il a exilé sur les instances de Livie. Le suspense resta entier jusqu'à la mort d'Auguste… Le dénouement fut sanglant.

FIN DE RÈGNE À ROME

Cependant Auguste, pour appuyer sa domination, éleva en dignité le fils de sa sœur, Claudius Marcellus, à peine entré dans l'adolescence, par le pontificat et l'édilité curule, et M. Agrippa, de naissance obscure, mais habile à la guerre et compagnon de sa victoire, en lui attribuant deux consulats successifs, puis en le prenant pour gendre après la mort de Marcellus ; et il conféra à ses beaux-fils, Tiberius Nero et Claudius Drusus, le titre d'*imperator*, bien que sa propre maison fût encore florissante. En effet, les fils d'Agrippa, Gaius et Lucius, avaient été introduits par ses soins dans la famille des Césars, et, avant même d'avoir déposé la toge prétexte de l'enfance, appelés princes de la jeunesse et désignés pour le consulat, honneurs que, sous un semblant de refus, il avait vivement désirés pour eux. Lorsqu'Agrippa eut cessé de vivre et que Lucius César, en allant aux armées d'Espagne, Gaius, en revenant d'Arménie grièvement blessé, eurent été enlevés par une mort que hâta le destin ou par une machination de leur marâtre Livie, comme Drusus s'était éteint depuis longtemps et qu'il ne restait plus comme beau-fils que Nero, c'est de ce côté que tout converge : il devient son fils, son collègue au pouvoir, son associé à la puissance tribunitienne, et il est montré ostensiblement à toutes les armées, tandis que sa mère ne recourt plus, comme jadis, à d'obscures intrigues, mais à des exhortations publiques. Elle avait tellement subjugué la vieillesse d'Auguste qu'il jeta dans l'île de Planasie son unique petit-fils, Agrippa Postumus, dépourvu assurément de culture et stupidement orgueilleux de sa force physique, mais qui n'était convaincu d'aucun forfait. Mais, grâce au ciel, il mit Germanicus, né de Drusus, à la tête des huit légions proches du Rhin et il obligea Tibère à l'adopter, bien qu'il y eût dans la maison de Tibère un fils déjà grand ; mais il voulait pouvoir s'appuyer sur plus d'un soutien. La seule guerre qui restât à cette époque était dirigée contre les Germains et elle visait à effacer l'opprobre du désastre subi par Quintilius Varus et son armée, plus qu'elle ne répondait au désir d'étendre l'empire ou à la recherche d'un avantage substantiel. À l'intérieur, la situation était calme, sans changement dans les noms des magistratures ; les plus jeunes citoyens étaient nés après la victoire d'Actium, et la plupart des vieillards eux-mêmes au milieu des guerres civiles ; combien en restait-il qui eussent vu la République ?

La révolution était donc accomplie et il n'y avait plus aucun élément intact de l'ancien régime : tous, rejetant l'égalité, attendaient les ordres du prince, sans éprouver la moindre crainte pour le présent, tant que la vigueur de l'âge permit à Auguste de maintenir ses forces, sa maison et la paix. Quand sa vieillesse au déclin se trouvait encore affaiblie par la maladie, et que la fin prochaine éveillait de nouveaux espoirs, voici que quelques-uns se mettent à exposer vainement les avantages de la liberté, beaucoup à redouter la guerre. La plupart lançaient sur les maîtres à venir des bruits variés ; Agrippa, un être sauvage, ulcéré par l'humiliation, n'était ni par l'âge ni par l'expérience à la hauteur d'une si lourde tâche ; Tiberius Nero, mûri par les années, illustré par la guerre, avait par contre l'orgueil invétéré et héréditaire de la famille Claudia, et plusieurs indices de sa cruauté, quoi qu'il fît pour les étouffer, éclataient au jour. Il avait été dès l'enfance élevé dans une maison régnante, avait été chargé dans sa jeunesse de consulats et de triomphes, et pendant les années mêmes qu'il avait passées à Rhodes dans un exil déguisé en retraite, il n'avait ruminé que colère, dissimulation et débauches secrètes. À cela s'ajoutait sa mère, d'un sexe incapable de se maîtriser : il faudrait être asservi à une femme ainsi qu'à deux jeunes gens, qui opprimeraient l'État en attendant de le déchirer un jour.

On agitait ces pensées et d'autres semblables quand la santé d'Auguste commence à empirer, et certains soupçonnaient son épouse d'un crime. Car le bruit s'était répandu que, peu de mois auparavant, Auguste, après avoir choisi quelques confidents et pris pour seul compagnon Fabius Maximus, s'était rendu à Planasie pour voir Agrippa ; il y aurait eu là bien des larmes de part et d'autre et des marques d'affection, d'où l'espoir que le jeune homme serait rendu aux pénates de son aïeul. Ce secret aurait été dévoilé par Maximus à son épouse Marcia, et par elle à Livie ; César l'aurait su, et, Maximus s'étant éteint peu après d'une mort peut-être provoquée, on aurait entendu à ses funérailles les gémissements de Marcia, s'accusant d'avoir causé la perte de son mari. Quoi qu'il en soit de cette affaire, à peine entré en Illyricum, Tibère est rappelé par une lettre pressante de sa mère ; et on ne sait si Auguste respirait encore ou s'il avait rendu l'âme quand il le rejoignit à Nole. Car une garde rigoureuse avait été postée par Livie pour barrer la maison et les chemins, et des bulletins favorables étaient publiés de temps à autre jusqu'au moment où, une fois prises les mesures que suggéraient les circonstances, on apprit à la fois qu'Auguste était mort et que Néron[1] prenait le pouvoir.

Le premier acte du nouveau principat fut le meurtre de Postumus Agrippa, qui, surpris sans armes par un centurion résolu, ne fut pourtant achevé qu'avec peine.

---

1. L'un des noms de l'empereur Tibère, qui régna de 14 à 37.

Tibère n'en dit mot au Sénat : il simulait des ordres de son père, qui aurait prescrit au tribun préposé à la garde d'Agrippa de le mettre à mort aussitôt que lui-même aurait accompli son dernier jour. Assurément Auguste, après avoir souvent proféré des plaintes violentes sur le caractère de l'adolescent, avait fait en sorte que son exil fût ratifié par un sénatus-consulte ; mais sa rigueur n'alla jamais jusqu'à tuer un des siens, et il n'était pas croyable qu'il eût immolé son petit-fils à la sécurité de son beau-fils. Il est plus vraisemblable que Tibère et Livie, l'un par crainte, l'autre par une haine de marâtre, se hâtèrent d'exécuter un jeune homme suspect et odieux. Au centurion qui lui annonçait, selon l'usage militaire, que son ordre avait été exécuté, il répondit qu'il n'avait pas donné d'ordre et qu'on aurait à rendre compte de l'acte devant le Sénat.

Histoires, I, 3-6.

HOMÈRE
VIII° s. av. J.-C.

VIRGILE
I°° s. av. J.-C.

CLAUDIEN
V° s. ap. J.-C.

Pline le Jeune

L'orateur évoque ici les circonstances de l'adoption de Trajan, alors jeune général victorieux et populaire, par l'empereur Nerva. Ce sont les compétences du futur chef qui doivent primer, affirme Pline, sur son lignage.

BIEN CHOISIR SON SUCCESSEUR, UNE PREUVE INFAILLIBLE DE DIVINITÉ

Entre l'adopté et celui qui l'adoptait aucune parenté, aucun lien, si ce n'est que votre commune vertu vous rendait dignes l'un d'être choisi, l'autre de choisir. Aussi n'as-tu pas été adopté, comme jadis tel et tel, pour satisfaire une épouse. Tu as été pris pour fils non par un beau-père, mais par un prince et le divin Nerva est devenu ton père dans le même sentiment qui le faisait celui de tous. C'est qu'il serait inconvenant qu'une adoption eût lieu autrement, si elle était faite par un prince. Quand on va transmettre le Sénat et le peuple romain, les armées, les provinces, les alliés à un seul chef, peut-on n'accepter pour successeur que l'enfant donné par sa femme et chercherait-on l'héritier du pouvoir suprême seulement à l'intérieur de sa maison ? Ne parcourrait-on pas des yeux l'ensemble des citoyens et n'estimerait-on pas comme le plus proche de soi, le plus intimement lié celui que l'on aurait trouvé le meilleur, le plus semblable aux dieux ? Qui doit commander à tous doit être choisi entre tous ; il ne s'agit pas de donner un maître à de vils esclaves, si bien qu'on puisse se contenter d'un héritier « nécessaire », mais pour un empereur de donner un prince aux Romains. Ne pas adopter celui dont tous s'accordent qu'il eût régné même sans l'adoption, voilà où seraient l'arrogance et la tyrannie. Ainsi fit Nerva, persuadé qu'il n'y aurait aucune différence entre naissance et choix, si celui-ci ne comportait pas plus de jugement que celle-là, si ce n'est toutefois que l'on pardonne plutôt à un prince un enfant mal venu qu'un successeur mal choisi.

Aussi s'est-il empressé d'éviter cette disgrâce et il a pris conseil de ce que penseraient non seulement les hommes, mais encore les dieux. Aussi n'est-ce pas dans un appartement, non devant le lit nuptial, mais devant le *puluinar*[1] de Jupiter Optimus Maximus que l'adoption a été consommée, qui fondait enfin non pas notre servitude, mais notre liberté et notre bonheur et notre sûreté. Les dieux en ont revendiqué la gloire : ce fut leur œuvre, ce fut leur ordre ; Nerva ne fut que le ministre et celui qui adoptait n'a fait qu'obéir aussi bien que l'adopté. On avait apporté de Pannonie des lauriers ; ainsi le voulaient les dieux, pour que le symbole de la victoire décorât l'avènement d'un prince invincible. L'empereur Nerva les avait placés sur les genoux de Jupiter, quand tout à coup, plus grand et plus auguste que d'habitude, il t'a choisi pour fils, comme son seul soutien dans cette pénible crise. Ensuite transporté par la sécurité et la gloire qu'il doit à cette sorte d'abdication (car il y a bien peu de différence entre abdication et partage, si ce n'est que le partage est plus difficile), appuyé sur toi comme si tu avais été présent, reposant sur tes épaules sa personne et la patrie, il trouva dans ta jeunesse et dans ta solidité une nouvelle force. Aussitôt tout tumulte s'apaisa. Ce ne fut point l'œuvre de l'adoption, mais de celui qui en était l'objet ; bien plus Nerva eût été imprudent s'il en avait choisi un autre. Avons-nous oublié comment naguère l'adoption n'a pas fait cesser la sédition, mais l'a fait naître ? Elle eût été l'aiguillon des colères et le brandon de la révolte si elle n'était pas tombée sur toi. Est-ce qu'il est douteux que si un empereur que l'on ne respectait plus a pu donner l'empire, c'est grâce à l'autorité de celui à qui il était

----

1. Coussin sur lequel on plaçait les statues des dieux et, par extension, temple.

donné ? [...] Chez un prince qui, après avoir choisi son successeur, a payé son tribut au destin, il n'est qu'une preuve, mais une preuve infaillible de divinité, ce sont les qualités de son successeur.

Panégyrique de Trajan, 7-8 et 11.

HOMÈRE
VIIIᵉ s. av. J.-C.

VIRGILE
Iᵉʳ s. av. J.-C.

CLAUDIEN
Vᵉ s. ap. J.-C.

Ammien Marcellin

Autre empereur, romain celui-là, et choix identique à celui d'Alexandre de ne pas désigner de successeur. Dans la troisième année de son règne, en 363, l'empereur Julien s'embarqua pour une campagne contre la Perse, au cours de laquelle il fut mortellement blessé au combat. Voici les dernières paroles que lui prête l'historien, qui avait pris part à cette campagne.

SILENCE PRUDENT

Pendant ces événements, Julien, allongé dans sa tente, s'adressa en ces termes à son entourage abattu par la tristesse : « Voici venu, mes compagnons, – et fort opportunément –, le moment de quitter cette vie ; j'exulte au moment de la rendre bientôt, comme un débiteur de bonne foi, à la nature qui la réclame. Je ne le fais pas, comme certain le croit, « dans l'affliction et le chagrin » : je suis convaincu, par l'avis unanime des philosophes, de la supériorité du bonheur de l'âme sur celui du corps et je considère que, toutes les fois qu'un sort meilleur succède nettement à un plus malheureux, il y a lieu de se réjouir plutôt que de s'affliger. Je remarque aussi que même les dieux du ciel ont accordé la mort, à certains hommes très pieux, comme la suprême récompense. La mission qui m'a été confiée, je le sais fort bien, était de ne pas succomber aux graves difficultés, et de ne jamais me laisser aller ni abattre, sachant par expérience que, si toutes les souffrances bravent les lâches, elles cèdent aux âmes résolues. Je ne regrette pas mes actes, aucun souvenir d'un grave forfait ne m'oppresse : que ce soit lors de mon exil dans l'obscurité et la détresse, ou après avoir assumé le principat, en tant qu'il découlait de ma parenté avec les êtres célestes, je crois m'être préservé sans tache, tout à la fois en administrant avec une exacte mesure les affaires civiles, et en ne faisant la guerre, offensive ou défensive, qu'après en avoir soigneusement pesé les raisons. Et pourtant, le succès ne répond pas toujours, ni en tous points, à l'utilité des décisions prises, du fait que les puissances d'En-haut se réservent le dénouement des entreprises. Considérant que le juste exercice du pouvoir souverain a pour fin l'intérêt et la conservation des sujets, j'ai toujours été plus porté, comme vous le savez, aux décisions les moins violentes, et j'ai banni de mes actes toute démesure, comme étant aussi pernicieuse aux affaires qu'à la morale ; aussi m'en vais-je l'âme en liesse, sachant que partout où la république, comme une mère impérieuse, m'a délibérément exposé à des dangers, j'ai tenu bon, inébranlable, étant habitué à fouler sous mes pas les tempêtes du hasard. Et je ne rougirai pas de vous le confier, voilà longtemps que j'ai appris que je périrais par le fer : des oracles dignes de foi me l'avaient prédit. C'est pourquoi je rends grâce à la divinité éternelle de ne point disparaître victime d'un attentat commis dans l'ombre, ni au terme de longues et pénibles maladies, ni comme finissent les condamnés, mais d'avoir mérité de quitter ainsi ce monde en pleine lumière, au milieu d'une carrière florissante et glorieuse. Car c'est d'un égal verdict de couardise et de lâcheté que sont justiciables celui qui désire la mort quand elle n'est point nécessaire et celui qui voudrait l'éviter quand elle vient à propos. Je n'en dirai pas davantage, car mes forces défaillent.

Quant au choix d'un empereur, je me tais prudemment : je crains d'omettre, par inadvertance, celui qui en serait digne, ou, si je désigne celui que je considère comme le candidat approprié, et qu'éventuellement on lui en préfère un autre, de le précipiter dans le dernier des dangers. Mais en fils probe de la république, je souhaite que l'on trouve après moi un bon chef d'État. »

Histoires, XXV, 3, 18-19.

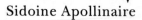

HOMÈRE
VIIIᵉ s. av. J.-C.

VIRGILE
Iᵉʳ s. av. J.-C.

CLAUDIEN
Vᵉ s. ap. J.-C.

Sidoine Apollinaire

Dans les derniers temps de l'Empire, les empereurs ont de plus en plus de difficulté à assurer leur succession. En vingt ans, entre 455 et 476, près de dix empereurs se succèdent ! Les élites romaines cherchent désespérément des chefs capables de rendre à l'Empire sa gloire perdue. Dans l'extrait suivant, la scène se déroule à Viernum (aujourd'hui Beaucaire), début juillet 455. Deux mois plus tôt, le roi vandale Genséric a pillé pendant quinze jours Rome, raflant aussi bien les plus belles œuvres d'art de l'Antiquité que les trésors des églises. Une assemblée d'aristocrates gallo-romains, réunie dans la précipitation, reconnaît comme empereur d'Occident Avitus, ancien préfet du prétoire des Gaules et récemment nommé généralissime, avec la bénédiction du roi wisigoth Alaric II, dont la capitale est désormais Toulouse. Avitus entra bientôt en Italie avec des contingents wisigoths, avant d'inaugurer son premier consulat le 1ᵉʳ janvier 456. Mais les opérations militaires d'Avitus ne tardèrent pas à échouer, et il fut assassiné avant la fin de l'an 456.

L'HOMME PROVIDENTIEL

Quand les nobles estimèrent qu'ils étaient réunis en nombre suffisant (ceux que dominent les rochers neigeux des Alpes cottiennes, ceux qui habitent les régions si diverses que baignent la Méditerranée et le Rhin, ceux enfin que la longue chaîne des Pyrénées sépare du diocèse d'Espagne), ils se portent en troupe joyeuse au-devant du héros assombri par le poids écrasant des soucis. Alors le plus éminent des hauts dignitaires, un homme qui avait qualité pour parler au nom du pays, s'exprima en ces termes : « Les épreuves diverses qu'un sort cruel fait depuis si longtemps peser sur nous, la mutilation de nos biens sous le règne d'un empereur enfant[1], voilà des maux qu'il est sans doute superflu de déplorer devant vous, ô noble chef : n'avez-vous pas eu la plus grande part de nos misères, quand, pleurant sur les blessures de la patrie, vous étiez tourmenté de terribles inquiétudes ? Au milieu de ces désastres, de ces funérailles du monde, la vie pour nous fut semblable à la mort. Mais, tandis que, sur la foi de nos pères, nous respections des lois sans force et que nous regardions comme un devoir sacré de suivre dans ses chutes un pouvoir vieilli, nous ne soutenions que l'ombre de l'Empire, satisfaits de supporter même les vices d'une maison décrépite et souffrant, par tradition plus que par raison, de voir toujours la même famille se vêtir de la pourpre. Naguère a brillé pour la Gaule une magnifique occasion d'affirmer ses propres forces, quand Maximus s'empara de la Ville en émoi. C'est du Monde qu'elle aurait pu, Elle, s'emparer, si elle avait combattu pour son propre compte, quand elle restaura toute sa puissance sous votre commandement militaire. Qui de nous a réveillé les campagnes de Belgique, le rivage d'Armorique et soulevé les colères des Goths, nul ne l'ignore. Après de tels exploits nous nous sommes effacés devant vous, illustre chef. Aujourd'hui les plus hautes destinées vous appellent ; dans un moment critique le pouvoir ne peut être exercé par un lâche ; on laisse de côté toute brigue, lorsque les derniers périls demandent des hommes de valeur. Après les défaites du Tessin et de la Trébie, la république alarmée vint en hâte chercher Fabius. L'élection de Livius effaça le souvenir de Cannes, en dépit de la fameuse déroute de Varron, et ébranla le Carthaginois, si fier pourtant de la mort des Scipions. Le monde, dit-on, languit prisonnier dans la Ville ; l'empereur est mort ; c'est ici que se trouve aujourd'hui la tête de l'Empire.

Nous vous en prions, montez sur ce tribunal ; relevez l'État défaillant. Les temps présents ne demandent pas

1. Valentinien III.

qu'un autre aime Rome plus que vous. N'allez pas vous imaginer que vous n'êtes pas à la hauteur du pouvoir. Lorsque l'armée de Brennus assiégea le mont Tarpéien, notre République, vous le savez bien, tenait alors tout entière dans la personne de Camille, ce vengeur prédestiné, qui recouvrit sous les cadavres ennemis les cendres fumantes de sa patrie. Ce n'est pas l'or de la démagogie qui vous a gagné les centuries ; ce ne sont pas des tribus vénales et achetées au prix de sommes énormes qui accourent aujourd'hui vous apporter leurs votes ; on n'achète point les suffrages du monde. Vous êtes choisi, malgré votre pauvreté ; il suffit seulement que vous soyez riche en mérites. Pourquoi vous opposer aux vœux de la patrie quand elle vous commande de commander ? Tous, nous avons la même pensée : si vous êtes le maître, je serai libre. » Le fracas des applaudissements emplit la cité d'Ugernum[2] ; c'est en cette ville en effet que la foule dévouée des sénateurs vous avait apporté son autorité, ses vœux, ses prières.

Le lieu, l'heure et le jour sont déclarés propices à l'inauguration du règne et aussitôt les Nobles, dans leur prévoyance, ordonnent avec joie le recrutement en Gaule d'une garde du corps. Pour la troisième fois, l'astre du jour, mettant en fuite les étoiles, avait répandu sa lumière, quand les Grands se rassemblent, disposent un tertre de gazon qu'ils entourent de soldats, y installent Avitus, le couronnent, toujours sombre, du collier militaire et lui confèrent les insignes de la souveraineté ; il n'avait jusque-là revêtu des fonctions impériales que les soucis.

Poèmes, Panégyrique prononcé en l'honneur d'Avitus Auguste, son beau-père, 524-580.

---

2. Aujourd'hui Beaucaire.

III

LES RESSORTS
DE LA QUÊTE DU POUVOIR

Quels sont les motifs qui poussent certains hommes, plutôt que d'autres, à occuper des postes de direction ? Ils semblent n'avoir guère changé, à examiner les mobiles qu'invoquent les historiens ou poètes antiques : ils attribuent le goût du pouvoir à des motifs altruistes – il s'agit de défendre ses subordonnés ou ses concitoyens, d'assurer leur prospérité et, finalement, leur bonheur. Fréquente, tout au long de l'Antiquité, est la métaphore du chef « pasteur » de son troupeau d'hommes, qui s'assure qu'il est bien nourri et en bonne santé, et veille à sa protection contre les menaces extérieures. Peu surprenante dans un contexte historique où l'élevage reste une source majeure de richesse, elle présente l'originalité d'être aussi bien employée par Homère que dans les *Évangiles*. Notons que d'autres métaphores du commandement ayant un sens voisin sont elles aussi récurrentes dans les textes que nous citons : ainsi, parmi d'autres, celle du pilote qui dirige le vaisseau – ou plus précisément, compte tenu des réalités nautiques du temps, la galère – de l'État.

Pour autant, des mobiles plus personnels sont aussi souvent invoqués pour expliquer le comportement des hommes en quête de pouvoir : Thucydide estime que si Alcibiade pousse les Athéniens à entreprendre la désastreuse expédition de Sicile, c'est avant tout pour augmenter sa fortune et sa gloire. Outre l'enrichissement personnel, le souci d'atteindre les honneurs et la gloire est une préoccupation constante pour qui, à l'école d'Homère notamment, « l'éducateur de la Grèce », n'a de cesse de chercher, comme Pélée y invitait son fils Achille, à « être toujours le meilleur et se maintenir supérieur aux autres »[1]. À cet égard, Alexandre le Grand s'inspira d'Achille (l'un de ses premiers gestes officiels à son arrivée en Asie mineure fut d'ailleurs d'aller rendre hommage à son tombeau), et César du modèle d'Alexandre.

Si les mobiles varient, un ressort du leadership souvent désigné est la capacité des chefs à déployer une énergie surhumaine. Alexandre tance ainsi ses compagnons, qui s'adonnent, après les premiers succès de l'expédition, aux loisirs et au luxe, en leur rappelant que « rien n'est plus royal que l'effort » ; là encore, César imita son exemple, en dépit d'une constitution semble-t-il plus fragile.

Pour autant, un tel idéal peut surprendre. Commander à d'autres hommes, n'est-ce pas s'exposer à des soucis infinis, et ce d'autant plus que la position est plus élevée ? Sauf rare exception, comme le rappelle l'Étéocle d'Eschyle, quels que soient les choix des dirigeants, ils sont critiqués ; il faut veiller sans cesse, rester sur le qui-vive. La moindre erreur de communication, le moindre dérapage sont payés fort cher, et la déesse Rumeur s'empresse de répandre la nouvelle, en la présentant toujours sous un jour négatif : aux temps contemporains de l'information instantanée et des réseaux sociaux, la déesse est sans doute plus rapide et puissante encore. Plutarque conseille donc aux dirigeants d'être, à l'exemple d'un Périclès, très vigilants sur ce qu'ils laissent voir de leur vie privée et qui

---

1. Homère, *Iliade*, XI, 784.

pourrait laisser prise à la critique. Arriver à une position en vue, c'est aussi se faire des ennemis : rivaux évincés, jaloux ou esprits acerbes et indépendants, tel Catulle persiflant avec une efficacité redoutable le tout-puissant César. C'est aussi, souvent, faire des victimes collatérales, ce dont se repentit le souverain indien Ashoka, converti au bouddhisme, dans une étonnante inscription grecque trouvée à Kandahar (dans l'Afghanistan actuel), située alors à la fois aux confins de l'Empire grec (après les conquêtes d'Alexandre) et de l'Empire indien.

ÊTRE CHEF, POUR QUOI FAIRE ?

HOMÈRE
VIIIe s. av. J.-C.

VIRGILE
Ier s. av. J.-C.

CLAUDIEN
Ve s. ap. J.-C.

Sophocle

Créon, devenu roi de Thèbes à la mort fratricide des deux fils d'Œdipe, expose les principes qui vont guider son gouvernement. Il insiste sur la responsabilité qu'a le dirigeant de veiller au bien de son peuple et, pour cela, de ne pas se taire ou rester inactif s'il entrevoit un danger.

N'AIMER PERSONNE PLUS QUE SON PAYS

Est-il possible cependant de bien connaître l'âme, les sentiments, les principes d'un homme quelconque, s'il ne s'est pas montré encore dans l'exercice du pouvoir, gouvernant et dictant des lois ? Eh bien, voici ce qu'il en est pour moi. Celui qui, appelé à conduire un État, ne s'en tient pas toujours au bon parti et qui demeure bouche close par crainte de qui que ce soit, celui-là, aujourd'hui et pour toujours, est pour moi le dernier des hommes. Et de même, qui s'imagine qu'on peut aimer quelqu'un plus que son pays, à mes yeux, ne compte pas. Moi, au contraire – et Zeus m'en soit témoin, Zeus qui voit tout et à toute heure –, je ne puis me taire, quand, au lieu du salut, j'entrevois le malheur en marche vers ma ville ; pas plus que je ne puis tenir pour ami un ennemi de mon pays. Ne sais-je pas que c'est ce pays qui assure ma propre vie et que, pour moi, lui garantir une heureuse traversée constitue le seul vrai moyen de me faire des amis ? Les voilà, les principes sur lesquels je prétends fonder la grandeur de Thèbes.

Antigone, 175-191.

HOMÈRE
VIIIe s. av. J.-C.

VIRGILE
Ier s. av. J.-C.

CLAUDIEN
Ve s. ap. J.-C.

Xénophon

Socrate, qui s'adresse ici à un stratège[1] athénien, s'appuie
sur un commentaire du passage d'Homère cité plus haut pour
affirmer qu'à ses yeux, un chef ne doit pas avoir d'autre objectif
que le bonheur de ceux qu'il commande.

GARANTIR LE BONHEUR
ET LA PROSPÉRITÉ DES SIENS

Tombant un jour sur quelqu'un que l'on avait élu
pour être stratège, il lui demanda : « Pour quelle raison,
à ton avis, Homère a-t-il appelé Agamemnon "pasteur des
peuples" ? Est-ce parce que, de même qu'un berger doit
veiller à ce que ses moutons soient sains et saufs, qu'ils
disposent du nécessaire et que l'objectif en vue duquel
on les nourrit soit atteint, de même aussi le stratège doit
veiller à ce que ses soldats soient sains et saufs, qu'ils
disposent du nécessaire et que l'objectif en vue duquel
ils servent comme soldats soit atteint ? Or s'ils servent
comme soldats, c'est pour que leur domination sur les
ennemis les rende prospères. Ou bien pourquoi a-t-il
loué Agamemnon en ces termes, lorsqu'il dit : "Il fut à la
fois un bon roi et un vaillant guerrier ?" Aurait-il été un
vaillant guerrier s'il avait été le seul à bien combattre les
ennemis sans inspirer la même ardeur à toute l'armée ?
Et aurait-il été un bon roi s'il n'avait bien défendu que
les intérêts de sa propre existence, sans être aussi responsable de la prospérité de ceux dont il était le roi ? Et, de
fait, on choisit un roi non pas pour qu'il veille attentivement à ses propres intérêts, mais pour que ceux qui l'ont
choisi réussissent grâce à lui. Et tous ceux qui servent à
l'armée le font pour que leurs conditions de vie soient les

---

1. Commandant d'une unité militaire ou d'une flotte.

meilleures possibles, et c'est à cette fin qu'ils élisent des stratèges : pour qu'ils les conduisent à ce but. Le stratège a donc le devoir de procurer la prospérité à ceux qui l'ont élu à ce poste ; il est en effet difficile de trouver un autre but qui soit plus beau que celui-là, ni de plus laid que le résultat contraire. » C'est ainsi qu'en examinant la nature de la vertu propre au bon chef, il rejetait les autres qualités et ne conservait que l'aptitude à rendre prospères ceux dont il est le chef.

Mémorables, III, 2.

HOMÈRE
VIIIᵉ s. av. J.-C.

VIRGILE
Iᵉʳ s. av. J.-C.

CLAUDIEN
Vᵉ s. ap. J.-C.

Démosthène

Dans le célèbre plaidoyer Sur la couronne, *prononcé quelques années après la défaite d'Athènes et de Thèbes contre Philippe en 338 avant Jésus-Christ, l'orateur proclame qu'il n'y a pas de honte à succomber pour les grandes causes et que le succès ne saurait être la mesure des actions humaines. Il rappelle ici les circonstances de l'une de ses courageuses interventions, alors qu'Athènes était dans l'affolement après qu'un messager avait annoncé la présence de Philippe à Élatée, en Phocide, aux portes d'Athènes.*

LE SOUCI DU BIEN COMMUN

C'était le soir ; on vint annoncer aux prytanes[1] l'occupation d'Élatée. Après cela, les uns aussitôt, se levant au milieu de leur dîner, chassaient les gens des boutiques de l'agora et mettaient le feu aux baraques, pendant que les autres convoquaient les stratèges et appelaient le trompette ; et toute la ville était remplie d'affolement. Le lendemain, dès le jour, les prytanes convoquaient le Conseil à la salle des séances, tandis que vous vous rendiez à l'Assemblée ; et, avant que le Conseil eût délibéré et préparé son rapport, tout le peuple était assis sur la hauteur. Puis quand le Conseil fut arrivé, que les prytanes eurent fait connaître les nouvelles qu'on leur avait apportées et eurent présenté leur informateur, quand celui-ci eut parlé, le héraut demanda : « Qui veut prendre la parole ? » On ne voyait s'avancer personne. Le héraut répéta plusieurs fois sa question ; néanmoins on ne voyait toujours se lever personne. Et pourtant tous les stratèges étaient là, tous les orateurs ; et la patrie appelait l'homme qui parlerait pour son salut ;

---

1. Membres du comité exécutif de l'Assemblée athénienne.

car la voix que le héraut fait entendre sur l'ordre des lois, doit être regardée comme la voix commune de la patrie. [...] Il parut donc, cet homme, ce jour-là : c'était moi ; et je dis alors ce à quoi vous devez être attentifs pour deux raisons : premièrement, pour savoir que, seul des orateurs et des hommes politiques, je n'ai pas abandonné le poste du dévouement au milieu des dangers, que j'ai fait mes preuves en disant et en rédigeant pour vous ce qu'il fallait au milieu même de l'épouvante ; secondement, parce qu'en perdant un peu de temps, vous acquerrez pour l'avenir une bien plus grande expérience de la politique générale. [...] Comme je l'ai déjà dit, les circonstances exigeaient un homme qui eût souci du bien de l'État et des arguments justes. Je pousse même les choses si loin que, si maintenant encore quelqu'un peut montrer quelque chose de mieux ou si, en général, autre chose était possible que mon plan, je me reconnais coupable. Car s'il existe une chose qu'un homme voit maintenant et dont l'exécution eût alors été utile, je déclare que cela n'aurait pas dû m'échapper. Mais si cela n'existe pas et n'existait pas, si personne, même aujourd'hui encore ne peut en parler, que devait faire un conseiller ? Choisir, n'est-ce pas ? le meilleur dans les possibilités qu'on apercevait. Voilà ce que j'ai fait, quand le héraut demandait, Eschine : « Qui veut prendre la parole ? », non pas : « Qui veut incriminer le passé ? », ni : « Qui veut garantir l'avenir ? » Alors que toi, en ce temps-là, tu restais assis et muet aux assemblées, moi, je m'avançais et je parlais.

Plaidoyers politiques, IV :
Sur la couronne, 169-173 et 190.

HOMÈRE
VIIIe s. av. J.-C.

VIRGILE
Ier s. av. J.-C.

CLAUDIEN
Ve s. ap. J.-C.

Julien

L'empereur Julien revient, dans cet extrait d'un discours où il fait l'éloge de son prédécesseur Constance, sur la prospérité que le règne du père de ce dernier, Constantin, avait amenée à l'Empire romain.

UN SOUVERAIN GÉNÉREUX

Ce sont des révoltes, non pas des royautés légitimes qu'il vainc en parcourant l'univers entier, et il inspire un si vif attachement à ses sujets, que les soldats, reconnaissant aujourd'hui encore de la générosité de ses présents et de ses faveurs, continuent de le révérer comme un dieu, et que la foule des villes et des campagnes, moins par le désir d'être délivrée du poids de la tyrannie que pour se voir soumise à ton père, souhaite qu'il l'emporte sur ses compétiteurs. Une fois maître de l'univers, après une crise où l'insatiable cupidité de son prédécesseur avait tout tari comme le ferait une période de sécheresse, la misère régnant partout tandis que la richesse s'était entassée dans les caves du palais, il en ouvrit les portes et, tout d'un coup, il inonda le monde d'un flot d'abondance. En moins de dix ans, il bâtit la ville qui porte son nom et qui surpasse autant toutes les autres en grandeur qu'elle semble elle-même surpassée par Rome.

Œuvres complètes, t. I, 1re partie :
Discours de Julien César, Éloge de Constance, 1, 8.

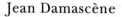

HOMÈRE
VIIIe s. av. J.-C.

VIRGILE
Ier s. av. J.-C.

CLAUDIEN
Ve s. ap. J.-C.

Jean Damascène

L'orateur évoque ici l'envoi en exil en 402 de saint Jean Chrysostome (344/349-407), alors évêque de Constantinople, et le désarroi de la communauté chrétienne qu'il doit quitter à grand renfort de métaphores d'origine biblique. On remarque celle du chef « bon pasteur » qui assure le salut de sa communauté, provenant d'une parabole évangélique.

LE BON PASTEUR

L'évêque est enlevé à l'Église, la tête au corps, et le troupeau est veuf du bon pasteur qui, à l'imitation du Christ, offre toujours sa propre vie pour ses brebis. L'Église regrettait le héraut, les brebis le berger et sa syrinx, ceux qui défendent le Christ de leur bouclier regrettaient le commandant et la trompette qui semait le trouble dans les rangs des ennemis spirituels, les veuves celui qui les protégeait de son bouclier, les orphelins leur père, les malades celui qui les soignait, les étrangers celui qui les guidait, la cité où l'on porte la pourpre l'or non falsifié qui était par lui-même une parure, qui mêlait l'empire au sacerdoce et remplissait de sa grâce, ornement de l'Esprit, le sceptre et le diadème ; les oreilles des amis de Dieu l'homme à la parole d'or et à la bouche d'or[1]. Et, si ce n'est pas une audace que de l'affirmer, le Christ qu'il portait en lui s'en allait avec lui. Oh ! Comment évoquer sans larmes la tragédie et le malheur irrémédiables ? Car même un cœur de pierre ne pourra s'empêcher de pleurer sur cette situation : puisqu'une pierre frappée par le bâton de Moïse alla jusqu'à répandre des flots, même un cœur sec, frappé par la grandeur de la tragédie, répand à la manière d'un fleuve

---

1. C'est la signification du surnom de Jean : Chrysostome, « bouche d'or ».

des sources de larmes. Mais soudain, un coup frappe le palais royal, et Pharaon supplie de nouveau celui qui voit Dieu pour qu'il le défende du fléau. C'est bien ce qui se passe encore. En effet, sitôt Jean revenu sur ordre impérial, s'est calmée aussi la douleur du coup porté. C'est ainsi que Dieu sait honorer ceux qui lui appartiennent. Car « aussi vrai que je suis vivant, dit le Seigneur, je ne glorifierai que ceux qui me glorifient ». Ainsi donc, de nouveau, le troupeau du Christ est plein de confiance. Car celui qui « s'est fait tout à tous » est rendu à tous, et tous les sujets du Christ sont dans la joie et l'allégresse, ils croissent parce qu'ils reçoivent dans la bonne terre de leur cœur, telle une semence de l'esprit, les discours de Jean.

Panégyrique de saint Jean Chrysostome, 17-18.

HOMÈRE
VIIIᵉ s. av. J.-C.

VIRGILE
Iᵉʳ s. av. J.-C.

CLAUDIEN
Vᵉ s. ap. J.-C.

Thucydide

Nous sommes au printemps 415 avant Jésus-Christ. L'assemblée débat à Athènes sur l'opportunité de lancer une expédition pour conquérir la Sicile tout entière. Le général Nicias s'oppose à ce projet, qu'il juge peu réaliste. Il tente de dissuader ses concitoyens de se lancer dans l'aventure, mais est contredit, entre autres, par Alcibiade (459-404 av. J.-C.). L'ardeur de ce dernier pour soutenir l'idée d'une expédition répond, explique Thucydide, à des mobiles d'intérêt personnel, qui mèneront Athènes au désastre.

AUGMENTER SA FORTUNE ET SA GLOIRE

Le plus ardent à soutenir l'expédition était Alcibiade, fils de Clinias. Il obéissait au désir de combattre Nicias, dont il était, d'une façon générale, l'adversaire en politique, et qui, de plus l'avait attaqué en passant ; mais, avant tout, il aspirait à exercer le commandement, se flattant par là, tout à la fois, de conquérir la Sicile, puis Carthage, et, si la fortune le favorisait, de servir ses intérêts privés sous le rapport de l'argent et de la réputation. En grand crédit auprès de ses compatriotes, ses goûts le portaient au-delà de ce que lui permettaient ses ressources, tant pour l'entretien de son écurie que pour ses autres dépenses. Ce ne fut pas, justement, ce qui, dans la suite, contribua le moins à la ruine d'Athènes. Effrayés de l'extrême indépendance qu'il affectait personnellement dans sa manière de vivre, comme de la portée des vues qui se manifestaient successivement dans chacune des entreprises où il s'employait, les gens formant la masse, se persuadant qu'il aspirait à la tyrannie, se firent ses ennemis ; et, bien que, pour la cité, il eût pris les meilleures dispositions relatives à la guerre, comme ils ne pouvaient, dans le privé, supporter ses façons, ils ne tardèrent pas à perdre la cité en confiant les affaires à d'autres. Quoi qu'il en soit, s'avançant alors à la tribune, il donna en substance aux Athéniens les conseils suivants :

« Plus que tout autre, j'ai des droits, Athéniens, à exercer le commandement – force m'est bien de commencer par là, puisque Nicias m'a pris à partie – et j'estime en même temps que j'y ai des titres, puisque les actes qui valent tant de bruit à mon nom, s'ils nous procurent, à mes ancêtres et à moi-même, de la gloire, ont de plus, pour ma patrie, leur utilité. Devant l'éclat exceptionnel de ma participation aux fêtes olympiques, les Grecs se sont même exagéré la puissance de notre cité, qu'auparavant ils croyaient anéantie par la guerre : j'avais lancé sept chars dans l'arène – plus qu'aucun particulier encore jusque-là ; – j'avais eu, avec la victoire, et la seconde et la quatrième place ; j'avais enfin, pour tout le reste, pris des dispositions qui répondaient à cette victoire. Si l'usage peut ne voir là que des titres d'honneur, la manifestation de fait laisse aussi, du même coup, transparaître la puissance. D'un autre côté, tout ce que, dans la cité, je me donne de lustre par mes chorégies ou autrement peut bien être par nature objet de jalousie pour mes compatriotes, les étrangers, eux, voient là encore la force. Elle est loin d'être inutile, la folie de qui, à ses propres dépens, sert non seulement ses intérêts, mais aussi la cité ; et ce n'est pas non plus un crime, quand on a de soi une haute opinion, que de se refuser à l'égalité avec autrui, puisque aussi bien celui qui ne réussit pas ne rencontre personne pour partager sa disgrâce. Maltraités de la fortune, on nous tourne le dos : qu'on ne trouve donc pas mauvais pareillement d'être méprisé par ceux qui réussissent, ou bien qu'on fasse d'abord part égale, si l'on prétend à la réciproque. Je sais de reste que les hommes de cette sorte, comme tous ceux qui, en quelque domaine, ont brillé hors du commun, si, de leur vivant, ils sont à charge aux autres – à leurs pareils avant tout, mais à tous ceux aussi avec qui ils se trouvent en relation – n'en laissent pas moins, parmi les générations suivantes, à quelques-uns la prétention, même inexacte, de leur être apparentés, et à la patrie qui fut la leur la fierté de les revendiquer comme étant non pas des étrangers ou des gens fourvoyés, mais des hommes à elle, dont les actes furent grands.

Voilà ce que j'ambitionne et qui vaut tant de bruit à ma conduite privée ; voyez si j'en suis, pour conduire la politique, inférieur à personne : en groupant, sans grands risques ni dépenses pour vous, ce qu'il y a de plus puissant dans le Péloponnèse, j'ai amené les Lacédémoniens à jouer en un jour, à Mantinée, le tout pour le tout, et il est résulté de là que, victorieux pourtant dans la bataille, ils n'ont pas encore, aujourd'hui même, une confiance assurée.

Or, cette politique, c'est ma jeunesse, c'est ce qui passe chez moi pour une folie contre nature qui, par des discours appropriés, a créé des contacts au sein de la puissance péloponnésienne, et, en inspirant confiance par sa vivacité, l'a fait adopter. Eh bien ! qu'aujourd'hui cette même jeunesse ne vous effraye pas ! Au contraire, tant que j'en jouis et suis en pleine force, tant que Nicias semble avoir la Fortune avec lui, usez sans réserve de notre utilité à l'un et à l'autre.

La Guerre du Péloponnèse, t. IV, livre VI, 15-17.

HOMÈRE
VIIIe s. av. J.-C.

VIRGILE
Ier s. av. J.-C.

CLAUDIEN
Ve s. ap. J.-C.

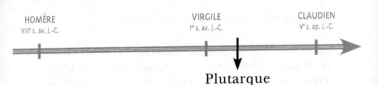

Plutarque

Plutarque évoque dans ces passages, le premier à l'orée de la carrière de César, l'autre à son terme, un homme toujours insatisfait, jaloux de lui-même comme d'Alexandre le Grand, qui aspire à être le premier en tout pour laisser un souvenir mémorable.

UNE AMBITION SANS LIMITES

Un jour, dit-on, qu'en traversant les Alpes, il passait près d'une bourgade barbare, qui avait très peu d'habitants et un aspect misérable, il entendit ses compagnons dire en riant et plaisantant : « Peut-être y a-t-il ici aussi des brigues pour les charges, des rivalités pour le premier rang et des jalousies de notables ? » « Pour ma part, déclara César d'un ton très sérieux, j'aimerais mieux être le premier ici que le second à Rome. De même encore, en Espagne, un jour qu'étant de loisir il lisait un ouvrage sur Alexandre, il resta longtemps à réfléchir absorbé en lui-même, puis il se mit à pleurer. Ses amis, étonnés, lui demandèrent la cause de ses larmes : « Ne vous semble-t-il pas, dit-il, qu'il est digne d'affliction de penser qu'à l'âge où je suis Alexandre avait déjà un si vaste empire, et que moi, je n'ai encore rien fait de grand ? » […]

L'ambition de César et son amour inné des grandes actions ne lui permettaient pas de jouir en paix des nombreux succès acquis par ses travaux ; ces succès ne faisaient que l'enflammer et l'enhardir en vue de l'avenir et lui inspiraient des projets toujours plus vastes et le désir d'une gloire nouvelle, celle qu'il possédait ne lui suffisant jamais. Cette passion n'était rien d'autre qu'une sorte de jalousie à l'égard de lui-même, comme s'il avait été un autre, et une espèce de rivalité entre ce qu'il avait fait et ce qu'il se proposait de faire. Il projetait et préparait une expédition contre les Parthes, et il envisageait,

117

après les avoir soumis, de traverser l'Hyrcanie le long de la mer Caspienne et du Caucase pour contourner le Pont-Euxin et envahir la Scythie, puis de marcher contre les pays voisins de la Germanie et contre la Germanie elle-même, de revenir enfin en Italie par la Gaule et de boucler ainsi le cercle de l'Empire, borné de tous côtés par l'Océan. En attendant cette expédition, il projeta de percer l'isthme de Corinthe, entreprise à laquelle il préposa Anienus, puis de faire écouler le Tibre juste au sortir de la ville dans un canal profond pour le détourner vers le Circaeum et le faire déboucher dans la mer près de Terracine, de façon à ménager une route à la fois sûre et facile aux trafiquants qui fréquentaient Rome. Il voulait aussi assécher les marais de Pometium et de Setia et en faire une plaine cultivable pour des dizaines de milliers d'hommes, enfin opposer des barrières à la partie de la mer la plus proche de Rome en élevant des digues, et, après avoir nettoyé la côte d'Ostie des obstacles cachés qui en rendaient l'accès difficile, y aménager des ports et des mouillages sûrs pour une si intense activité maritime. Tels étaient les projets qu'il avait en préparation. La réforme du calendrier et la correction des anomalies dans le calcul du temps, savamment méditées et conduites à bonne fin par César, furent d'une très précieuse utilité.

Vies, César, 11 et 58-59.

HOMÈRE
VIIIᵉ s. av. J.-C.

VIRGILE
Iᵉʳ s. av. J.-C.

CLAUDIEN
Vᵉ s. ap. J.-C.

Lucain

Lucain confirme ce portrait de César en le décrivant comme un héros ardent, infatigable, qui ne veut rien qui le domine, saisissant contraste avec un Pompée sur le déclin et futur vaincu.

UNE ÂME COMME LA FOUDRE

Leur valeur rivale les aiguillonna : tu crains, Magnus[1], que des exploits nouveaux ne fassent pâlir tes anciens triomphes et que les lauriers gagnés sur les pirates ne le cèdent aux Gaulois vaincus ; toi, l'expérience ininterrompue des travaux guerriers t'anime, et la Fortune qui ne se contente plus du second rang. César ne peut plus supporter un supérieur, Pompée un égal. Qui avait le plus de droit de prendre des armes, on ne peut le savoir sans impiété. Chacun se recommande d'un grand arbitre : la cause du vainqueur plut aux dieux, mais celle du vaincu à Caton.

Entre eux la lutte ne fut pas égale. L'un, sur le déclin de la vie, rendu moins belliqueux par un long usage de la toge, a désappris dans la paix le métier de chef ; en quête de la renommée, il fait beaucoup pour le vulgaire ; il se laisse entièrement porter par le souffle populaire et se grise des applaudissements de son théâtre ; nul soin de réparer ses forces, une grande confiance dans sa fortune d'autrefois. Il se dresse, ombre d'un grand nom, pareil à un chêne majestueux sur un terrain fertile, où il porte les dépouilles d'un peuple antique et les offrandes des chefs ; il ne tient plus par de solides racines, son propre poids le fixe au sol : étendant par les airs ses branches dénudées, il fait ombre par son tronc, non par ses feuilles ; pourtant, quoiqu'il chancelle, prêt à tomber

---

1. Surnom de Pompée.

au premier souffle de l'Eurus, quoique tant d'arbres aux bois solides s'élèvent alentour, c'est le seul qu'on vénère.

En César, il n'y avait pas seulement un nom et une gloire militaire, mais une valeur incapable de se tenir en place ; il n'a honte de rien, sauf de vaincre sans combat ; fougueux et indompté, partout où l'appelait l'espoir ou la colère, il y portait la main ; jamais il n'hésitait à souiller de sang son épée, il pressait ses succès, s'attachait à la faveur divine, repoussant tout obstacle au pouvoir suprême, heureux de se frayer un chemin par les ruines. Ainsi la foudre, arrachée par le vent du sein des nuages, au milieu du grondement de l'éther ébranlé et du fracas de l'univers, brille, fractionne le ciel, effraie les peuples en émoi, les aveuglant de son zigzag éblouissant ; elle se déchaîne contre des lieux qu'elle consacre, et, sans qu'aucune matière puisse entraver sa marche, tombant ou remontant, elle fait une jonchée de décombres et rassemble ses feux épars.

Pharsale, I, 121-157.

HOMÈRE
VIIIe s. av. J.-C.

VIRGILE
Ier s. av. J.-C.

CLAUDIEN
Ve s. ap. J.-C.

Aurélius Victor

L'historien condamne l'ambition de l'empereur Constantin.

UN AMBITIEUX

Assurément, s'il avait apporté une mesure à sa munificence, à son ambition et aux procédés par lesquels les grands caractères surtout, en voulant aller trop loin par amour de la gloire, aboutissent à un résultat contraire, il n'aurait pas été très différent de la divinité.

Le livre des Césars, XL, 15.

HOMÈRE
VIII° s. av. J.-C.

VIRGILE
I° s. av. J.-C.

CLAUDIEN
V° s. ap. J.-C.

Pseudo-Aurélius Victor

Un autre texte contemporain souligne le même trait chez l'empereur, en ajoutant quelques détails pittoresques.

UN AMBITIEUX, ET UN COQUET

Il fut avide de gloire au-delà de toute mesure. Il traitait habituellement Trajan de pariétaire, à cause de ses inscriptions affichées sur de nombreux édifices. Il construisit un pont sur le Danube. Il rehaussa de pierres précieuses son costume impérial et porta en permanence un diadème. Il prit cependant d'excellentes décisions dans de nombreux domaines : il fit cesser les dénonciations calomnieuses par des lois très sévères, favorisa la culture, surtout l'étude des lettres ; lui-même lisait, écrivait, réfléchissait, écoutait les députations et les plaintes des provinces.

Abrégé, XLI, 13-14.

UNE ÉNERGIE EXCEPTIONNELLE

HOMÈRE
VIII⁰ s. av. J.-C.

VIRGILE
I⁰ˢ s. av. J.-C.

CLAUDIEN
V⁰ s. ap. J.-C.

Plutarque

Alexandre, devenu maître de la Perse – Darius est toujours vivant, mais en fuite –, fait preuve d'une grande générosité vis-à-vis de ses proches. Ceux-ci s'adonnent à une vie de luxe qu'Alexandre (et sans doute le moraliste qu'est Plutarque) condamne.

RIEN DE PLUS ROYAL QUE L'EFFORT

Il voyait son entourage se livrer à un luxe effréné et mener un train de vie insolent et très dispendieux. Hagnon de Téos, par exemple, portait des chaussures à clous d'argent. Léonnatos employait plusieurs chameaux à faire venir d'Égypte du sable pour ses exercices gymniques. Philotas se servait pour la chasse de filets longs de cent stades. Ils utilisaient pour les frictions et les bains de la myrrhe en plus grande quantité que précédemment l'huile, et ils traînaient partout avec eux des masseurs et des valets de chambre.

Alexandre le leur reprocha avec douceur et sur le ton d'un philosophe : « Je m'étonne de voir, disait-il, qu'après avoir livré tant et de si rudes combats, vous oubliez que ceux qui ont accablé les autres dorment d'un sommeil plus agréable que ceux qui se sont laissé accabler, et aussi que vous ne comprenez pas, en comparant votre vie à celle des Perses, qu'il n'y a rien de plus servile que la mollesse, rien de plus royal que l'effort. Comment peut-on soigner soi-même son cheval, astiquer sa lance ou son casque, quand on a perdu l'habitude de toucher de ses mains ce corps si choyé ? Ne savez-vous pas, disait-il aussi, que le comble de notre victoire est de nous comporter autrement que les vaincus ? »

Quant à lui, il se dépensait plus encore à la guerre et à la chasse, peinant et s'exposant aux dangers [...]

pour s'exercer lui-même et pour inciter les autres à la vertu. Mais ses amis, que la richesse et le faste avaient corrompus, voulaient vivre désormais dans le luxe et le repos ; ils supportaient mal ses courses vagabondes et ses expéditions, et ils en vinrent ainsi peu à peu à le critiquer et à médire de lui. Il n'opposa d'abord à ces propos qu'une parfaite douceur, disant que c'était le sort d'un roi de faire le bien et d'entendre mal parler de lui.

Vies, Alexandre, 40.

HOMÈRE
VIIIᵉ s. av. J.-C.

VIRGILE
Iᵉʳ s. av. J.-C.

CLAUDIEN
Vᵉ s. ap. J.-C.

Silius Italicus

Le poète dresse un portrait saisissant d'un Hannibal brûlant d'énergie et avide de revanche.

SOIF DE VENGEANCE

Son naturel le poussait vers l'action, oubliant tout respect de la foi jurée, et vers la ruse, où il excellait, sans souci de la loyauté. Dans le combat, aucun respect des dieux ; du courage, mais tourné vers le mal ; plein de mépris pour une gloire née de la paix ; et jusqu'au fond de son être, la soif du sang humain le tenaille ; et puis, de toute l'ardeur de ses jeunes forces, il brûle d'effacer les îles Égates, cette tache sur l'honneur de ses pères, et de noyer dans la mer de Sicile le traité de paix. C'est Junon son inspiratrice, qui obsède ses pensées de perspectives de gloire. En rêve, il se voit déjà s'ouvrant le Capitole, ou s'avançant à marches forcées vers les plus hauts sommets des Alpes. Souvent même, à sa porte, les gardes réveillés en sursaut prirent peur en entendant ses cris farouches qui déchiraient le grand silence de la nuit et le trouvèrent, inondé de sueur, en train de livrer les futurs combats et de mener ses guerres imaginaires.

La Guerre punique, I, 56-70.

HOMÈRE
VIIIᵉ s. av. J.-C.

VIRGILE
Iᵉʳ s. av. J.-C.

CLAUDIEN
Vᵉ s. ap. J.-C.

Tite-Live

L'historien fait, dans les lignes qui suivent, un portrait élogieux de Caton l'Ancien (234-149 av. J. C.). Il souligne notamment la détermination et l'énergie du personnage, qui l'animèrent jusqu'à l'extrême vieillesse.

UN HOMME DOUÉ

En cet homme, si grandes étaient les qualités morales et intellectuelles que, quelles que fussent ses origines, il semblait destiné à assurer lui-même sa fortune. Aucun talent ne lui manqua dans la gestion des affaires privées et publiques. Il était expert pareillement en ce qui concerne les choses de la ville et celles de la campagne. Certains furent portés aux plus hautes fonctions par leur science juridique, d'autres par leur éloquence ou leur gloire militaire. Mais pour lui, son génie multiforme s'adapta si facilement à tout que, quelle que fût son activité, on l'aurait dit fait uniquement pour cela. À la guerre, plein d'énergie dans l'action, il s'illustra dans plusieurs batailles fameuses. Ce fut encore, une fois atteint le sommet des honneurs, un très grand général, mais aussi en temps de paix un homme très expert en matière juridique, très éloquent dans ses plaidoiries ; et il ne fut pas seulement quelqu'un dont l'art oratoire fleurit de son vivant sans laisser derrière lui aucun témoignage ; bien au contraire, son éloquence fleurit et vit encore, consacrée par des écrits au contenu varié. Nombreux sont les discours qu'il prononça pour se défendre et pour défendre et attaquer les autres ; car il harcela ses ennemis non seulement comme accusateur, mais aussi comme défenseur. Bien nombreuses sont les haines dont il fut poursuivi et poursuivit les autres, et il n'est pas aisé de dire si c'est lui qui a le plus tourmenté la noblesse ou la noblesse qui l'a le plus malmené. Il eut sans doute le caractère difficile, la langue mordante et d'une franchise immodérée, mais une âme que ne gouvernaient pas les passions, une intégrité intransigeante au mépris des faveurs et des richesses. Dans sa sobriété, dans son endurance à l'effort et au danger, il montra pour ainsi dire un tempérament d'acier, lui que même la vieillesse qui désagrège tout ne parvint pas à briser : au point que, à quatre-vingt-six ans, il participa à un procès, prononça et rédigea un plaidoyer pour lui-même, et que, à quatre-vingt-dix ans, il cita Servius Galba devant le jugement populaire.

Histoire romaine, **XXIX**, 40.

Plutarque

César, à l'exemple d'Alexandre, ne se refuse à aucune fatigue et cherche à tirer le meilleur parti de son temps.

HYPERACTIF

Il s'exposait volontiers à tous les périls et ne reculait devant aucune fatigue. Ce mépris du danger n'étonnait pas ses troupes, qui connaissaient son amour de la gloire ; mais ce qui les frappait, c'était de le voir supporter la fatigue avec une endurance qui semblait au-dessus de ses forces physiques, car il était frêle de constitution ; il avait la peau blanche et délicate, il était sujet aux maux de tête et à des crises d'épilepsie (mal dont il sentit, dit-on, les premières atteintes à Cordoue). Au lieu de prendre prétexte de sa faiblesse physique pour vivre dans la mollesse, il chercha la guérison de ses maux dans les exercices de la guerre, et c'est par des marches continuelles, par un régime frugal, par l'habitude de coucher en plein air et de mener une vie dure qu'il combattait la maladie et gardait son corps dispos. Il dormait le plus souvent en voiture ou en litière, pour faire servir à l'action même ses heures de repos. Le jour, il visitait les forteresses, les villes et les camps, n'ayant à ses côtés qu'un esclave accoutumé à écrire sous sa dictée tout en voyageant, et derrière lui un unique soldat armé d'une épée. Il voyageait si vite que, la première fois qu'il quitta Rome pour son expédition, il parvint le huitième jour au bord du Rhône. Il avait acquis dès l'enfance une grande pratique du cheval, car il s'était habitué à chevaucher à toute allure avec les bras ramenés en arrière et croisés dans le dos. Dans cette guerre des Gaules, il s'exerça en outre à dicter ses lettres du haut de sa monture et à occuper ainsi deux secrétaires à la fois, ou même davantage, au dire d'Oppius. On rapporte aussi que César avait

129

imaginé le premier de communiquer par lettres avec ses amis, lorsque l'urgence des affaires ne lui laissait pas le temps de les voir en personne, à cause du grand nombre de ses occupations et de l'étendue de la ville. [...] Un jour qu'il était en route, le mauvais temps le contraignit d'entrer dans la cabane d'un homme pauvre. N'y trouvant qu'une seule pièce, tout juste suffisante pour loger une personne, il dit à ses compagnons : « S'il faut céder les places d'honneur aux plus dignes, les plus faibles ont droit aux places qui leur sont nécessaires », et il fit coucher Oppius dans la chambre tandis qu'il allait lui-même dormir avec les autres sous l'auvent de la porte.

Vies, César, 17.

GOUVERNER, UN SACERDOCE

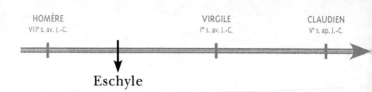

HOMÈRE
VIIIe s. av. J.-C.

VIRGILE
Ier s. av. J.-C.

CLAUDIEN
Ve s. ap. J.-C.

Eschyle

Dans les premiers vers de cette tragédie, Étéocle, roi des Thébains assiégés et modèle même du bon chef, exhorte les siens avant une bataille décisive. Il se livre à quelques réflexions préliminaires sur les difficultés que doivent affronter les « pilotes de l'État », qui doivent veiller sans cesse, mais n'ont jamais droit à la gratitude de leurs administrés.

PAS DE REPOS POUR LES ROIS

Peuple de Cadmos[1], il doit dire ce que l'heure exige, le chef qui, tout à sa besogne, au gouvernail de la cité, tient la barre en main, sans laisser dormir ses paupières. Car, en cas de succès, aux dieux tout le mérite ! Si au contraire – ce qu'au Ciel ne plaise ! – un malheur arrive, « Étéocle ! » – un seul nom dans des milliers de bouches – sera célébré par des hymnes grondants et des lamentations, dont Zeus préservateur, pour mériter son nom, puisse-t-il préserver la cité cadméenne ! Et vous aussi, vous devez tous à cette heure, ceux qui attendent encore la pleine force de la jeunesse comme ceux qu'elle a fuis avec l'âge, gonflant du moins vos muscles pour en doubler la vigueur, chacun enfin se donnant au rôle qui convient à ses forces, porter secours à la cité, aux autels des dieux du pays – afin que leur culte ne soit pas à jamais effacé – à vos fils, et à la Terre maternelle, la plus tendre des nourrices, qui, à l'heure où, enfants, vous vous traîniez sur son sol bienveillant, a pris toute la charge de votre nourriture et fait de vous les loyaux citoyens armés du bouclier qu'elle attend en ce besoin. – Sans doute, jusqu'ici le Ciel penche pour nous : depuis de longs jours que Thèbes est assiégée, la guerre, grâce aux dieux, nous a le plus souvent donné l'avantage.

---

1. Fondateur légendaire de Thèbes.

Mais voici qu'aujourd'hui parle le devin[2], pâtre des oiseaux, qui, sans recourir aux présages du feu, par l'oreille et l'esprit, pèse les signes prophétiques avec une science qui n'a jamais menti. Or, ce qu'il déclare, lui, le maître de ces augures, c'est qu'une immense attaque achéenne tout à l'heure se décidait dans la nuit et va sournoisement assaillir notre ville. Donc aux créneaux ! aux portes des remparts ! Tous debout ! courez armés de pied en cap ! Garnissez les parapets, occupez les terrasses des tours, et, aux issues des portes, attendez avec confiance, sans craindre le nombre de nos envahisseurs : les dieux seront pour nous. J'ai, de mon côté, envoyé aux lignes ennemies des guetteurs et éclaireurs, dont les pas, j'en suis sûr, ne seront pas perdus : leurs rapports écoutés, je ne crains plus de surprises.

Les Sept contre Thèbes, 1-34.

2. Tirésias.

Quintilien

*On ne devient pas un grand orateur à peu de frais :
Quintilien recourt ici, pour le dire, à une comparaison avec le
chef militaire qui doit, au prix d'efforts infinis, venir à bout
d'innombrables tâches.*

UN JOB INGRAT

Il y a là en quelque sorte un talent analogue à celui
du stratège, qui retient ses troupes, partie en vue des
hasards des combats, partie pour défendre ses positions
ou garder les villes, assurer le ravitaillement, protéger les
communications, et qui, enfin, répartit ses forces sur mer
et sur terre. Mais, dans le domaine de l'éloquence, on ne
réussira que si l'on possède à la fois les dons naturels, la
science, l'application. Qu'on n'espère donc pas devenir
habile à parler avec le seul travail d'autrui : il faut savoir
veiller (dirai-je de nouveau), faire effort, pâlir à la tâche ;
chacun doit se créer sa force oratoire, son expérience,
sa méthode ; il ne faut pas aller à la découverte de ses
armes, mais les avoir à sa portée, non pas comme four-
nies par d'autres, mais comme nées avec nous. La route
peut en effet être indiquée, chacun a sa vitesse ; mais
l'art en fait assez, s'il place les ressources de l'éloquence
à notre portée ; à nous de savoir en user.

Institution oratoire, VII, 10.

Xénophon

Le grand Cyrus montrait, semble-t-il, un sens aigu de la mise en scène du pouvoir, au point de donner des consignes précises et raffinées à son équipe en termes de comportement, d'habillement, et même de maquillage.

LA MISE EN SCÈNE DU POUVOIR

Nous croyons avoir découvert de Cyrus que ce n'est pas par ce seul moyen, la supériorité sur les autres, qu'il estimait que les chefs devaient se distinguer des sujets, mais qu'il jugeait nécessaire de frapper ceux-ci par une mise en scène. En tous les cas, il choisit d'abord de revêtir lui-même la robe médique et persuada son équipe de s'habiller de même ; – cette robe, en effet, lui paraissait dissimuler les imperfections possibles du corps, et mettre en valeur la taille et la beauté de ceux qui la portent ; car ils ont des souliers tels qu'ils peuvent y ajuster, sans qu'on le sache, des semelles qui les font paraître plus grands qu'ils ne sont. – Ensuite, il admettait les yeux fardés, pour qu'ils eussent l'air d'avoir des yeux plus beaux qu'ils n'étaient, et le maquillage, pour qu'on leur vît un teint plus beau que nature. Il prit soin encore de leur défendre de cracher, de se moucher, de se retourner, en hommes que rien n'étonne, sur aucun spectacle, en public. Il pensait que toutes ces mesures contribuaient à les faire apparaître aux sujets comme des hommes à ne pas mépriser. Il forma ainsi à sa manière ceux qu'il destinait à un commandement, tant par l'entraînement que par une prééminence inspirant le respect.

Cyropédie, VIII, 40-42.

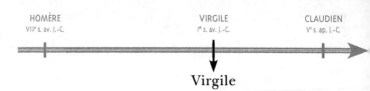

HOMÈRE
VIII° s. av. J.-C.

VIRGILE
I° s. av. J.-C.

CLAUDIEN
V° s. ap. J.-C.

Virgile

Les dirigeants contemporains le savent bien, leur vie privée est scrutée, et le moindre écart de conduite (ici, les amours d'Énée et de Didon, reine de Libye), diffusé par la Rumeur – allégorie divine dont Virgile fait ici une description saisissante –, peut faire l'objet d'interprétations malveillantes.

LA RUMEUR

Aussitôt la Rumeur va par les grandes villes de la Libye, la Rumeur, de tous les maux le plus véloce. Son mouvement fait force et sa marche accroît sa puissance. La peur la rend d'abord petite, mais bientôt elle se dresse dans les airs, elle a les pieds sur la terre et plonge sa tête au milieu des nuages. Elle est fille, dit-on, de la Terre que le courroux des dieux avait mise en colère et qui l'enfanta comme sœur cadette de Céus et d'Encelade. Ses pieds sont agiles, ses ailes sont rapides, c'est un monstre effroyable, gigantesque : autant son corps a de plumes, autant elle recèle d'yeux en éveil – ô prodige –, autant de langues, autant de bouches qui parlent, autant d'oreilles qui se dressent. La nuit, elle vole entre terre et ciel en sifflant dans l'ombre, sans que le doux sommeil lui ferme les yeux ; le jour, elle se poste en sentinelle sur le faîte d'un toit ou sur de hautes tours et terrifie les grandes villes, messagère aussi acharnée d'erreur et de mensonge que de vérité. Elle se plaisait présentement à inonder les peuples de rumeurs multiples et à claironner ce qui avait eu lieu ou n'avait pas eu lieu : qu'Énée est arrivé, d'ascendance troyenne, que la belle Didon daigne s'unir à ce mari et qu'à présent, durant le long hiver, ils ne font que se choyer l'un l'autre, tout au plaisir, oublieux de leur royaume et prisonniers d'une passion honteuse. Tels sont les bruits que la hideuse déesse met dans toutes les bouches.

Énéide, IV, 173-195.

HOMÈRE
VIIIe s. av. J.-C.

VIRGILE
Ier s. av. J.-C.

CLAUDIEN
Ve s. ap. J.-C.

Plutarque

Dans ce passage, l'auteur souligne l'importance, pour l'homme politique, de se donner une image de sérieux et pour cela, si besoin, de changer d'apparence, mais aussi de mode de vie. Les dirigeants doivent pouvoir rendre compte du moindre de leurs faits et gestes.

LA SCÈNE POLITIQUE

Mais de ton côté, comme si tu allais vivre désormais sur une scène exposée à tous les regards, il faut que tu exerces et que tu ordonnes ton propre caractère. Et s'il t'est difficile de chasser complètement le mal de ton âme, au moins supprime et retranche ceux de tes défauts qui s'y épanouissent de la façon la plus voyante. Tu sais que Thémistocle aussi, lorsqu'il projeta d'entrer dans la vie politique, s'interdit les beuveries et les parties de plaisir, et que, éveillé la nuit, sobre, pensif, il expliquait à ses familiers que le trophée de Miltiade l'empêchait de dormir. Périclès changea même son extérieur et son genre de vie, se mit à marcher lentement, à parler douce-ment, montra en toute occasion un visage composé, tint sa main sous son vêtement et ne prit plus le chemin de la tribune et du Conseil. Car ce n'est pas créature aisée à manier qu'une foule, ni qui se laisse facilement prendre par le premier venu d'une prise salutaire, et il faut s'es-timer heureux si elle veut bien accepter l'autorité d'un homme sans être effarouchée par son air ou sa voix, comme une bête méfiante et capricieuse.

Mais, si l'homme d'État ne doit pas négliger ces détails, ne doit-il pas, à plus forte raison, veiller à ce que sa vie et son caractère soient purs de tout reproche et de toute accusation ? Car non seulement on demande compte aux hommes d'État de leurs discours et de leurs actes publics, mais on est curieux de leurs repas, de leurs amours, de leur mariage, de toutes leurs occupations, frivoles ou sérieuses. Nul besoin de citer Alcibiade. Lui qui, dans les affaires publiques, était l'homme le plus efficace d'Athènes, et qui était invincible comme général, le dérèglement et l'audace de ses mœurs le perdirent et, par sa prodigalité et son intempérance, il empêcha la cité de profiter de tous ses dons. Citons seulement Cimon, à qui les Athéniens reprochaient de boire, et Scipion, à qui les Romains, faute d'autre grief, reprochaient de dormir. Le grand Pompée était insulté par ses ennemis parce qu'ils avaient observé qu'il se grattait la tête avec un seul doigt. Car de même qu'une tache ou une verrue sur le visage est plus choquante pour l'œil que des marques, des mutilations ou des cicatrices sur le reste du corps, de même les petits travers deviennent de grands défauts lorsqu'on les voit dans la vie des grands personnages et des hommes d'État, à cause de l'idée que les gens se font du pouvoir et de la politique ; pour eux, ce sont des activités élevées, qui doivent être pures de toute extravagance ou imperfection. Aussi est-ce à juste titre que le chef populaire Livius Drusus se rendit célèbre par sa réponse à un artisan, qui, voyant que sa maison avait plusieurs pièces exposées aux regards des voisins, lui promettait de les orienter différemment et d'en changer la disposition pour cinq talents seulement : « Je t'en donne dix, dit-il, si tu rends toute ma maison transparente, pour que tous mes concitoyens puissent voir comment je vis. » C'était en effet un homme sage et réglé. Mais peut-être n'avait-il pas besoin d'une telle transparence : le peuple voit au fond des caractères, des desseins, des actes, des vies des hommes politiques, même de ceux qui semblent très profondément dissimulés, il aime et admire l'un, il déteste et méprise l'autre autant pour sa conduite privée que pour sa conduite publique.

Préceptes politiques, 4.

HOMÈRE
VIIIe s. av. J.-C.

VIRGILE
Ier s. av. J.-C.

CLAUDIEN
Ve s. ap. J.-C.

Ammien Marcellin

En 356, Constance II (317-361) fit une entrée fastueuse à Rome, où aucun empereur n'était venu depuis quarante ans et l'établissement par Constantin d'une nouvelle capitale à Constantinople. L'historien souligne, non sans ironie, la gestuelle de l'empereur, si maîtrisée qu'elle le fait ressembler à une statue.

SCULPTER SA STATUE

À l'approche de la Ville, considérant d'un œil serein les hommages du Sénat et les images vénérables des familles patriciennes, il ne crut pas y voir comme Cinéas, le fameux envoyé de Pyrrhus, l'assemblée d'une multitude de rois, mais il crut que le sanctuaire du monde entier était là. Et quand il se tourna ensuite vers le peuple, il fut stupéfait de voir quel concours immense de toutes les races d'hommes qui sont au monde avait afflué à Rome. Comme s'il eût voulu terrifier l'Euphrate ou le Rhin à la vue de ses armes, précédé d'une double file d'enseignes, lui-même était assis, seul, sur un char d'or brillant des feux de pierres diverses, dont l'éclat semblait se mêler en une sorte de lumière changeante. Et lui, après ce cortège multiple qui le précédait, était entouré de dragons tissés de fils de pourpre, attachés aux sommets de leurs hampes ornés d'or ou de pierres précieuses ; leur large gueule laissait passer les souffles de la brise : ils semblaient ainsi siffler de colère, tandis qu'ils laissaient les replis de leurs queues flotter au vent. Et des deux côtés s'avançaient à pas comptés deux files d'hommes en armes avec le bouclier et le casque à aigrette, jetant des rayons de lumière étincelante, revêtus d'une cuirasse éclatante. Dispersés parmi eux, des cavaliers cuirassés que l'on appelle clibanaires, le visage masqué par la visière, la poitrine bardée d'une cotte de mailles, un ceinturon de fer à la taille, auraient pu passer pour des statues polies par la main de Praxitèle et non point pour des hommes. Ils étaient enveloppés de fines mailles de métal qui se prêtaient aux flexions de leur corps, en couvrant tous leurs membres : de la sorte, quelle que fût la direction dans laquelle ils étaient contraints de mouvoir leurs membres, leur vêtement les moulait, tant l'ajustement en était étroit.

Auguste, acclamé par des cris d'heureux augure, ne fut donc pas troublé par le bruit de tonnerre répercuté par les collines et les rives, mais il observa l'attitude immobile qu'on lui voyait prendre dans ses provinces. En effet, il inclinait sa taille minuscule au passage des hautes portes et, comme s'il eût le cou pris dans un carcan, il portait son regard droit devant lui, sans tourner le visage à droite ni à gauche et, semblable à une statue, on ne le vit jamais faire un mouvement aux cahots de son char, ni cracher, ni essuyer ou frotter son visage ou son nez, ni agiter la main. Bien que ce fût affectation de sa part, cette attitude et quelques autres traits de sa vie privée donnaient pourtant la preuve d'une endurance singulière, et dont on pouvait croire qu'elle n'était accordée qu'à lui seul. Que durant tout le temps de son règne il n'ait jamais admis personne à s'asseoir avec lui dans sa voiture, qu'il n'ait jamais fait d'un simple particulier son associé au consulat, comme le firent des princes qui ont été divinisés, et que, parvenu au plus haut faîte, il ait observé beaucoup d'habitudes analogues comme les plus justes des lois, je n'en dis rien car il me souvient de l'avoir rappelé à l'occasion.

Aussitôt entré à Rome, foyer de l'Empire et de toutes les vertus, il vint aux Rostres et resta confondu devant le forum si glorieux de l'antique puissance romaine, et de quelque côté qu'il portât les yeux, il était ébloui par les merveilles accumulées. Après une allocution à la noblesse dans la Curie, et au peuple du haut de son estrade, il fut reçu au palais, au milieu d'acclamations multipliées, et goûta la joie qu'il avait souhaitée. [...]

Puis, entre les sommets des sept collines, contemplant les quartiers de la cité et ses faubourgs établis sur les pentes et les terrains plats, il pensait que ce qu'il avait vu d'abord l'emportait sur tout le reste : ainsi le sanctuaire de Jupiter Tarpéien, qui domine tout comme le ciel domine la terre ; des thermes aux constructions grandes comme des provinces ; la masse de l'amphithéâtre consolidée par un bâti en pierre de Tibur, et dont le regard de l'homme n'atteint que difficilement le sommet ; le Panthéon, semblable à un quartier qui serait arrondi, et sa coupole d'une hauteur grandiose ; les colonnes élevées, qui se dressent avec leur plateforme accessible et portent les images des anciens empereurs ; le temple de la Ville et le Forum de la Paix, le Théâtre de Pompée, l'Odéon, le Stade et, parmi ceux-ci, les autres ornements de la Ville Éternelle. Mais quand il arriva au forum de Trajan, monument unique sous tous les cieux, et à mon avis admirable au sentiment même des dieux, il demeura confondu : il portait son attention autour de lui, à travers ces constructions gigantesques qui défient la description et que les hommes ne chercheront plus à reproduire.

Histoires, XVI, 10, 5-17.

HOMÈRE
VIIIe s. av. J.-C.

VIRGILE
Ier s. av. J.-C.

CLAUDIEN
Ve s. ap. J.-C.

Thucydide

En 430 av. J.-C., alors que la peste fait rage à Athènes et que la guerre que la cité livre aux Lacédémoniens prend mauvaise tournure, l'opinion athénienne se retourne contre Périclès. Celui-ci prend alors la parole.

LA HAINE POUR SALAIRE

Cependant, après la deuxième invasion péloponnésienne, les Athéniens, dont le territoire avait été ravagé une seconde fois et qui se trouvaient en proie à la maladie en même temps qu'à la guerre, n'avaient plus les mêmes sentiments. Périclès était l'objet de leurs griefs : ils lui reprochaient de les avoir décidés à la guerre et d'être cause des malheurs dans lesquels ils étaient tombés ; en revanche, ils aspiraient à s'entendre avec les Lacédémoniens ; ils leur envoyèrent des ambassadeurs, sans obtenir aucun résultat. Se trouvant alors, à tous points de vue, désemparés, ils s'attaquaient à Périclès. Lui, les voyant prendre avec aigreur leur situation et faire exactement tout ce à quoi, de lui-même, il s'attendait, réunit une assemblée (car il était encore stratège) : il voulait les rassurer et écarter de leur esprit tout emportement, pour les orienter vers un esprit plus conciliant et plus confiant.

Il se présenta à la tribune et tint, en substance, le discours suivant : « […] Pour vous, ne vous laissez pas égarer par ce genre de citoyens et ne concevez pas de colère contre moi, à qui vous vous êtes vous-même associés pour décider la guerre : vous ne le devez pas, même si nos adversaires, ayant attaqué, ont agi comme il était normal du moment que vous refusiez de céder, et même si en plus, en dehors de nos prévisions, est survenue cette épidémie, seule circonstance qui a dépassé notre attente ; – elle contribue, je le sais bien, à me faire encore plus détester, et ce n'est pas juste, à moins que tout bonheur inattendu ne doive également m'être rapporté. Non, il faut supporter ce qui vient du ciel comme inévitable, et ce qui vient de l'ennemi avec courage. C'était auparavant l'habitude de notre cité : il ne faut pas qu'aujourd'hui, de votre fait, il y soit mis obstacle. Comprenez que cette cité jouit dans le monde entier du renom le plus haut, cela parce qu'elle ne se laisse pas dominer par les malheurs et qu'elle s'est dépensée à la guerre plus que toutes, en hommes et en efforts ; elle a ainsi acquis la puissance la plus considérable à ce jour, et, pour les générations à venir, même si à présent il nous arrive jamais de fléchir (car tout comporte aussi un déclin), le souvenir en sera préservé éternellement. Il dira qu'aucun peuple n'a exercé en Grèce un aussi grand empire, que nous avons fait face, dans les guerres les plus importantes, à des adversaires aussi bien unis qu'isolés, et que nous avons habité une ville qui fut la mieux pourvue de tout et la plus grande. Or ces titres peuvent inspirer des critiques au partisan de la tranquillité, mais celui qui veut, lui aussi, agir, les enviera, et celui qui ne les possède point les jalousera.

Être détestés et odieux sur le moment a toujours été le lot de ceux qui ont prétendu à l'empire ; mais si l'on s'attire les mécontentements jaloux pour un objet qui soit considérable, on se montre bien avisé. Car la haine ne tient pas longtemps, mais l'éclat dans le présent, avec la gloire pour l'avenir, reste à jamais dans les mémoires. Pour vous, sachez prévoir un avenir noble en même temps qu'un présent sans honte, et qu'un zèle immédiat vous conduise à ce double but ; auprès de Sparte, n'envoyez pas de héraut et ne faites point paraître que les épreuves présentes vous accablent ; car ceux qui, en face du malheur, montrent, dans leurs sentiments, le moins d'affliction, et, dans leur conduite, le plus de résistance, ceux-là, qu'ils s'agissent d'États ou de particuliers, sont bien ceux qui l'emportent. »

La Guerre du Péloponnèse, II, 59 et 64.

HOMÈRE
VIIIe s. av. J.-C.

VIRGILE
Ier s. av. J.-C.

CLAUDIEN
Ve s. ap. J.-C.

Catulle

Dans ces deux épigrammes cinglantes, Catulle s'attaque à César, alors tout-puissant à Rome, et à ses relations avec son lieutenant Mamurra.

INSULTES

Qui peut voir, qui peut souffrir, à moins d'être impudique, vorace et joueur[1], que Mamurra[2] possède tout ce que possédaient avant lui la Gaule chevelue et la Bretagne, où finit la terre ? Romulus enculé[3], pourras-tu le voir et le supporter ? Et maintenant cet homme superbe et gorgé se promènera dans les lits de tout le monde, comme un blanc pigeon ou un Adonis ? Romulus enculé, pourras-tu le voir et le supporter ? Tu es impudique, vorace et joueur. Est-ce pour cette raison, général unique, que tu as été dans l'île la plus lointaine de l'Occident, pour que votre[4] Laverge[5], flétri, mangeât vingt ou trente millions de sesterces ? Qu'est-ce là sinon une libéralité perverse ? Aurait-il dissipé, englouti peu de chose ? Il a commencé par mettre en pièces les biens de son père ; sa seconde proie lui est venue du Pont, la troisième de l'Hibérie, celle-là bien connue du Tage aux flots chargés d'or ; il est la terreur des Gaules, la terreur des Bretagnes. Comment réchauffez-vous ce misérable dans votre sein ? À quoi est-il bon, si ce n'est à dévorer de gras patrimoines ? Est-ce pour cette raison, ô tout-puissants

1. Catulle vise Jules César, qui le voit et le souffre.
2. Lieutenant de César.
3. Nom donné par dérision à César, que ses amis exaltaient comme le fondateur d'une Rome nouvelle. Ses mœurs fournissaient à ses ennemis le thème de violentes satires.
4. Pompée, gendre de César et son rival, est ici visé aussi bien que lui.
5. Par une synecdoque hardie, Catulle désigne ainsi Mamurra (« verge » traduit le latin *mentula*).

maîtres de la capitale, le beau-père et le gendre, que vous avez tout bouleversé ?

L'accord est parfait entre ces deux enculés infâmes, le giton Mamurra et César. Rien d'étonnant ; pour tous deux, les mêmes souillures, l'un à Rome, l'autre à Formies, sont gravées en eux et rien ne les lavera ; avec la même maladie, jumeaux compagnons de lit, savants tous les deux, l'un aussi bien que l'autre avide d'adultère, associés pour rivaliser avec les filles. L'accord est parfait entre ces enculés infâmes.

Poésies, 29 et 57.

HOMÈRE
VIIIᵉ s. av. J.-C.

VIRGILE
Iᵉʳ s. av. J.-C.

CLAUDIEN
Vᵉ s. ap. J.-C.

Suétone

César reconnaîtra lui-même que ces attaques de Catulle l'avaient marqué d'une « flétrissure ineffaçable », mais ne lui en tint pourtant pas rigueur.

LA CLÉMENCE DE CÉSAR

Il ne conçut jamais de rancune assez vive pour qu'il n'y renonçât pas volontiers, si l'occasion s'en présentait. Quoique Gaius Memmius eût prononcé contre lui des discours très violents auxquels il avait répondu par écrit avec non moins d'aigreur, il alla plus tard jusqu'à soutenir sa candidature au consulat. Comme Gaius Calvus, après l'avoir diffamé dans ses épigrammes, faisait intervenir ses amis pour le réconcilier avec lui, César lui écrivit de sa propre initiative et le premier. Valerius Catullus, avec ses petits vers sur Mamurra, lui avait imprimé, il ne s'en cachait point, une flétrissure ineffaçable, et pourtant lorsque ce poète lui fit amende honorable, il l'admit à sa table le jour même et jamais il n'interrompit ses relations d'hospitalité avec son père.

César, 73.

HOMÈRE
VIIIᵉ s. av. J.-C.

VIRGILE
Iᵉʳ s. av. J.-C.

CLAUDIEN
Vᵉ s. ap. J.-C.

Juvénal

L'éclat et la prospérité des puissants les font jalouser, et les rendent plus susceptibles de chuter lourdement, telle la statue de bronze de Séjan, favori déchu de l'empereur Tibère.

ARX TARPEIA CAPITOLI PROXIMA

La jalousie féroce excitée par leur réussite précipite les parvenus de leur pinacle et les coule à pic sous le poids des honneurs et des charges accumulés. On tire les statues au câble, elles basculent de leur char, on fait sauter les roues à la hache, on brise les jambes des malheureux chevaux, déjà la forge ronfle, déjà le soufflet attise la braise, elle brûle déjà cette tête adorée du peuple, voilà qu'il se fendille, le colossal Séjan, et demain, avec cette face, la seconde de l'univers, on va fabriquer des cuvettes et des cruchons, des poêles à frire et des pots de chambre ! Décorez vos maisons de laurier, conduisez au Capitole un gros bœuf fardé de craie, voilà Séjan tiré au croc et tous les spectateurs rigolent !

– Ce museau !

– Cette touche qu'il avait !

– Crois-moi, j'ai jamais pu voir ce type-là !

– Mais qu'est-ce qu'on lui reprochait ? Qui l'a dénoncé ? Il y a des preuves ? Des témoins ?

– Rien du tout ! Une dépêche solennelle et verbeuse, arrivée de Capri…

– Ça va, pas un mot de plus !

Et la horde des fils de Remus ? Comme d'habitude elle ratifie les jugements du sort et conspue les condamnés. La même populace, si Nortia s'était déclarée pour son Toscan, si le vieil imbécile heureux[1] avait été renversé,

---

1. Tibère, dont le toscan Séjan, exécuté en 31, était préfet du prétoire.

en ce moment même elle proclamerait Séjan empereur. Depuis qu'elle n'a plus qu'à vendre ses suffrages, il y a belle lurette qu'elle a largué tout souci. Elle qui distribuait jadis les grades, les charges, les commandements, elle en a rabattu. Son souci, son angoisse, c'est d'avoir deux choses : du pain, des jeux.

– Il paraît qu'on va en tuer beaucoup !

– Sûr, il a de la place dans le barbecue ! Je viens de croiser le Bruttidius du côté de l'autel de Mars, il était pâlichon !

– Ce qui me fait peur, c'est que comme Ajax il veuille se venger d'avoir été mal défendu ! Tant que le corps est encore sur la rive, dépêchons-nous d'aller piétiner l'ennemi de César, et montrons-nous aux esclaves, qu'il n'y en ait pas un pour dire que son maître n'y est pas allé et le traîner corde au cou et tremblotant devant un juge !

Voilà ce que les badauds se chuchotaient dans le creux de l'oreille, voilà ce qu'on disait sur Séjan. Tu ne veux pas être salué comme Séjan ? Posséder autant ? Nommer les hauts magistrats et les généraux ? Passer pour le tuteur du prince occupé à baiser sur son caillou à Capri au milieu de sa clique de mages chaldéens ? En tout cas tu voudrais bien des centuries, des cohortes, des escadrons d'élite, une garde domestique ? Qui n'en veut pas ? Même ceux qui n'ont personne à tuer voudraient pouvoir le faire ! Mais est-il réussite assez éclatante et gratifiante pour que les inconvénients n'en balancent pas les avantages ? À la pourpre du cadavre qu'on traîne, préfères-tu pas la modeste puissance d'un inspecteur des poids et mesures en poste à Fidènes ou à Gabies, d'un édile en loques brisant les vases trafiqués dans Ulubre déserte ? Tu reconnais donc que Séjan n'a pas su faire le bon choix, en briguant trop d'honneurs, en réclamant trop de richesses, il empilait les étages d'une tour géante, plus dure serait la chute, plus formidable le cataclysme le jour où elle s'effondrerait. Qu'est-ce qui a fichu par terre un Crassus, un Pompée, et le Dompteur[2]

2. Jules César.

qui fit marcher les Quirites au fouet ? D'avoir voulu s'assurer à tout prix la première place, d'avoir formé des vœux grandioses et trouvé des dieux malintentionnés pour les exaucer. Il n'y a guère de rois qui descendent chez Pluton indemnes de plaies et bosses, ni de tyrans qui meurent de leur belle mort.

Il veut déjà l'éloquence et la célébrité, il passe toutes les Quinquatries[3] à se souhaiter de devenir Démosthène ou Cicéron, le boutonneux qui ne fait encore ses dévotions qu'à une Minerve de quatre sous et qu'un petit valet suit partout en portant son cartable. Voilà pourtant deux orateurs tués par leurs dons, deux génies emportés par une trop généreuse effusion de talent. C'est le génie qui fait couper la tête et les mains, jamais sang d'avocaillon n'a fait ruisseler les rostres. « *Ô Ro-me-for-tu-née-sous-mon-con-su-lat-née !* » Il aurait pu défier sans souci les poignards d'Antoine s'il avait toujours parlé comme ça ! Je te préfère bien ces vers de mirliton, divine Philippique à l'insigne renom, numéro deux du feuilleton ! Et l'autre aussi mourut de male mort, après avoir été la coqueluche d'Athènes et tenu des assemblées entières suspendues à son verbe enflammé, illustre malheureux né sous un ciel funeste et sous des dieux contraires, qu'un père aveuglé par les fumées des métaux chauffés à blanc avait arraché à sa forge crasseuse, au charbon, aux tenailles, à l'enclume et à la frappe des lames pour l'envoyer chez le rhéteur…

Satires, X, 56-132.

---

3. Fêtes de Minerve (19-23 mars) entre deux années scolaires.

HOMÈRE
VIIIᵉ s. av. J.-C.

VIRGILE
Iᵉʳ s. av. J.-C.

CLAUDIEN
Vᵉ s. ap. J.-C.

Procope

*L'*Histoire secrète *est une charge très violente contre les puissants de son temps, en particulier l'empereur Justinien, son épouse Théodora et Bélisaire, le général dont il avait été le secrétaire particulier. L'ouvrage constitue un appendice étonnant à l'*Histoire des guerres de Justinien, *récit officiel du règne de Justinien du même auteur, où les mêmes personnages apparaissent sous un tout autre jour.*

DES DÉMONS AU POUVOIR

Tout ce qui est arrivé jusqu'à présent, dans les guerres, à la nation des Romains, je l'ai raconté, autant que j'ai pu le faire, en présentant tous les événements suivant les temps et les lieux. Ce qui suit, en revanche, ne sera plus exposé de la manière susdite, car y sera décrit tout ce qui est arrivé dans toutes les régions de l'Empire romain. La raison en est qu'il ne m'était pas possible, tant que les auteurs de cette histoire étaient encore en vie, d'en écrire de la manière qui convenait. Il n'était possible en effet, ni d'échapper à la multitude des espions, ni, si j'étais démasqué, de ne pas périr d'une mort cruelle ; même aux plus intimes de mes proches je ne pouvais pas faire confiance. Bien plus, dans les livres qui précèdent, force m'a été de taire les causes de bien des événements que je racontais. Il me faudra donc révéler à la fois ce qui est resté dissimulé jusqu'à présent et les causes des événements que j'ai racontés auparavant dans mon texte.

Au moment pourtant où je me mets à cette nouvelle besogne, ardue et incroyablement difficile – la vie de Justinien et de Théodora –, me voici à trembler et à hésiter au plus haut point en me rendant compte que ce que j'écrirai à présent ne paraîtra ni vrai, ni digne de foi à la postérité. Je crains en particulier, quand le long temps qui se sera écoulé aura fait de mon récit quelque chose d'un peu antique, de gagner la réputation d'un conteur d'histoires et d'être rangé parmi les poètes tragiques. Je ne reculerai pourtant pas devant l'ampleur de la tâche, ayant l'assurance que mes dires ne seront pas sans répondants. Les hommes d'aujourd'hui qui sont les plus sérieux témoins des faits seront des garants suffisants, pour le temps à venir, de la créance à leur accorder.

Autre chose encore, pourtant, m'a souvent et longtemps retenu quand j'aspirais ardemment à entreprendre ce récit : j'estimais en effet qu'il serait sans utilité pour la postérité. Car il vaudrait beaucoup mieux que les actions les pires restent inconnues des temps futurs plutôt que de devenir, lorsqu'elles parviennent aux oreilles des tyrans, des modèles à imiter. Pour la majorité des gouvernants, du fait de leur inexpérience, l'imitation des méfaits de leurs prédécesseurs est toujours bien facile, et ils se tournent toujours plus aisément et plus naturellement vers les fautes commises par les Anciens. Ce qui pourtant, en un second temps, m'a poussé à faire l'histoire de ces actions, c'est qu'ainsi il sera manifeste, pour ceux qui gouverneront à l'avenir, avant tout qu'il n'est pas impossible qu'eux-mêmes reçoivent le châtiment de leurs fautes (ce que précisément il est arrivé à ces gens de souffrir), ensuite que leurs actions et leurs manières d'être seront aussi consignées par écrit pour toujours, et que peut-être, de ce fait, ils hésiteront à se mal conduire. Car lequel des hommes nés après eux connaîtrait la vie licencieuse de Sémiramis ou la folie de Sardanapale et de Néron si des souvenirs n'avaient été laissés par ceux qui en écrivirent à ce moment-là ? Par ailleurs, pour ceux surtout qui risquent de subir des traitements semblables de la part des tyrans, ce récit ne sera pas sans utilité. Ceux qui sont éprouvés sont généralement consolés en sachant qu'ils ne sont pas les seuls à subir des malheurs. Aussi j'en viens à parler en premier des méfaits commis par Bélisaire ; je révélerai ensuite les méfaits commis par Justinien et Théodora. [...]

C'est pourquoi, à moi-même comme à la plupart d'entre nous, ces gens n'ont jamais donné l'impression d'être des hommes, mais des démons souillés de sang et, comme le disent les poètes, « funestes aux mortels », qui avaient décidé de concert de détruire toutes les races et toutes les œuvres humaines aussi aisément et rapidement qu'ils en étaient capables. S'étant enveloppés d'une forme mortelle et étant devenus des hommes-démons, ils bouleversèrent de cette façon le monde entier.

Histoire secrète, I, 1-7 et XII, 14.

HOMÈRE
VIIIᵉ s. av. J.-C.

VIRGILE
Iᵉʳ s. av. J.-C.

CLAUDIEN
Vᵉ s. ap. J.-C.

Les dirigeants font souvent des victimes collatérales, qui y perdent leur vie (ou leur job). Certains en expriment du remords. L'inscription grecque qui suit, trouvée dans les ruines de la vieille Kandahar, en Afghanistan (la ville avait été fondée par Alexandre le Grand, et des Grecs habitèrent longtemps ces régions par la suite) et qui date d'après 268 av. J.-C., évoque une campagne de l'empereur Asoka, menée dans l'Inde orientale, en pays Kalinga. Redoutable guerrier qui unifia le plus vaste territoire connu de l'histoire indienne, Asoka, devenu bouddhiste, tenta, en publiant partout dans son empire des inscriptions (on les retrouva à partir du XIXᵉ siècle sur des piliers situés à des dizaines de milliers de kilomètres les uns des autres), de convaincre ses sujets d'obéir à une loi de piété nourrie de non-violence.

REMORDS D'UN SOUVERAIN

Dans la huitième année, le roi Piodassès [= Asoka] a conquis le Kalinga, cent cinquante mille personnes ont été capturées et déportées, cent mille autres ont été tuées, et presque autant sont mortes ; depuis ce temps la pitié et la compassion l'ont pris, tout cela lui pesa ; il a ordonné de s'abstenir des êtres vivants et, de la même manière, il veut manifester avec zèle son désir de la piété. Voici maintenant ce que le roi a le plus mal supporté : de tous ceux qui vivaient là, brahmanes, sramanes, et autres gens qui se consacraient à la piété, il y en avait nécessairement qui pensaient aux intérêts du roi, respectaient et honoraient leur maître, leur père et leur mère, chérissaient et ne trompaient pas leurs amis et compagnons, traitaient le plus doucement possible leurs esclaves et leurs salariés, de ceux qui se conduisaient ainsi, certains sont morts ou ont été déportés ; même si les autres considèrent la chose comme secondaire, le roi en a eu très grande peine.

Inscriptions historiques grecques, 97.

HOMÈRE
VIIIᵉ s. av. J.-C.

VIRGILE
Iᵉʳ s. av. J.-C.

CLAUDIEN
Vᵉ s. ap. J.-C.

Cicéron

L'auteur des Tusculanes *soutient que la recherche effrénée du pouvoir et des dignités et le vertige de l'ambition, cette maladie de l'âme, peuvent s'avérer trompeurs et nuire à notre bonheur.*

ÉLOGE DE LA VRAIE GLOIRE

Mais quand vient à s'en mêler le peuple, comme s'il était un maître de l'ordre le plus éminent, et avec lui la multitude dont l'accord est parfait quand il s'agit de prendre parti pour le vice, alors les opinions fausses nous gâtent complètement et nous rompons avec la nature, si bien que ceux qui ont prononcé qu'il n'y avait rien de meilleur pour l'homme, rien de plus désirable, de plus éclatant que les honneurs, les commandements, la popularité, nous paraissent avoir vu parfaitement l'idéal de la nature. Or tous les honnêtes gens sont entraînés vers lui, et tandis qu'ils recherchent cette véritable beauté à laquelle la nature aspire exclusivement, ils s'agitent dans un profond néant et poursuivent, non une image bien modelée de la vertu, mais une vague ébauche de la gloire. Car la gloire est chose qui a de la masse et du relief, et non une simple apparence : c'est l'éloge unanime des gens de bien, l'expression fidèle de la pensée des hommes qui se connaissent en mérite éminent ; elle est le retentissement de la vertu à laquelle elle répond comme son écho. Et, parce qu'elle accompagne généralement les belles actions, il ne faut pas que les gens de bien la réprouvent. Quant à cette contrefaçon de la gloire, qui n'a ni raison ni réflexion et le plus souvent est l'apologiste du crime et du vice, la popularité, elle en brouille le dessin magnifique en singeant le beau moral. C'est parce qu'ils étaient aveuglés de la sorte que des hommes, même ceux qui avaient le goût des grandes choses, mais ne savaient ni où les trouver ni quelle était leur nature, ont les uns anéanti leur patrie, les autres causé leur propre perte[1]. Encore ceux-là du moins avaient-ils un idéal, et s'ils se sont trompés, c'est moins par intention que par suite d'une erreur de direction. Mais que dire de ceux qu'anime la passion de l'argent ou l'amour effréné des plaisirs, ou dont l'âme est bouleversée au point qu'ils sont tout près de la folie – et c'est là le sort de tous ceux qui ne sont pas sages –, aucun traitement ne leur est-il applicable ? Alléguera-t-on que les maladies de l'âme sont moins dangereuses que celles du corps ? Ou faut-il admettre qu'il y a des traitements pour le corps, tandis que pour l'âme il n'existerait point de médecine ?

Mais d'abord il existe des maladies plus dangereuses et plus nombreuses dans l'âme que dans le corps, et du reste celles-ci sont insupportables précisément parce qu'elles s'étendent à l'âme et la tourmentent ; or, à ce que dit Ennius, « une âme malade est toujours égarée, incapable de résignation et d'endurance, et ne cesse jamais de désirer ». Et ces deux maladies – pour ne point parler des autres –, le chagrin et le désir, en est-il donc dans le corps qui puissent être plus violentes ? Comment d'ailleurs admettre que l'âme soit incapable de se guérir elle-même, quand la médecine même du corps est une création de l'âme, quand aussi, tandis que la complexion physique est de grande importance lorsqu'il s'agit de la guérison du corps, et qu'il ne suffit pas toujours de se laisser soigner pour se rétablir, il suffit que l'âme veuille guérir et se conformer aux enseignements de la sagesse pour que sa guérison ne fasse aucun doute ? Assurément il existe une médecine de l'âme, la philosophie. Pour en avoir le secours, il n'y a pas, comme pour les maladies du corps, à s'adresser au dehors, et nous devons déployer toutes nos ressources et toutes nos forces pour nous mettre en état de nous soigner nous-mêmes.

Tusculanes, III, 2-3.

---

1. Tout ce passage sur la popularité semble bien viser César.

HOMÈRE
VIIIᵉ s. av. J.-C.

VIRGILE
Iᵉʳ s. av. J.-C.

CLAUDIEN
Vᵉ s. ap. J.-C.

Pline l'Ancien

*Les grands dirigeants sont-ils plus heureux que les autres ?
L'un des plus illustres d'entre eux, Auguste, dut affronter, tant
pour arriver au pouvoir qu'après y être parvenu, une longue
suite de malheurs.*

AUGUSTE,
EXEMPLE DES VICISSITUDES HUMAINES

Chez le divin Auguste aussi, que l'humanité entière
range dans la catégorie des heureux, un observateur
attentif à tous les faits trouverait un destin impression-
nant par ses vicissitudes : il ne réussit pas à se faire
nommer maître de la cavalerie par son oncle qui, malgré
sa candidature, lui préféra Lépide ; il fut détesté à
cause des proscriptions, il siégea au triumvirat à côté de
citoyens abominables, sans même avoir une part égale
de pouvoir, le rôle prépondérant revenant à Antoine. À
la bataille de Philippes il tomba malade, prit la fuite et
se cacha trois jours dans un marais, souffrant et (comme
le reconnaissent Agrippa et Mécène) le corps gonflé par
une anasarque ; il fit naufrage en Sicile et, là encore,
se réfugia, cette fois, dans une caverne ; puis, lors de
sa fuite sur mer sous la pression de l'ennemi, il supplia
Proculeius de lui donner la mort. Comptez ses soucis
pendant le conflit de Pérouse, pendant la bataille d'Actium, sa chute du haut d'une tour au cours de la guerre
de Pannonie, tant de révoltes militaires, tant de maladies critiques, les aspirations suspectes de Marcellus, la
relégation honteuse d'Agrippa, tant de complots tramés
contre sa vie, les accusations lancées à la mort de ses
enfants, l'amertume de ses deuils, qui ne provenait pas
seulement des pertes subies, l'adultère de sa fille ainsi
que la publicité faite à ses projets de parricide, la retraite
injurieuse de son beau-fils Néron, l'autre adultère de

sa petite-fille. Ajoutez tant d'autres misères : la pénurie du trésor militaire, la révolte d'Illyrie, l'enrôlement des esclaves, le manque de jeunes citoyens, l'épidémie de Rome, les famines de l'Italie, sa résolution de mourir : une diète de quatre jours le mit à deux doigts de la mort. Joignez-y le désastre de Varus, les pamphlets infamants dirigés contre son auguste personne, la disgrâce de Postumus Agrippa après son adoption, les regrets d'Auguste après son bannissement, sa défiance envers Fabius qu'il soupçonnait de trahir ses secrets, enfin les intrigues de sa femme et de Tibère, qui furent ses derniers soucis. En fin de compte, ce dieu, qui doit peut-être l'apothéose au sort plus qu'au mérite, mourut en laissant, pour héritier, le fils d'un homme qui avait été son ennemi public.

Histoire naturelle, VII, 147-150.

HOMÈRE
VIIIe s. av. J.-C.

VIRGILE
Ier s. av. J.-C.

CLAUDIEN
Ve s. ap. J.-C.

Pline le Jeune

Quitter l'anonymat et devenir empereur, après avoir été adopté par son prédécesseur, n'enthousiasma guère Trajan, d'après son panégyriste.

LES TOURMENTS DU POUVOIR

Ô route nouvelle et inconnue vers le principat ! Ce n'est pas ton ambition à toi, ta crainte à toi, mais l'intérêt d'un autre, les terreurs d'un autre qui t'ont fait prince. Tu peux bien paraître avoir atteint parmi les hommes le comble des honneurs, ce que tu as quitté représentait pourtant un bonheur plus grand : tu as renoncé sous un bon prince à la condition privée. Tu as été appelé à la participation des peines et des inquiétudes, et ce n'est pas ce que ce poste a de facile et d'agréable qui t'a poussé à l'accepter ; tu t'es chargé de l'empire parce qu'un autre regrettait de s'en être chargé.

Panégyrique de Trajan, 7.

IV

L'ART DE DIRIGER

Dans la conclusion de l'*Économique*, Xénophon s'interroge sur cette capacité étrange qu'ont certains hommes à pouvoir se faire obéir des autres, et qui s'applique, remarque-t-il, quel que soit le contexte : guerrier (sur terre ou sur mer), agricole, politique ou économique. Il y a bien pour lui une science, ou une magie, du commandement, que seuls certains, et ils sont rares, maîtrisent – son contemporain Platon comme, bien plus tard Plutarque, adoptèrent des positions similaires. Xénophon observe que cet art consiste à trouver « ce qu'il faut dire et ce qu'il faut faire » pour stimuler ses hommes. Ce sont donc les comportements des chefs qui leur permettent de mettre leurs subordonnés dans de telles dispositions qu'ils sont prêts à les suivre « à travers le feu et à travers n'importe quel danger ».

Un concept contemporain, celui de compétence, fort en vogue depuis quelques décennies dans le domaine des ressources humaines, peut s'avérer ici utile. Une compétence, telle qu'on l'entend aujourd'hui, c'est, pour faire vite, un ensemble de comportements observables. Les organisations contemporaines, dès qu'elles ont atteint une taille un peu significative, ont à cœur d'identifier des listes précises de ces compétences, adaptées à leur contexte spécifique, et dont elles estiment que leurs dirigeants doivent être pourvus – afin de pouvoir, sur cette base, les recruter, les évaluer ou les former.

L'art de diriger, à suivre Xénophon – et si l'on consent à ignorer, au moins provisoirement, l'évident anachronisme du terme – consisterait donc en un certain nombre de compétences ; les textes antiques donnent un aperçu de celles qui caractérisaient les dirigeants de la Grèce et de Rome. Il est possible d'en distinguer neuf, comme autant de muses. Gageons qu'elles inspireront les leaders d'aujourd'hui !

HOMÈRE
VIIIe s. av. J.-C.

VIRGILE
Ier s. av. J.-C.

CLAUDIEN
Ve s. ap. J.-C.

Xénophon

Quelle est la nature de ce talent qu'ont certains hommes de pouvoir commander à d'autres ? L'auteur remarque d'abord qu'il est de même nature quel que soit le domaine où il s'exerce : agricole, guerrier, économique ou politique. Chez tous ceux qui le possèdent (et ils sont rares) se retrouve la même capacité à trouver « ce qu'il faut dire et ce qu'il faut faire », pour donner à ceux qu'ils commandent la fierté de leur obéir.

LE DON DIVIN DE COMMANDER

« En ce qui concerne cette aptitude à commander commune pour tous les genres d'activité, agriculture, politique, économie domestique, conduite de la guerre, sur ce point je t'accorde que les hommes montrent une intelligence bien inégale. Par exemple, dans une trière, ajoutait-il[1], lorsqu'on navigue en pleine mer et qu'il faut faire à la rame des traversées qui durent un jour entier, certains chefs de nage[2] trouvent ce qu'il faut dire et ce qu'il faut faire pour stimuler l'ardeur des rameurs et les faire peiner de bon cœur, mais d'autres savent tellement mal s'y prendre qu'il leur faut plus du double de temps pour accomplir la même traversée. Les uns sont couverts de sueur, mais se félicitent mutuellement, chef et équipage, lorsqu'ils débarquent ; les autres arrivent le corps bien sec, mais ils en veulent à leur officier et leur officier leur en veut. Les généraux diffèrent aussi les uns des autres à cet égard. Les uns font de leurs hommes des gens qui ne sont disposés ni à se donner de la peine ni à s'exposer au danger, qui ne daignent et ne consentent à obéir que contraints par la nécessité, qui même sont tout

---

1. C'est Ischomaque qui parle, exploitant agricole athénien réputé du temps et l'interlocuteur de Socrate dans le dialogue de Xénophon.
2. Il s'agit de l'officier qui commande les rameurs.

fiers de tenir tête à leur chef. Ce sont ces mêmes généraux qui ne leur apprennent pas non plus à avoir le sens de l'honneur si quelque affaire peu honorable survient. Au contraire, les chefs qui sont inspirés des dieux, qui sont braves, qui sont capables, donnez-leur à commander ces mêmes soldats, confiez-leur-en n'importe quels autres encore si vous voulez, ils ont des hommes que leur sens de l'honneur empêche de commettre un acte contraire aux lois de l'honneur, qui comprennent les avantages de l'obéissance et qui, mettant leur fierté à obéir chacun pour son compte et tous ensemble, quand il faut se donner de la peine, se donnent de la peine de bon cœur. Comme on voit parfois chez de simples soldats une ardeur innée à se donner de la peine, de même de bons officiers font naître dans leur armée tout entière l'ardeur à se donner de la peine, l'ardeur à mériter des récompenses sous les yeux du chef en accomplissant quelque exploit. Que les hommes de troupe se trouvent dans de telles dispositions à l'égard de leur chef, voilà qui fait des chefs puissants ; non, par Zeus, ce ne sont pas ceux dont le corps est plus robuste que celui de leurs soldats ou ceux qui tirent le mieux à l'arc ou au javelot, ni ceux qui, montant le meilleur cheval, affrontent les dangers au premier rang en se montrant les meilleurs cavaliers ou les meilleurs péliastes, mais ceux qui inspirent à leurs soldats la volonté de les suivre à travers le feu et à travers n'importe quel danger. Voilà ceux que l'on a le droit d'appeler des chefs au grand caractère, ceux que suivent avec le même cœur beaucoup de soldats, et on peut bien dire qu'il est terrible le bras du guerrier qui s'avance avec tant de bras tout disposés à lui obéir ; il est véritablement grand cet homme capable d'accomplir de grandes choses par la force de son caractère plutôt que par la vigueur de son corps. De même, quand il s'agit des affaires d'un particulier : lorsque celui-ci y est préposé, intendant ou surveillant, est capable de rendre ses gens zélés, ardents au travail, persévérants, voilà les hommes qui ont vite fait de vous mener au succès et de vous faire acquérir une belle fortune.

Mais, Socrate, ajoutait-il, quand le maître se montre sur ce lieu du travail, lui qui a le pouvoir d'infliger les plus grands châtiments au mauvais ouvrier comme d'accorder les plus grandes récompenses à celui qui fait preuve de zèle, si les ouvriers ne manifestent pas de leur mieux leur ardeur, vraiment je ne saurais éprouver pour lui la moindre admiration ; lorsqu'au contraire la vue du maître les stimule et leur inspire à chacun du courage, une émulation mutuelle, cette ambition en chacun de se montrer le meilleur, alors je suis prêt à reconnaître dans le caractère de cet homme quelque chose de royal. C'est là, à mon avis, le point essentiel, en toute entreprise qu'accomplit le travail de l'homme, et notamment dans l'agriculture.

Mais, par Zeus, ce que je ne dis plus maintenant, c'est qu'il suffise pour acquérir ce talent de l'avoir vu faire, ou entendu une fois ; je prétends au contraire que pour en être capable, il faut y avoir été formé, posséder d'heureuses dispositions naturelles, et par-dessus tout être inspiré des dieux. À vrai dire, en effet, je ne puis croire qu'il soit seulement humain, mais divin, ce don de se faire obéir de bon gré : c'est manifestement un don accordé aux hommes qui se sont véritablement voués à une vie de sagesse. Mais, imposer une domination tyrannique aux gens malgré eux, voilà, il me semble, ce que les dieux accordent à ceux qu'ils jugent dignes de mener la vie de Tantale qui, dit-on, chez Hadès, reste pour l'éternité à craindre de mourir une seconde fois. »

Économique, XXI.

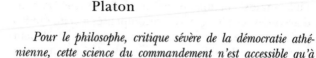

HOMÈRE
VIIIᵉ s. av. J.-C.

VIRGILE
Iᵉʳ s. av. J.-C.

CLAUDIEN
Vᵉ s. ap. J.-C.

Platon

Pour le philosophe, critique sévère de la démocratie athénienne, cette science du commandement n'est accessible qu'à quelques-uns.

COMMANDER,
UNE SCIENCE DIFFICILE ET ÉLITISTE

L'ÉTRANGER – Ce que nous avons dit au début demeure acquis, ou bien n'en sommes-nous plus d'accord ?

SOCRATE LE JEUNE – Quoi donc ? ?

L'ÉTRANGER – Que le gouvernement royal relève d'une science, nous avons bien dit cela, je pense ?

SOCRATE LE JEUNE – Oui.

L'ÉTRANGER – Et pas de n'importe laquelle, mais bien une science critique et directive, plutôt que de toute science.

SOCRATE LE JEUNE – Oui

L'ÉTRANGER – Et, dans cette science directive, nous avons distingué entre la direction des œuvres inanimées et la direction des êtres vivants et, toujours divisant de cette manière, nous sommes parvenus au point actuel, sans perdre de vue la science, mais sans être encore capables de la définir avec une précision suffisante.

SOCRATE LE JEUNE – C'est exact.

L'ÉTRANGER – Or, ne nous apercevons-nous pas que le caractère qui doit servir à distinguer ces constitutions, ce n'est ni le « quelques-uns » ou le « beaucoup », ni la liberté ni la contrainte, ni la pauvreté ou la richesse, mais bien la présence d'une science, si nous voulons être conséquents avec nos principes ?

SOCRATE LE JEUNE – Mais, cela, nous ne pouvons pas ne pas le vouloir.

L'ÉTRANGER – La question qui se pose désormais est donc nécessairement celle-ci : dans laquelle de ces constitutions se réalise la science du gouvernement des hommes, la plus difficile, peut-on dire, et la plus grande qu'il soit possible d'acquérir ? Car c'est cette science qu'il faut considérer, si nous voulons voir quels concurrents nous avons à écarter du roi éclairé, concurrents qui prétendent bien être des politiques et qui le font croire à beaucoup, mais qui ne le sont d'aucune manière.

SOCRATE LE JEUNE – Oui, cette séparation s'impose, en effet, d'après ce que nous a déjà montré la discussion.

L'ÉTRANGER – Eh bien, croyons-nous que, dans une cité, la foule soit capable d'acquérir cette science ?

SOCRATE LE JEUNE – Comment le croire ?

L'ÉTRANGER – Est-ce que donc, dans une cité de dix mille hommes, une centaine ou une cinquantaine seraient capables d'arriver à la posséder d'une façon suffisante ?

SOCRATE LE JEUNE – La politique serait, à ce compte, le plus facile de tous les arts : nous savons trop bien que, dans tout ce qu'il y a de Grecs, on n'en trouverait pas, sur dix mille, une telle proportion de champions au jeu d'échecs, sans parler de trouver autant de rois. Car, bien entendu, celui qui possède la science royale, qu'il règne ou non, n'en doit pas moins, d'après ce que nous avons dit, être appelé du titre royal.

L'ÉTRANGER – Tu as raison de m'en faire souvenir, et la suite en est, j'imagine, que la droite forme du commandement, c'est en un seulement, ou bien en deux, ou dans quelques-uns tout au plus qu'il la faut chercher, au cas où cette droite forme se réalise.

SOCRATE LE JEUNE – Et comment !

L'ÉTRANGER – Mais, ceux-là, qu'ils commandent avec ou contre le gré de leurs sujets, qu'ils s'inspirent ou non de lois écrites, qu'ils soient riches ou pauvres, il faut, d'après ce que nous pensons maintenant, les tenir pour des chefs, du moment qu'ils commandent avec compétence par quelque forme d'autorité que ce soit. Ainsi nous n'en tenons pas moins les médecins pour tels, qu'ils nous guérissent de gré ou de force, qu'ils nous taillent

ou nous brûlent ou nous infligent quelque autre traitement douloureux, qu'ils suivent des règles écrites ou s'en
dispensent, qu'ils soient pauvres ou qu'ils soient riches ;
nous n'hésitons pas le moins du monde à les appeler
médecins, tant que leurs prescriptions sont dictées par
l'art, et tant que, nous purgeant ou diminuant notre
embonpoint par tout autre moyen ou bien au contraire
l'augmentant, peu importe, ils le font pour le bien du
corps, améliorent en fait son état et, tout autant qu'ils
sont, assurent le salut des êtres qui leur sont confiés.
Voilà, je pense, dans quelle voie et dans quelle unique
voie il faut chercher la droite définition de la médecine
et de tout autre art.

Le Politique, 292b-293c.

HOMÈRE
VIIIe s. av. J.-C.

VIRGILE
Ier s. av. J.-C.

CLAUDIEN
Ve s. ap. J.-C.

Plutarque

On retrouve chez Plutarque la même idée de l'existence d'un art du commandement – l'autorité des dirigeants ne procédant pas selon lui, comme certains l'ont voulu croire, de la « servitude volontaire » de leurs sujets.

L'ART DE SE FAIRE OBÉIR DES HOMMES

Sparte, avec une simple scytale[1] et un manteau grossier, commandait à la Grèce qui se soumettait volontairement à son empire, détruisait les injustes dominations et les tyrannies qui opprimaient les villes, arbitrait les guerres, apaisait les séditions, souvent même sans remuer un seul bouclier, en se contentant d'envoyer un unique ambassadeur, dont tout le monde exécutait immédiatement les ordres, comme les abeilles, à l'apparition de la reine de la ruche, accourent ensemble et se rangent en ordre autour d'elle ; tant Sparte avait de prestige par l'excellence de ses lois et par sa justice ! Aussi, pour moi, je m'étonne qu'on puisse dire que les Lacédémoniens savaient obéir, mais ne savaient pas commander, et qu'on approuve ce mot du roi Théopompe, à qui l'on disait que Sparte se maintenait grâce au don du commandement que possédaient ses rois, et qui répondit : « C'est plutôt grâce au don d'obéissance qu'ont les citoyens. » Car les peuples ne consentent guère à écouter ceux qui sont incapables de les guider : l'obéissance réside dans le talent du chef ; celui qui conduit bien se fait bien suivre, et, de même que l'effet de l'art équestre est de rendre un cheval doux et docile aux rênes, de même celui de l'art royal est de faire obéir les hommes.

Vies, Lycurgue, 30.

1. À Sparte, bâton d'une grosseur déterminée sur lequel on enroulait les lanières servant à écrire les dépêches d'État.

DÉVELOPPER UNE VISION

Un chef doit tout d'abord être celui qui indique la direction – celui qui garde le cap, pour reprendre la métaphore nautique à laquelle recourt l'Étéocle d'Eschyle[1]. Pour ce faire, il s'appuie sur ce qui s'appelle aujourd'hui, dans le langage managérial courant, une vision : une certaine idée de l'avenir de son organisation ou de son État, vers laquelle il convient de tendre. Remarquons que dans l'Antiquité, cette vision peut tout à fait être, au sens propre, une « vision », une apparition surnaturelle due à quelque divinité propice (circonstance rarement invoquée par les dirigeants contemporains de notre monde désenchanté) : ainsi d'Énée qui découvre durant son sommeil que c'est vers l'Italie qu'il doit embarquer ses hommes (et non vers la Crète, comme il le croyait) ; ou encore, telle qu'évoquée par le cruel roi Pellas, la Toison d'or, brillant dans une obscurité dangereuse et reptilienne, que partent conquérir au loin sur la nef Argo, menés par Jason, les premiers navigateurs. Mais la direction à suivre peut aussi être plus abstraite et se dire par des mots comme liberté, richesse, honneur ou gloire, qu'invoque un Catilina – les dirigeants d'aujourd'hui rappellent ainsi volontiers les valeurs de leur organisation.

---

1. *Les Sept contre Thèbes*, v. 1-2.

HOMÈRE
VIIIe s. av. J.-C.

VIRGILE
Ier s. av. J.-C.

CLAUDIEN
Ve s. ap. J.-C.

Virgile

Les héros épiques ont souvent des « visions » qui leur indiquent la direction à suivre. Énée est ainsi détourné par une apparition nocturne de son projet initial de s'installer, avec ses compatriotes, en Crète.

APPARITIONS

Mon père m'exhorte à repasser la mer, à retourner vers l'oracle d'Ortygie[1] et vers Phébus, à le prier de nous écouter favorablement : quel terme assigne-t-il à nos fatigues ? où veut-il que nous cherchions assistance, que nous dirigions notre course ?

C'était la nuit et tout ce qui vit sur terre s'abandonnait au sommeil. Tandis que j'étais étendu sans dormir, les images sacrées de divinités, les Pénates[2] phrygiens que j'avais emportés de Troie avec moi, enlevés au milieu de la ville en flammes, se montrèrent à mes yeux, se tinrent devant moi ; manifestes dans la vive lumière où se diffusait la pleine lune par les fenêtres ouvertes, voilà qu'ils s'adressent à moi et qu'ils dissipent mes inquiétudes en ces termes : « Ce qu'Apollon te dirait si tu te rendais à Ortygie, il te le prophétise ici et, prévenant tes questions, il nous envoie à ta porte. C'est nous qui t'avons suivi, toi et tes armes, quand Troie a été incendiée, c'est nous qui avons parcouru les mers soulevées sur la flotte que tu commandais. C'est encore nous qui élèverons jusqu'aux astres tes descendants à venir et donnerons l'empire à leur ville. Toi, ménage à la grandeur une grande ville et n'abandonne pas le long effort de l'exil. Il te faut changer de séjour : ce n'est pas à ce rivage que le dieu

---

1. Délos, petite île des Cyclades, site d'un célèbre sanctuaire d'Apollon (Phébus) où le dieu rendait des oracles.
2. Dieux protecteurs de l'État.

de Délos t'a convié, ce n'est pas en Crète qu'Apollon t'a dit de t'établir. Il est un pays – les Grecs lui donnent le nom d'Hespérie –, terre antique, puissante par ses armes et par la fécondité de sa glèbe ; les Œnotriens furent ses habitants ; aujourd'hui, dit-on, leurs descendants ont appelé Italie cette nation, d'après le nom de leur chef. Là est notre véritable et définitive demeure ; de là sont issus Dardanus et le vénérable Iasius, premier auteur de notre gent. Allons, debout ! Va, tout heureux, rapporter à ton vieux père ces paroles qu'on ne peut mettre en doute. Qu'il cherche Corythus et les terres d'Ausonie ; Jupiter te refuse les terres de Dicté. »

Frappé de stupeur par une telle vision et par la voix des dieux – car ce n'était pas un rêve : il me semblait bien reconnaître les physionomies en face de moi, les chevelures voilées, les visages des présents, cependant qu'une sueur glacée me coulait sur tout le long du corps –, je m'arrache du lit, j'élève vers le ciel les paumes de mes mains tout en priant et je verse sur le réchaud l'offrande conforme au rite. Joyeux d'avoir rendu cet hommage, je vais mettre Anchise au courant, je lui expose l'affaire en détail.

Énéide, 3, 143-179.

HOMÈRE
VIIIᵉ s. av. J.-C.

VIRGILE
Iᵉʳ s. av. J.-C.

CLAUDIEN
Vᵉ s. ap. J.-C.

Valérius Flaccus

Le roi Pélias ordonne au jeune Jason, pour s'en débar-
rasser, de s'emparer de la toison d'or, qu'il évoque avec passion
(se gardant bien de préciser qu'elle est gardée par un dragon).
Jason accepte la périlleuse mission et rassemble l'équipage de la
nef Argo, premier bateau jamais construit – équipage auquel se
joint, par un juste retour du sort, le propre fils du cruel Pélias.

À LA CONQUÊTE DE LA TOISON D'OR

Alors il interpelle le jeune homme, le regarde tranquillement, sans air menaçant, et donne : « Accorde-moi
cette expédition, plus glorieuse que les hauts faits de nos
anciens, et consacre-t'y. […] Depuis longtemps à cause de
l'âge mon ardeur est affaiblie, et mon fils n'est pas encore
mûr pour le commandement et les activités de la guerre
et de la mer. Toi dont la vigilance et le courage guerrier sont maintenant dans leur maturité, vas-y, honneur
de notre pays, rends à sa coupole grecque la toison de
Néphélé et montre-toi à la hauteur d'une entreprise si
périlleuse. » Il exhorte avec ces paroles le jeune homme
puis, l'exhortation se rapprochant de l'ordre, il se tut,
sachant bien que les Cyanées se heurtaient dans la mer
de Scythie[1], et passe sous silence le fait que la toison est
gardée par un énorme dragon ; par un enchantement et
avec de la nourriture, la fille du roi le faisait sortir de son
sanctuaire, dardant les pointes multiples de sa langue, et
elle lui donnait un miel dont la couleur est plombée par
un poison étranger au sien. […]

Tandis qu'il hésitait ainsi, dans le ciel arrive sur la
gauche l'aigle qui porte les armes de Jupiter ; il main-
tient élevée une agnelle que retient la solide emprise de

---

1. La mer Noire.

ses serres. Mais, à quelque distance, les bergers en émoi sortent des étables et le suivent en criant, accompagnés de leurs chiens qui aboient ; vite le ravisseur gagne les airs et s'enfuit, survolant le large dans la mer Égée. Le fils d'Éson saisit l'augure et gagne avec empressement le palais de Pélias. Alors le fils du roi vole le premier à sa rencontre et serre son cousin dans ses bras. Le chef lui dit : « Je ne viens pas, comme tu le penses, Acaste, exprimer de lâches plaintes ; j'ai l'intention de t'adjoindre à mon entreprise ; en effet ni Télamon ni Canthus ni Idas ou le tout jeune fils de Tyndare ne sont à mes yeux davantage dignes de la toison d'Hellé. Ah, la quantité de terre, de climats, de mer dont il nous est accordé de faire la connaissance, l'utilité grandiose et variée à laquelle nous ouvrons la mer ! Maintenant tu penses peut-être à la difficulté de la tâche, mais une fois que le bateau reviendra triomphant et me rendra à ma chère Iolcos, alors, ah, quelle honte pour toi d'entendre le récit de nos épreuves, comme tu soupireras quand je relaterai les peuples que nous aurons rencontrés ! »

Le prince ne le laissa pas en dire davantage : « Tu en as dit assez pour moi qui suis prêt à tout ce à quoi tu m'appelles, et n'imagine pas, mon cher, que je suis apathique ou que je me fie plus à mon royal père qu'à toi, quand tu m'accordes de cueillir sous ta direction les belles prémices de la bravoure et de m'adjoindre à la gloire d'un cousin ! Mieux, pour éviter que la sollicitude de mon père ne me gêne de ses craintes exagérées, je le tromperai, il ne saura rien, et je vous rejoindrai à l'improviste quand vous serez prêts et que le navire commencera de quitter la grève. » Tels furent ses mots. L'autre accueille avec joie semblables promesses et dispositions d'esprit, et se tourne d'un pas avide vers le rivage. Sur les ordres et à l'appel de leur chef, les Minyens, qui se sont regroupés, chargent sur leurs épaules le navire et, le jarret tendu et le dos courbé, descendent et entrent dans la mer.

Argonautiques, I, 40-185.

HOMÈRE
VIIIe s. av. J.-C.

VIRGILE
Ier s. av. J.-C.

CLAUDIEN
Ve s. ap. J.-C.

Hérodote

Cyrus, futur fondateur de l'Empire perse, illustre de façon
frappante à l'intention de ses compatriotes quel sera leur avenir
s'ils se révoltent contre les Mèdes.

DÉSHERBAGE SYMBOLIQUE

Cyrus réfléchit à la manière la plus habile de décider
les Perses à la révolte ; ces réflexions lui firent trouver
que la plus opportune était celle qui va suivre ; et c'est ce
qu'il fit en effet. Il rédigea une lettre dans laquelle il mit
ce qu'il voulait, et convoqua une assemblée des Perses ;
puis, ouvrant la lettre et en lisant le contenu, il leur dit
qu'Astyage[1] le désignait pour être leur gouverneur. « Et
maintenant, déclara-t-il, ô Perses, je vous prescris de
vous présenter munis chacun d'une faux. » [...] Tous se
présentèrent avec l'outil indiqué. Alors Cyrus, – il y avait
un canton de la Perse couvert de chardons, mesurant en
tous sens environ dix-huit à vingt stades, – leur ordonna de
défricher ce canton en un jour. Lorsqu'ils eurent accompli
la tâche proposée, il leur ordonna en second lieu de se
présenter le lendemain après avoir pris un bain. Entre-
temps, il rassembla au même endroit tous les troupeaux de
chèvres, de moutons et de bœufs de son père, les égorgea,
et les accommoda pour traiter la foule des Perses, en y
joignant du vin et des mets aussi excellents que possible ;
et quand, le lendemain, les Perses furent arrivés, il les fit
coucher dans une prairie et leur offrit un banquet.

Puis, après qu'ils eurent festoyé, il leur demanda ce
qu'ils aimaient le mieux, de leur condition de la veille
ou de leur condition présente. Ils répondirent qu'entre

1. Roi des Mèdes.

les deux la différence était grande ; que le jour précédent, tout pour eux n'était que maux, tandis qu'en le jour présent tout n'était que biens. S'emparant de cette parole, Cyrus leur dévoila tout le complot : « Hommes de Perse, dit-il, telle est votre situation : si vous voulez m'écouter, ces biens et mille autres sont à vous, sans aucune peine servile ; si vous ne voulez pas, à vous des peines pareilles à celles d'hier, et sans aucun nombre. Maintenant donc, écoutez-moi, rendez-vous libres. Moi, je crois être né, par une rencontre que les dieux ont voulue, pour prendre en mains cette affaire ; vous, je ne juge pas que vous valiez moins que les Mèdes, ni à la guerre ni ailleurs. Dans ces conditions, révoltez-vous contre Astyage au plus tôt. » Les Perses, ayant mis la main sur un chef, travaillèrent de bon cœur à s'affranchir ; il y avait longtemps qu'ils prenaient mal leur parti d'être commandés par les Mèdes.

Histoires, 1, 126.

HOMÈRE
VIII° s. av. J.-C.

VIRGILE
I° s. av. J.-C.

CLAUDIEN
V° s. ap. J.-C.

Xénophon

Après le meurtre de leurs chefs aux mains des Perses, les hommes de l'expédition des Dix Mille[1], entourés d'ennemis, sont démoralisés. Xénophon, s'adressant tout d'abord aux chefs restants, puis à tous les soldats, cherche à ranimer leur courage. Il faut remplacer les chefs, restaurer la discipline, mais surtout cesser de se morfondre pour ne songer qu'à se battre et à se venger – sans quoi ils sont en effet perdus.

SE BATTRE LE CŒUR RÉSOLU

« Et d'abord le grand service que vous pourriez, à mon avis, rendre actuellement à l'armée, ce serait de pourvoir au plus vite au remplacement des stratèges et des lochages qui ont succombé. Sans chefs, d'une manière générale, on ne peut rien faire de grand, ni d'utile nulle part, mais surtout à la guerre. La discipline, voilà le salut ; l'indiscipline, au contraire, c'est la perdition des armées. Lorsque vous aurez nommé les chefs qu'il faut, si vous réunissez encore la masse des soldats et si vous ranimez leur courage, vous ferez là un acte, je crois, de première opportunité. Actuellement, sans doute, vous comprenez aussi bien que moi en quel abattement ils sont allés déposer leurs armes, en quel abattement ils ont pris la garde. Leur état d'esprit est tel que je ne sais ce qu'on pourrait tirer d'eux, s'il le fallait, que ce

---

1. Une armée auxiliaire de dix mille Grecs avait été recrutée en 401 av. J.-C. par Cyrus, satrape de Lydie, pour détrôner son frère Artaxerxès, devenu roi des Perses. Xénophon décrit dans l'Anabase la longue marche de l'expédition, à laquelle il avait participé. Cyrus fut tombé lors d'un combat ; le découragement des Grecs, isolés en terre ennemie, fut accentué quand leurs généraux furent arrêtés et décapités par les Perses. Xénophon incita les autres commandants à réorganiser l'armée et les Grecs effectuèrent une longue retraite ponctuée de violents combats à travers l'Anatolie, avant d'atteindre la mer Noire.

fût de nuit ou même de jour. Mais qu'on leur change les idées et qu'au lieu de penser seulement à ce qu'ils ont à souffrir, ils songent aussi à ce qu'ils ont à faire, ils auront beaucoup plus d'entrain. À la guerre, vous le savez, ce n'est pas le nombre ni la force qui donne la victoire, mais ceux qui, les dieux aidant, marchent à l'ennemi d'un cœur plus résolu, ceux-là le plus souvent ne trouvent pas devant eux de gens qui leur résistent. D'ailleurs, c'est pour moi une conviction personnelle, mes amis, qu'à la guerre les gens qui cherchent par tous les moyens à sauver leur vie, périssent ordinairement d'une mort lâche et honteuse, tandis que ceux qui comprennent que la mort est commune et fatale aux hommes, et qui ne luttent que pour mourir avec gloire, ceux-là, je les vois plus souvent que les autres arriver à la vieillesse, et, tant qu'ils vivent, avoir une existence heureuse. Convaincus de ces vérités, il faut, car c'est vraiment pour nous le moment, être nous-mêmes des hommes courageux et y exhorter les autres. » Ayant ainsi parlé, il se tut. Après lui Chirisophe s'exprima ainsi : « Jusqu'ici, Xénophon, je ne savais de toi qu'une chose, c'est que tu es Athénien, m'avait-on dit, mais aujourd'hui, je te félicite de tes paroles comme de tes actes, et je voudrais que les gens de ta trempe fussent aussi nombreux qu'il se peut : tout le monde y gagnerait. » […]

À son tour Xénophon se lève : il avait endossé pour le combat la plus belle armure qu'il put se procurer, pensant, si les dieux donnaient la victoire, que le plus bel équipement seyait au vainqueur, et, s'il fallait cesser de vivre, qu'il convenait, après s'être jugé lui-même digne des plus belles armes, de quitter la vie couvert par elles. Il commença son discours ainsi : « La perfidie des barbares et leur félonie, Cléanor vous en a fait le récit ; vous la connaissez d'ailleurs vous-mêmes, je pense. Si donc nous consentons à marcher encore une fois avec eux la main dans la main, il faut que nous ayons perdu tout courage, puisque nous voyons quel est le sort même de nos stratèges, pour s'être par bonne foi confiés à eux. Si, au contraire, nous avons l'intention de les punir, les armes à la main, des maux qu'ils nous ont causés, et de leur faire désormais la guerre sans aucun répit, avec l'aide des dieux nous avons de nombreuses, de magnifiques chances de salut. »

Il prononçait ce dernier mot, quand quelqu'un se mit à éternuer. À ce bruit tous les soldats d'un élan unanime adorèrent le dieu.

Anabase, III, 1-2.

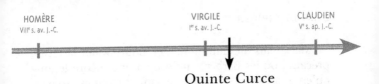

HOMÈRE
VIIIᵉ s. av. J.-C.

VIRGILE
Iᵉʳ s. av. J.-C.

CLAUDIEN
Vᵉ s. ap. J.-C.

Quinte Curce

Après de longues années de conquêtes, les soldats d'Alexandre
sont las de guerroyer dans des terres lointaines. Ils sont parvenus,
depuis la Macédoine, au nord de l'Afghanistan actuel, et voilà
que leur roi veut les emmener plus loin encore, en Asie centrale.
Le Conquérant les harangue alors.

À QUELQUES PAS DE LA VICTOIRE

« Il n'est point étonnant, soldats, qu'à considérer
l'importance de nos exploits, vous viennent le désir du
repos et la satiété de la gloire. Sans parler des Illyriens,
des Triballes, de la Béotie, de la Thrace, de Sparte,
des Achéens, du Péloponnèse, pays dont la complète
soumission s'est faite soit sous ma direction effective,
soit par mon ordre et sous mes auspices, voici qu'après
avoir commencé la guerre sur l'Hellespont nous avons
arraché l'Ionie, l'Éolide, à l'esclavage d'une barbarie
tyrannique et que la Carie, la Lydie, la Cappadoce, la
Phrygie, la Paphlagonie, la Pamphylie, la Pisidie, la
Cilicie, la Syrie, la Phénicie, l'Arménie, la Perse, les
Mèdes et la Parthiène sont sous notre domination.
Mon pouvoir englobe plus de provinces que d'autres
n'ont pris de villes, et il se peut que la masse même des
faits ait provoqué des lacunes dans mon énumération.
C'est pourquoi, si je croyais assez stable la possession
des terres que nous avons soumises si rapidement, moi
soldats ! oui ! moi, je me précipiterais, même si vous me
reteniez, vers mes pénates, vers ma mère, mes sœurs et
le reste de mes concitoyens ; je choisirais, pour profiter
de la louange et de la gloire que j'ai acquises avec vous,
le pays où nous attendent les plus riches récompenses
de la victoire : joie des enfants, des épouses, des parents,
pays, repos, tranquille jouissance des biens acquis par
notre valeur.

Mais, dans un empire neuf et, pour avouer la vérité, précaire, où les Barbares ne supportent encore le joug qu'en raidissant la nuque, il faut du temps, soldats, jusqu'à ce qu'ils adoptent des pensées plus calmes et que des habitudes plus douces apaisent leur sauvagerie. Les récoltes aussi attendent, pour arriver à maturité, un moment déterminé : à tel point même que ce qui manque de toute sensibilité s'adoucit en raison d'une loi intrinsèque ! Allons donc ! vous croyez que, pour toutes ces nations, habituées à l'autorité et au nom d'un autre maître, et qui n'ont de commun avec nous ni le culte, ni les mœurs, ni le langage, l'heure de la défaite militaire a été celle de la soumission ? Ce sont vos armes, et non leurs propres sentiments, qui les retiennent ; mais leur crainte en notre présence se changera, pendant notre absence, en hostilité. Nous avons affaire à des fauves : capturés, mis en cage, la longueur du temps, à défaut de leur naturel, finit par les apprivoiser. En outre, jusqu'ici, je vous parle comme si nos armes avaient soumis tous les pays que Darius a eus sous sa domination. Or, Nabarzanès a occupé l'Hyrcanie ; le parricide Bessus ne se contente pas de posséder la Bactriane : il menace ; Sogdiens, Dahes, Massagètes, Saces et Indiens ne dépendent que d'eux-mêmes.

Dès que ces gens-là nous verront le dos tourné, ils nous poursuivront : ils forment, en effet, une communauté nationale ; nous, nous sommes d'une autre race, et venons de l'extérieur. On obéit plus aisément à des compatriotes, même quand la personne du chef justifie davantage les craintes. En conséquence, il faut ou lâcher ce que nous avons pris, ou nous saisir de ce que nous n'avons pas. Dans le corps des malades, les médecins ne laissent rien qui puisse devenir nuisible : de même, supprimons, soldats, tout ce qui dresse un obstacle contre notre domination. Souvent, la faible étincelle qu'on a négligée provoque un vaste incendie. Il y a toujours du risque à sous-estimer un ennemi : notre insouciance même augmente les forces de celui que nous méprisons.

Darius même n'a pas reçu l'Empire perse au titre de l'hérédité ; mais, s'il a accédé au trône de Cyrus, il le doit à l'eunuque Bagoas : alors, ne croyez pas que Bessus aura beaucoup de mal à mettre la main sur un royaume sans titulaire. Nous avons vraiment commis une faute, soldats, si nous avons vaincu Darius pour livrer l'empire à un de ses esclaves, qui, par la plus criminelle des audaces, tint enchaîné, comme un prisonnier, son roi, qui avait besoin déjà de l'aide étrangère et qu'assurément nous, les vainqueurs, nous aurions épargné ; et il a fini, pour nous empêcher de le sauver, par l'assassiner.

Or c'est lui que vous laisserez régner ? lui que je suis impatient, pour ma part, de voir cloué à la croix : juste châtiment de ses crimes à l'égard de tous les rois, de toutes les nations et de la loyauté qu'il a trahie. Et supposons, par Hercule, que bientôt on vous annonce que le même individu dévaste les villes de Grèce ou bien l'Hellespont : ne souffririez-vous pas cruellement qu'un Bessus vous ait devancés pour exploiter votre victoire à vous ? À ce moment-là, vous vous hâterez pour récupérer vos biens ; à ce moment-là, vous prendrez les armes. Qu'il vaut donc mieux l'anéantir pendant qu'il est encore épouvanté et qu'il conserve à grand-peine sa raison ! Quatre jours de marche nous attendent, nous qui avons foulé tant de neiges, passé tant de fleuves, traversé tant de chaînes de montagnes. Pour nous retarder, il n'y a plus de mer en furie, qui, de ses flots, inonde notre route ; pas de gorges, pas de défilés de Cilicie, pour nous enfermer : tout est plan, et nous entraîne. Nous nous trouvons juste au seuil de la victoire ; il ne nous reste plus que quelques fuyards, meurtriers de leur maître. Par Hercule ! c'est une magnifique action que vous transmettrez au souvenir de la postérité, une action à placer au premier rang de vos exploits, que d'avoir vengé, en tuant le parricide, même Darius votre ennemi, contre qui votre haine a cessé après sa mort, et de n'avoir laissé aucun sacrilège échapper à vos mains. Une fois ceci achevé, ne croyez-vous pas que les Perses seront bien plus obéissants, quand ils auront compris que vous n'entreprenez que des guerres saintes, et que votre colère vise le crime de Bessus, et non leur nation à eux ? »

Ces paroles provoquèrent, de la part des soldats, le plus vif enthousiasme ; ils invitaient le roi à les mener où il voudrait.

Histoires, VI, 3-4.

HOMÈRE
VIII* s. av. J.-C.

VIRGILE
I* s. av. J.-C.

CLAUDIEN
V* s. ap. J.-C.

Salluste

L. Sergius Catilina (108-63 av. J.-C.) est l'image même d'une certaine jeunesse romaine débauchée et sans scrupule. Ayant dilapidé la fortune paternelle, il entre dans l'arène politique comme agent de Sylla, sous lequel il acquiert, grâce aux biens confisqués des proscrits, des richesses qu'il dépense rapidement. Il brigue le consulat plusieurs années de suite, sans succès, malgré l'appui de Crassus : l'opposition systématique de Cicéron l'empêche d'accéder à cette charge. Il entre alors dans l'illégalité, en réunissant autour de lui une coalition hétéroclite d'insurgés qui, comme lui, se battront jusqu'à la mort face aux légions romaines du consul Antoine. Dans le discours qui suit, il s'agit pour Catilina de fanatiser son comité de soutien aux élections consulaires pour 63 ; le conspirateur évoque les perspectives grandioses qui s'ouvrent à eux, en cas de succès.

LIBERTÉ, RICHESSES, HONNEUR & GLOIRE

Voyant donc réunis ceux que j'ai mentionnés plus haut, Catilina, malgré les nombreux et longs entretiens qu'il avait eus avec chacun d'eux, crut néanmoins utile de leur adresser un appel et une exhortation générale. Il les emmena donc dans une partie retirée de sa maison, et là, tous témoins écartés, il leur tint à peu près ce discours :

« Si votre valeur et votre fidélité n'étaient pas pour moi chose bien connue, c'est en vain que l'occasion favorable se serait offerte ; en vain aurions-nous eu de grandes espérances, le pouvoir absolu dans nos mains ; et moi-même je n'irais pas courir les hasards et lâcher le certain, si je n'avais pour appui que des esprits lâches ou frivoles. C'est parce qu'en de nombreuses et graves circonstances j'ai reconnu votre bravoure et votre fidélité envers moi que mon esprit a osé entreprendre la plus grande et la plus noble des tâches ; c'est aussi parce que j'ai compris que biens et maux étaient communs entre vous et moi ; car la communauté des aspirations et des haines est le fondement le plus sûr de l'amitié.

Les projets que j'ai formés, je vous en ai déjà entretenus tous séparément. Mais chaque jour je sens mon indignation s'enflammer davantage à la pensée de l'avenir qui nous attend, si nous ne revendiquons pas nous-mêmes notre liberté. Depuis que la république est tombée aux mains d'une puissante oligarchie qui en dispose à son gré, c'est toujours à ces gens-là que rois et tétrarques payent leur tribut, que peuples et nations versent l'impôt ; quant au reste des citoyens, nous tous, les braves, les bons, les nobles ou les non-nobles, nous n'avons été qu'une tourbe, sans influence, sans autorité, asservie à des maîtres qui, si la république méritait son nom, devraient trembler devant nous. Aussi toute influence, tout pouvoir, tout honneur, toute richesse sont à eux, ou à leurs créatures ; ils nous ont laissé les échecs, les poursuites, les condamnations, la misère. Jusques à quand, mes braves, souffrirez-vous cet état de choses ? Ne vaut-il pas mieux mourir courageusement que de perdre honteusement une vie misérable et sans honneur, après avoir servi de jouet à l'insolence d'autrui ? Mais en vérité, j'en atteste les dieux et les hommes, la victoire est dans nos mains ; nous avons la jeunesse, nous avons le courage ; chez eux au contraire, les années et les richesses ont usé corps et âmes. Le premier pas fait, le reste ira de soi.

Quel homme digne de ce nom pourrait souffrir en effet que ces gens regorgent de richesses qu'ils gaspillent pour bâtir sur la mer ou aplanir des montagnes, tandis que nous n'avons pas d'argent même pour le nécessaire ? Qu'ils accolent pour leur usage deux palais l'un à l'autre, ou même davantage, tandis que nous n'avons nulle part de foyer familial ? Ils ont beau acheter tableaux, statues, vases ciselés, démolir des maisons neuves pour en construire d'autres, bref gaspiller et dilapider leur argent de toutes les façons, ils ne peuvent pourtant, malgré toutes leurs folies, venir à bout de leurs richesses. Mais pour nous, à la maison, c'est la gêne, au dehors, les dettes ; un présent lamentable, un avenir plus triste encore ; enfin que nous reste-t-il sinon un misérable souffle de vie ? Eh bien alors, réveillez-vous ! La voici, oui la voici, cette liberté que vous avez tant souhaitée ; et avec elle, richesses, honneur, gloire sont devant vos yeux. Telle est la récompense que la Fortune propose aux vainqueurs. Plus que mon discours, la situation, le moment, le danger, la misère, la magnificence du butin vous exhortent à l'action. Servez-vous de moi comme général ou comme soldat ; mon cœur et mes bras sont à vous. Voilà le dessein qu'une fois consul j'espère réaliser avec vous, à moins que je ne m'abuse, et que vous ne préfériez la servitude à la prise du pouvoir. »

La Conjuration de Catilina, XX.

FAIRE PREUVE DE JUGEMENT

Les grands chefs ont aussi une hauteur de vue et une capacité d'analyse suffisantes pour juger la situation, avant de décider des actions qu'il convient de prendre. Ulysse est ainsi, dans l'*Odyssée*, le type même du chef avisé. Les historiens soulignent par ailleurs à l'envi l'intelligence des grands hommes, de Thémistocle à l'empereur Julien, en passant par César. Bien juger implique de prendre le temps de la réflexion mais aussi, bien souvent, de savoir écouter l'avis des autres – ce qui n'est pas chose facile, comme le rappelle Plutarque.

HOMÈRE
VIIIe s. av. J.-C.

VIRGILE
Ier s. av. J.-C.

CLAUDIEN
Ve s. ap. J.-C.

Homère

*Ulysse est, dans l'*Odyssée*, l'incarnation même de l'intelligence, ou plus précisément, pour parler grec, de la* mètis*, cette « prudence avisée » qui « assure le succès dans le domaine de l'action[1] ». Cette supériorité lui est reconnue aussi bien par des interlocuteurs aussi divers que Nestor, son propre fils Télémaque, ou encore Athéna.*

LE SAGE ULYSSE

Devant ton père, alors, le plus ingénieux se déclarait vaincu ; il l'emportait sur tous, en ruses infinies, cet Ulysse divin…

[…]

Ce héros aux divines pensées

[…]

De tous les mortels, je te sais le plus fort en calculs et discours

[…]

Chez les humains, ta sagesse au conseil est, dit-on, sans égale ; il n'est homme en ce monde à pouvoir y prétendre.

> *Odyssée*, III, 120-122 ; XIII, 89 et 297-298 ;
> XXIII, 124-126.

---

1. M. Detienne, J.-P. Vernant, *Les Ruses de l'intelligence. La* mètis *des Grecs*, Paris, Flammarion, 1974, p. 18.

HOMÈRE
VIIIe s. av. J.-C.

VIRGILE
Ier s. av. J.-C.

CLAUDIEN
Ve s. ap. J.-C.

Thucydide

Pour l'historien, le général athénien Thémistocle (524-459 av. J.-C.), qui remporta notamment la bataille de Salamine (480), se caractérisait par sa puissante intelligence et sa capacité de jugement, qui étaient à la source de l'autorité qu'il inspirait.

UNE INTELLIGENCE HORS DU COMMUN

Thémistocle était un homme, en effet, qui montra la valeur naturelle la plus certaine, et qui, à cet égard, méritait plus qu'un autre une admiration exceptionnelle. Par son intelligence propre, à laquelle l'étude n'avait ni préparé les voies ni rien ajouté, il excellait à la fois pour se faire, dans les problèmes immédiats, l'avis le meilleur, grâce à la réflexion la plus brève, et, relativement à l'avenir, la plus juste idée sur les perspectives les plus étendues. Une affaire était-elle entre ses mains, il savait aussi l'exposer ; n'en avait-il pas l'expérience, il n'en portait pas moins un jugement valable ; enfin, les avantages ou inconvénients pouvaient être encore indistincts : il savait au mieux les prévoir. Pour tout dire, par les ressources de sa nature et le peu de peine dont il avait besoin, cet homme fut sans pareil pour improviser ce qu'il fallait.

La Guerre du Péloponnèse, I, 138.

HOMÈRE
VIIIᵉ s. av. J.-C.

VIRGILE
Iᵉʳ s. av. J.-C.

CLAUDIEN
Vᵉ s. ap. J.-C.

Isocrate

Dans cet éloge de son contemporain Évagoras, qui régna sur Salamine de 410 à 374 av. J.-C., Isocrate remarque que l'une de ses caractéristiques était sa capacité de jugement, qui s'appuyait sur un souci constant de s'informer au mieux et de consacrer à la réflexion le temps nécessaire.

S'INFORMER, MÉDITER, JUGER

Personne ne sera découvert qui ait occupé le pouvoir royal de façon plus noble, plus brillante et plus pieuse qu'Évagoras. À ces affirmations, il sera permis surtout de faire crédit, si, refusant toute créance à mes paroles, on entreprend d'examiner comment chaque souverain a exercé le pouvoir. Il apparaîtra que je ne cherche pas à atteindre par toutes les manières à la grande éloquence, mais que c'est la réalité de ses exploits qui m'a fait parler en termes si hardis. S'il n'avait brillé que par de légers mérites, il aurait déjà droit à de tels éloges. Mais, en fait, tout le monde reconnaîtra que le pouvoir absolu constitue le plus grand, le plus splendide, le plus enviable des biens divins et humains. Alors, celui qui s'est emparé le plus brillamment de la plus brillante des richesses, qui donc, poète ou créateur de discours, le louerait sur un ton digne de ses exploits ?

S'il est aussi magnanime dans cet ordre, il n'apparaîtra pas comme inférieur en d'autres domaines. Il avait l'esprit naturellement bien doué ; il était capable de conduire à bonne fin la plupart de ses entreprises ; pourtant il ne pensait pas qu'il fallait agir avec négligence ou précipitation ; il donnait la plus grande partie de son temps à la recherche, à la réflexion, à la délibération, car il estimait que, s'il exerçait dignement son jugement, la manière dont il userait de la royauté serait digne, elle aussi. Il s'étonnait, en effet, de voir combien de gens se préoccupent de leur esprit pour des fins étrangères, mais ne s'inquiètent de l'esprit pour lui-même en aucune façon. Sur les affaires publiques, il tenait le même raisonnement : il constatait que les particuliers qui s'occupent avec le plus de soin de leurs biens, sont ceux qui connaissent le moins d'ennuis, que les véritables distractions sont à chercher, non dans l'oisiveté, mais dans le succès et dans la persévérance ; il ne laissait donc aucune question sans examen, mais il possédait si exactement les affaires et connaissait si justement ses sujets, que les conspirateurs ne parvenaient jamais à le prévenir et que les gens qui étaient bien disposés à son égard étaient tous connus de lui ; tout le monde, en définitive, obtenait son dû. C'est qu'il ne punissait pas ou ne récompensait pas ses concitoyens selon des renseignements qu'il tenait d'autrui ; ses propres convictions déterminaient ses jugements. Telles étaient ses préoccupations. Il n'hésitait ni pour les affaires qui se présentent à l'improviste chaque jour, ni pour quoi que ce soit ; il gouvernait la ville avec une telle faveur des dieux et un tel amour des hommes que les voyageurs enviaient moins Évagoras pour son pouvoir que ses sujets pour l'autorité qu'il exerçait sur eux. Il vécut toute sa vie sans commettre une injustice, honorant les honnêtes gens, exerçant fermement son autorité sur tous, châtiant les coupables conformément aux lois. Il n'avait pas besoin de conseillers, pourtant il délibérait en compagnie de ses amis ; il avait fréquemment le dessous avec eux, mais toujours le dessus avec ses adversaires.

Évagoras, 39-44.

HOMÈRE
VIIIe s. av. J.-C.

VIRGILE
Ier s. av. J.-C.

CLAUDIEN
Ve s. ap. J.-C.

Pline l'Ancien

L'auteur souligne ici, parmi les traits marquants de la personnalité de César, la vigueur de son esprit et sa rapidité, qui lui permettaient de déployer une activité prodigieuse sur plusieurs sujets à la fois.

L'ESPRIT LE PLUS VIGOUREUX

À mon avis, c'est le dictateur César qui posséda la vigueur d'esprit la plus remarquable ; je ne veux pas parler ici de son courage et de sa fermeté, ni de sa hauteur de vue, qui lui permettait d'embrasser tout ce qui est sous le ciel, mais de la vigueur de son esprit, qui lui était propre, et de sa rapidité prompte comme l'éclair. On dit qu'écrire ou lire, tout en dictant et en écoutant, était une habitude chez lui ; ses lettres qui traitaient de sujets si importants, il les dictait à raison de quatre à la fois [à ses secrétaires, ou, s'il ne faisait rien d'autre, à raison de sept à la fois]. César livra cinquante-deux batailles rangées et fut le seul à l'emporter sur M. Marcellus, qui en avait livré trente-neuf. Sans compter ses victoires dans les guerres civiles, il sacrifia un million cent quatre-vingt-douze mille hommes dans les combats ; ce n'est pas moi qui lui ferais un titre de gloire d'un pareil crime contre l'humanité, à supposer même qu'il y fût contraint ; il semble reconnaître lui-même le fait, puisqu'il passe sous silence le massacre des guerres civiles. À plus forte raison, on fera honneur à Pompée le Grand d'avoir pris huit cent quarante-six navires aux pirates ; mais la vertu distinctive de César restera, en dehors des qualités citées plus haut, la clémence, qu'il a pratiquée magnifiquement, plus que quiconque et jusqu'au point de s'en repentir. Sa magnanimité s'est illustrée par un exemple unique dans son genre ; quant aux jeux qu'il a offerts, aux largesses qu'il a prodiguées, à la splendeur de ses monuments, je laisserai aux gens qui ont le goût du faste le soin de les énumérer. Mais voici qui est vraiment incomparable, qui prouve une grandeur à toute épreuve ; quand il eut mis la main, à Pharsale, sur le coffret contenant les lettres de Pompée le Grand et, à Thapsus, sur celles de Scipion, il se fit un point d'honneur de les brûler, sans les lire.

Histoire naturelle, VII, 25.

HOMÈRE
VIIIe s. av. J.-C.

VIRGILE
Ier s. av. J.-C.

CLAUDIEN
Ve s. ap. J.-C.

Plutarque

Dans ce court traité, présenté comme la retranscription d'une conférence, l'auteur, qui s'adresse à de jeunes étudiants, pose l'écoute comme la condition nécessaire de tout apprentissage. Il ne suffit pas que l'orateur soit bon, il faut encore qu'il soit bien écouté, ce qui n'est pas chose aisée.

L'ART D'ÉCOUTER

Ainsi donc, puisque l'art d'écouter présente à la fois pour les jeunes gens une grande utilité et un danger non moins grand, je crois qu'il est bon de discuter continuellement et avec soi-même et avec un autre sur l'acte d'écouter. Car là aussi nous voyons la majorité des gens en user mal, en s'exerçant à parler avant d'avoir pris l'habitude d'écouter. Ils croient que, s'il existe pour la parole un apprentissage et un entraînement, l'audition, elle, est profitable même quand on en use n'importe comment. Il est bien vrai que, lorsqu'on joue à la balle, on apprend en même temps à lancer la balle et à l'attraper ; mais quand il s'agit de la parole, il faut la recevoir correctement avant de l'émettre, tout comme avant de mettre au monde il faut avoir reçu et gardé la semence féconde. [...] Quand ils veulent qu'un vase garde ce qu'on y verse, ils l'inclinent et le tournent pour que le résultat soit vraiment de faire entrer, et non de faire sortir ; mais la façon de se disposer, eux, pour écouter l'homme qui parle, et d'ajuster leur faculté d'audition par l'effort d'attention nécessaire, afin de ne rien laisser échapper des paroles utiles qui leur sont dites, cela, ils ne l'apprennent pas. Et voici bien ce qu'il y a de plus ridicule au monde : s'ils se trouvent par hasard en présence d'une personne qui raconte un repas, ou une procession, ou un songe, ou une altercation qu'elle a eue avec une autre personne, ils écoutent en silence, avec une attention prolongée ; mais si quelqu'un les tire à part pour leur enseigner quelque chose d'utile, leur conseiller ce qu'ils doivent faire, les réprimander quand ils commettent une faute, les apaiser quand ils sont en colère, ils ne le supportent pas : s'ils le peuvent, ils contestent énergiquement ce qu'on leur dit, mettant leur point d'honneur à avoir le dernier mot ; sinon ils s'esquivent vite et vont ailleurs écouter d'autres paroles, des niaiseries, emplissant leurs oreilles, comme si elles étaient des vases sans valeur et fêlés, de tout plutôt que du nécessaire. [...] Et l'on dit que si la nature a donné à chacun de nous deux oreilles, mais une seule langue, c'est parce qu'il doit moins parler qu'écouter.

En toute occasion, donc, le silence est pour le jeune homme une parure sûre ; il l'est surtout, lorsque, écoutant quelqu'un parler, le jeune homme s'abstient de réagir violemment et de pousser de grands cris à chaque mot et sait, même lorsque les paroles qu'il entend ne lui plaisent guère, se contenir et attendre que l'homme qui parle ait terminé ; puis, quand il a terminé, il évite de lancer aussitôt la contradiction ; il laisse, comme dit Eschine, s'écouler un intervalle de temps : l'homme qui vient de parler peut vouloir soit ajouter à ce qu'il a dit, soit modifier ou annuler quelque chose. Au contraire ceux qui passent immédiatement à la contre-attaque sans écouter ni être écoutés, mais en parlant à des gens qui sont en train de parler, ceux-là ne savent pas se conduire. L'homme qui a pris l'habitude d'écouter en se contrôlant et avec retenue reçoit et garde en lui les paroles profitables, discerne et reconnaît mieux au passage les paroles inutiles ou fausses ; il se montre épris de vérité, et non épris de disputes ni emporté et querelleur. Aussi certains ont-ils bien raison de dire qu'il faut expulser des jeunes gens les fumées de la présomption et de l'orgueil plus que des outres l'air qu'elles contiennent quand on veut verser en eux quelque chose d'utile, car autrement la suffisance et la vanité dont ils sont gonflés les empêchent de le recevoir.

La présence de la jalousie accompagnée de méchanceté et de malveillance n'est pas une bonne chose dans aucune forme d'activité ; elle s'oppose à tout ce qui est beau ; mais pour qui veut écouter c'est la pire des compagnes et des conseillères : elle fait paraître importuns, désagréables, intolérables les propos utiles, du fait que les jaloux n'aiment rien moins que les paroles de haute qualité. Et pourtant, l'homme qui ressent un pincement au cœur devant la richesse, la gloire et la beauté que possèdent les autres est seulement un envieux : il souffre de voir les autres comblés, – alors que celui qu'indisposent des paroles de grande qualité éprouve de la jalousie à propos de biens qui sont à lui : car, tout comme la lumière est un bien pour tous ceux qui voient, la parole aussi en est un pour tous ceux qui écoutent, s'ils ont la volonté de l'accueillir. La jalousie pour d'autres objets s'explique par les dispositions d'un esprit non éduqué et pervers ; mais la jalousie à l'égard des hommes qui parlent naît du goût déplacé de se faire remarquer et du goût coupable d'attirer la faveur ; elle ne laisse même pas la personne ainsi disposée prêter attention aux paroles prononcées, mais elle met la confusion et la division dans son esprit, parce que celui-ci en même temps examine sa propre manière d'être pour savoir s'il est inférieur à celui de l'homme qui parle et en même temps observe les autres pour savoir s'ils éprouvent du plaisir et de l'admiration ; il est consterné par les éloges qui sont adressés à l'homme qui parle et exaspéré contre les assistants s'ils l'accueillent avec faveur ; de ses paroles, il laisse passer et se perdre celles qui ont été dites, parce qu'il lui est désagréable de s'en souvenir, et il attend les suivantes dans l'agitation et la fièvre, craignant qu'elles ne soient meilleures que celles qui ont été dites ; il est impatient de voir les conférenciers finir très vite quand ils disent de très belles choses ; une fois l'audition terminée, ne réfléchissant sur rien de ce qui a été dit, mais comptant comme autant de votes les exclamations et les attitudes des assistants, fuyant ceux qui expriment des éloges et bondissant loin d'eux comme s'ils étaient des fous dangereux, s'empressant au contraire auprès de ceux qui blâment et dénaturent ce qui a été dit et s'agrégeant à leur troupe, et, s'il n'y a rien à dénaturer, faisant la comparaison avec d'autres conférenciers pour trouver que ceux-ci avaient tenu sur le même sujet des propos meilleurs et plus convaincants, il fait tant et si bien qu'en ruinant et en discréditant cette audition il se la rend à lui-même inutile et infructueuse. [...]

Il faut aussi s'adapter tout à fait bien à la compétence et aux aptitudes naturelles du maître et lui poser des questions dans les domaines où il excelle. [...] Si quelqu'un essayait de fendre du bois avec une clef et d'ouvrir une porte avec une hache, on estimerait non point qu'il traite indignement ces instruments, mais seulement qu'il se prive de l'utilité et de l'efficacité de l'un et de l'autre ; mais demander à un maître de parler sur des sujets que ni sa nature ni ses études ne le portent à traiter, au lieu de recueillir et de prendre ce qu'il possède et donne, ce n'est pas seulement se faire du tort, c'est en plus mériter un blâme pour méchanceté et malveillance.

Comment écouter, 3-5 et 11.

HOMÈRE
VIIIᵉ s. av. J.-C.

VIRGILE
Iᵉʳ s. av. J.-C.

CLAUDIEN
Vᵉ s. ap. J.-C.

Ammien Marcellin

L'empereur Julien disposait, à en croire l'historien, d'une intelligence de premier ordre : travailleur acharné, stratège talentueux, il comptait d'ailleurs parmi les plus grands intellectuels et prosateurs grecs de son temps.

LES VERTUS DE L'EMPEREUR

C'est assurément un homme qu'il faut compter au nombre des caractères héroïques, et qu'illustrèrent à la fois l'éclat de ses actes et sa grandeur innée. Car s'il est vrai qu'il existe, selon les définitions des sages, quatre vertus principales, la tempérance, la prudence, la justice et la force, auxquelles viennent s'ajouter d'autres plus extérieures, l'expérience militaire, le prestige personnel, la chance et la générosité, il les cultiva, toutes aussi bien que chacune, avec un zèle attentif. [...] Dès que le repos du sommeil avait brièvement refait son corps endurci aux fatigues, à son réveil il inspectait personnellement la relève des sentinelles et des postes, et après ces affaires sérieuses se réfugiait près des hauteurs sublimes du savoir. Et si les lumignons nocturnes, avec lesquels il partageait ses veilles, avaient pu prendre la parole pour en témoigner, ils eussent assurément fait voir toute la distance qu'il y avait entre certains princes et celui-ci, sachant bien qu'il n'avait point fait de concession au plaisir, même pour satisfaire aux exigences de la nature.

Ensuite, les marques de sa prudence furent extrêmement nombreuses : il suffira d'en présenter quelques exemples. Il était aussi rompu aux affaires militaires qu'à celles de la toge ; fort soucieux de civilité, et ne se permettant que ce qu'il estimait éloigné du mépris de l'arrogance ; plus avancé en valeur qu'en années ; appliqué à toutes les connaissances et juge parfois inflexible, censeur très actif à corriger les mœurs ;

méprisant tranquillement la richesse, regardant de bien haut toutes choses mortelles, il proclamait finalement qu'il est scandaleux pour un sage, alors qu'il a une âme, de chercher à se faire un mérite de son corps. [...] Bien des faits notoires mettent en lumière ses connaissances dans les affaires des camps : sièges de places et de forteresses, mise en place de formations de combat de toutes espèces au cœur même des situations les plus critiques, installation prudente de camps aux emplacements favorables, disposition sûrement calculée de postes avancés et de corps d'observation en rase campagne.

Histoires, XXV, 4, 1-11.

DÉCIDER

Un bon chef sait prendre des décisions. S'il convient de ne pas être impulsif, il faut aussi, le moment venu, savoir trancher, tel Alexandre le célèbre nœud gordien. Les croyances antiques amenaient d'ailleurs très souvent les dirigeants, quand ils devaient prendre une décision importante, à consulter les dieux pour confirmer ou infirmer leur choix, en s'appuyant sur diverses techniques de divination, parmi lesquelles la consultation d'oracles (dont la célèbre Pythie de Delphes), l'interprétation des rêves, l'observation des oiseaux (augures) ou encore, plus perturbant encore pour les sensibilités contemporaines, celles des entrailles d'animaux sacrifiés (haruspices) – toutes pratiques aujourd'hui passées de mode.

HOMÈRE
VIIIᵉ s. av. J.-C.

VIRGILE
Iᵉʳ s. av. J.-C.

CLAUDIEN
Vᵉ s. ap. J.-C.

Hérodote

Nous sommes aux alentours de 483 avant Jésus-Christ. Darius Iᵉʳ est mort deux ans plus tôt, et son fils Xerxès, qui a pris sa suite à la tête de l'Empire perse, rêve de venger l'affront qu'a subi son père lors de la première guerre médique, laquelle s'était achevée par la cuisante défaite de Marathon en 490. Xerxès convoque les principaux chefs des Perses, et les consulte sur l'opportunité de relancer l'assaut. Un premier conseiller, Mardonios, prend la parole et s'y montre favorable. Artabane, l'oncle paternel de Xerxès, prend alors la parole, et l'incite à prendre le temps de la réflexion avant de prendre sa décision. Xerxès est exaspéré. Le soir venu, un peu ébranlé par les arguments d'Artabane, il revoit sa décision. Mais des songes trompeurs le font à nouveau changer d'avis, et l'armée perse entra à nouveau en campagne, en 480, pour la deuxième guerre médique contre la Grèce, qui mena aux défaites de Salamine (480) et de Platée (479).

SAGES CONSEILS & RÊVES TROMPEURS

« … Ne va donc pas volontairement te mettre dans un semblable péril quand rien ne t'y oblige, mais écoute-moi : pour le moment, congédie cette assemblée ; une autre fois, quand bon te semblera, après avoir réfléchi en ton particulier, ordonne ce qui te paraîtra valoir le mieux. Je trouve en effet que prendre une décision bien réfléchie est en soi un très grand avantage ; si même quelque événement vient à la contrarier, la décision n'en reste pas moins bonne, c'est la fortune qui en a triomphé ; celui au contraire qui a pris une décision à la légère, si même la fortune l'accompagne, a fait une trouvaille[1], mais sa décision n'en reste pas moins mauvaise. [...] En toutes choses, la précipitation engendre des erreurs,

---

1. Il a « eu de la chance ».

d'où naissent habituellement de grands dommages ; prendre son temps, au contraire, a des avantages ; si on n'en reconnaît pas sur-le-champ l'existence, à la longue on peut les découvrir. [...] »

Ainsi avait parlé Artabane ; et Xerxès, courroucé, répondit en ces termes : « Artabane, tu es le frère de mon père, cela te préservera de recevoir un juste salaire de sottes paroles ; je t'inflige ce déshonneur, lâche et sans courage que tu es, de ne pas m'accompagner dans l'expédition contre la Grèce et de rester ici avec les femmes. Pour moi, même sans toi, j'accomplirai tout ce que je dis. Que je ne sois pas né de Darius, fils d'Hystape, fils d'Arsamès, fils d'Ariaramnès, fils de Teispès, fils de Cyrus, fils de Cambyse, fils de Teispès, fils d'Achaiménès si je ne tire pas vengeance des Athéniens, sachant bien que si, nous, nous restons en repos, eux ne le feront pas, mais marcheront fort bien contre notre pays, à juger par les initiatives qu'ils ont prises, eux qui incendièrent Sardes et envahirent l'Asie. Ni à eux ni à nous il n'est possible de reculer ; la question qui se pose est de porter les coups ou de les recevoir, pour que toutes les contrées qui sont nôtres passent sous la domination des Grecs ou de toutes les leurs sous la domination des Perses ; vu l'inimitié qui nous sépare, il n'y a pas de milieu. Il est donc bien que nous, qui avons été les premières victimes d'injustices, nous en tirions vengeance, pour que j'apprenne aussi à connaître ce terrible danger que je courrai en attaquant ces hommes que déjà Pélops le Phrygien, un esclave de mes pères, a si bien subjugués, que leur peuple et leur pays sont, jusqu'à ce jour, appelés du nom de leur vainqueur ! »

Il n'en dit pas davantage. Mais quand vint l'heure du repos, l'opinion d'Artabane commença d'inquiéter Xerxès, et, la nuit portant conseil, il en vint à la conviction que ce n'était pas pour lui chose à faire que de marcher contre la Grèce. Ainsi revenu sur sa décision, il s'endormit. Et, à ce que disent les Perses, il aurait eu pendant la nuit cette vision ; il lui sembla qu'un homme se tenait près de lui, de grande taille et de belle figure, qui lui dit : « Tu changes donc d'avis, ô Perse ; tu décides de ne pas conduire une expédition contre la Grèce, après que tu as ordonné aux Perses de rassembler des troupes ! Eh bien, tu as tort de changer, et tu n'as pas près de toi qui t'en approuvera. Non ; tiens-toi à ce que, dans la journée, tu as décidé de faire, marche dans cette voie. » Cela dit, il sembla à Xerxès que l'homme s'envolait.

Histoires, VII, 10.

HOMÈRE
VIIIᵉ s. av. J.-C.

VIRGILE
Iᵉʳ s. av. J.-C.

CLAUDIEN
Vᵉ s. ap. J.-C.

Xénophon

L'historien, à qui il est proposé de prendre la tête de l'expédition des Dix Mille, s'interroge : doit-il accepter cette proposition tentante, lui l'Athénien, au risque de se mettre à dos les Lacédémoniens qui sont alors la puissance dominante en Grèce ? Il décide de sacrifier des animaux aux dieux et d'en tirer les conclusions qui s'imposent – lesquelles corroborent celles qu'un augure lui avait précédemment données.

DILEMME

Pendant qu'ils faisaient ces réflexions, ils jetèrent les yeux sur Xénophon. Les lochages[1] allèrent le trouver ; ils lui disent le sentiment de l'armée, et chacun lui témoignant son dévouement s'efforce de le persuader d'accepter le pouvoir. Pour Xénophon, la chose à la vérité le tentait : il pensait que c'était un moyen d'accroître sa considération auprès de ses amis et que son propre nom arriverait grandi à Athènes ; il pourrait bien aussi, le cas échéant, procurer quelque profit à l'armée. Et ces réflexions lui faisaient désirer d'être nommé général en chef ; mais quand il venait à penser qu'aucun homme ne sait de quel côté l'avenir tournera, que pour cette raison il risquait de perdre même la gloire qu'il avait précédemment acquise, il ne savait à quoi se décider. Ne sachant quel parti prendre, il pensa que ce qu'il avait de mieux à faire était de consulter les dieux. Il présenta deux victimes et fit sacrifier à Zeus-Roi, qui était précisément le dieu qui lui avait été désigné à Delphes. Et justement c'était à ce dieu qu'il attribuait le songe qu'il avait eu, quand il avait commencé à veiller au salut de l'armée avec les autres chefs. De même, lorsqu'il avait quitté Éphèse pour

1. Commandants de compagnies de cent hommes.

être présenté à Cyrus, il se souvenait d'un aigle qui criait à sa droite, bien qu'il fût posé sur le sol. Le devin qui l'accompagnait lui avait dit que le présage était grave, qu'il ne concernait pas la vie privée, qu'il était glorieux et pourtant inquiétant : car les oiseaux, expliquait-il, attaquent surtout l'aigle quand il est posé ; d'ailleurs, ce présage n'annonçait aucun gain d'argent : c'est surtout dans son vol que l'aigle s'empare de la proie. Ainsi donc sacrifiait Xénophon, et le dieu lui signifia nettement de ne pas briguer le commandement, ni, si on le choisissait, de l'accepter. Voilà comment se passèrent les choses.

Anabase, VI, 1, 19-24.

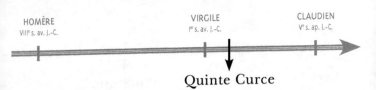

HOMÈRE
VIIIe s. av. J.-C.

VIRGILE
Ier s. av. J.-C.

CLAUDIEN
Ve s. ap. J.-C.

Quinte Curce

Anecdote célèbre – Alexandre le Grand, quand il prit la ville de Gordion, en Phrygie, trouva sur l'acropole un char à bœufs dont le timon était attaché au joug par un nœud inextricable. Un oracle avait prédit que quiconque pourrait défaire ce nœud, qui avait résisté à toutes les tentatives, régnerait sur toute l'Asie.

SAVOIR TRANCHER

Une fois la ville soumise, Alexandre entra dans le temple de Jupiter. Ce qui était remarquable, c'était un char, qui, assurait-on, avait transporté le père de Midas, Gordius : l'aspect n'en était pas sans rapports avec ceux d'usage commun et de moindre prix ; le joug était une curiosité, car bien des nœuds s'y mêlaient les uns aux autres, dans un confus enchevêtrement. Puis, comme les indigènes affirmaient que, d'après la prédiction d'un oracle, celui qui dénouerait le lien inextricable serait le maître de l'Asie, le désir vint au cœur d'Alexandre de réaliser cette prédiction. La foule des Phrygiens et des Macédoniens entourait le roi ; ceux-là tenus en suspens par l'opération même et les autres inquiets de l'assurance si risquée du roi ; car la série de nœuds était si compacte que ni la réflexion ni la vue ne permettaient de saisir d'où partait cet entrelacement qui se dérobait. Et, en entreprenant de le défaire, Alexandre avait inspiré aux siens la crainte que l'échec de sa tentative ne prît valeur de présage. Sans résultat, Alexandre lutta longtemps contre le secret de ces nœuds. « Peu importe, dit-il alors, la façon de les défaire », et, de son épée, il rompit toutes les courroies, éludant ainsi la prédiction de l'oracle, – ou la réalisant.

Histoires, III, 1, 15-18.

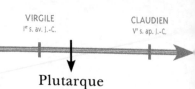

HOMÈRE
VIIIe s. av. J.-C.

VIRGILE
Ier s. av. J.-C.

CLAUDIEN
Ve s. ap. J.-C.

Plutarque

Les relations se dégradent de jour en jour entre César et Pompée, restés tous deux à la tête de l'État romain depuis la mort de Crassus en 53 avant Jésus-Christ. Le 10 janvier 49, alors que Pompée a pris le parti des adversaires de César, et que le Sénat a ordonné à César de renvoyer ses soldats, César décide de franchir le Rubicon avec ses troupes : c'est le début de la guerre civile.

ALEA JACTA EST

Quand il fut arrivé au cours d'eau qui sépare du reste de l'Italie la Gaule cisalpine, et qui s'appelle le Rubicon, il se prit à réfléchir ; à mesure qu'il approchait davantage du danger, il se sentait troublé par la grandeur et l'audace de son entreprise ; il arrêta sa course. Pendant cette halte, il pesa silencieusement en lui-même diverses résolutions en passant d'un parti à l'autre, et il changea alors d'avis plusieurs fois. Il en conféra longuement avec ceux de ses amis qui étaient là, parmi lesquels se trouvait notamment Asinius Pollion. Il se représentait tous les maux dont le passage du fleuve serait cause pour l'humanité, et tous les jugements qu'en porterait la postérité. À la fin, cédant à une impulsion, comme s'il renonçait à la réflexion pour se jeter dans l'avenir, il prononça ces mots qui sont le prélude ordinaire des entreprises difficiles et hasardeuses : « Que le sort en soit jeté ! », et il s'élança pour traverser le fleuve.

Vies, César, 32.

HOMÈRE
VIIIᵉ s. av. J.-C.

VIRGILE
Iᵉʳ s. av. J.-C.

CLAUDIEN
Vᵉ s. ap. J.-C.

Suétone

Pour Auguste, fin stratège, toute décision importante se doit d'être savamment pesée : il l'illustre par force proverbes et comparaisons.

L'HAMEÇON D'OR

D'après lui, rien ne convenait moins au général parfait que la hâte et la témérité. Aussi répétait-il fréquemment ces maximes : « Hâte-toi lentement. » « Chez un chef, prudence vaut mieux que hardiesse », et encore : « On fait toujours assez vite ce que l'on fait assez bien. » Il déclarait qu'il ne fallait absolument pas engager une bataille ni une guerre, si le profit qu'on pouvait en attendre ne l'emportait pas visiblement sur les pertes que l'on avait à craindre ; il comparait ceux qui hasardaient beaucoup pour gagner très peu à des pêcheurs se servant d'un hameçon d'or, dont la perte, si la ligne se rompait, ne pouvait être compensée d'aucune prise.

Vies des douze Césars, Auguste, XXV, 5-6.

HOMÈRE
VIIIe s. av. J.-C.

VIRGILE
Ier s. av. J.-C.

CLAUDIEN
Ve s. ap. J.-C.

Ammien Marcellin

L'empereur Julien tenta de restaurer la religion traditionnelle au détriment du christianisme, dominant depuis Constantin et dans lequel il avait été élevé – les auteurs chrétiens le qualifièrent plus tard d'apostat. Ceci impliquait le retour aux sacrifices et à la divination.

INQUIÉTUDE BOVINE

Il était extrêmement adonné à la consultation des présages – au point de passer pour égaler sur ce point l'empereur Hadrien –, plutôt superstitieux qu'exactement fidèle pour remplir ses obligations religieuses, immolant avec prodigalité des bestiaux sans nombre ; aussi pensait-on que, s'il revenait de chez les Parthes, les bœufs viendraient bientôt à manquer : il serait semblable en cela à Marc Aurèle, ce grand empereur contre qui la tradition nous transmet le brocard : « Les bœufs blancs à Marcus César : à toi, salut ! Encore une victoire et nous sommes perdus… »

Histoires, XXV, 4, 17.

ORGANISER ET CONTRÔLER
L'EXÉCUTION DES TÂCHES

Prendre les décisions qui s'imposent est une chose, encore faut-il s'assurer qu'elles sont bien appliquées. Le chef doit s'assurer que ses décisions ont été traduites en objectifs concrets et clairs pour tous et distribuer les rôles avec attention, en veillant à ce qu'ils soient adaptés aux talents de chacun. Il lui faut aussi surveiller de près l'exécution des tâches, sans jamais relâcher sa vigilance ; il doit être, comme le dit Phèdre, « l'homme aux cent yeux ». Toutefois, il n'est pas non plus possible d'être partout : il lui faut souvent, par souci d'efficacité, déléguer une partie de son autorité à certains de ses subordonnés et veiller ensuite à bien respecter la ligne hiérarchique.

HOMÈRE
VIIIe s. av. J.-C.

VIRGILE
Ier s. av. J.-C.

CLAUDIEN
Ve s. ap. J.-C.

Homère

Les compagnons d'Ulysse sont souvent sauvés, dans
l'Odyssée, quand ils obéissent à leur chef – leur perte étant due
à des décisions qu'ils prennent seuls ou à des refus d'obéir au
héros. Il en est ainsi dans l'extrait qui suit, à un moment crucial
où leur navire s'apprête à passer entre deux monstres épouvan-
tables, Charybde et Scylla.

UN CHEF RASSURANT & PRÉCIS

Mais soudain j'aperçois la fumée d'un grand flot dont
j'entends les coups sourds. La peur saisit mes gens : envo-
lées de leurs mains, les rames en claquant tombent au
fil de l'eau ; le vaisseau reste en place, les bras ne tirant
plus sur les rames polies. Je vais sur la coursive relever les
courages : « Nous avons, mes amis, connu bien d'autres
risques ! peut-il nous advenir quelque danger plus grand
qu'au jour où le Cyclope, au fond de sa caverne, nous
tenait enfermés sous sa prise invincible ? Pourtant, même
de là, n'est-ce pas ma valeur, mes conseils, mon esprit qui
nous ont délivrés ?… Ce sera, quelque jour, de nos bons
souvenirs !… Allons ! croyez-m'en tous : faites ce que je
dis ; qu'on reprenne la rame et, fermes sur les bancs,
allons ! battez la mer d'une plongée profonde ; voyons
si, nous faisant passer sous ce désastre, Zeus veut nous en
tirer !… Pilote, à toi mes ordres : tâche d'y bien penser,
puisqu'à bord du vaisseau, c'est toi qui tiens la barre. Tu
vois cette fumée et ce flot : passe au large et prends garde
à l'écueil ! si, gagnant à la main, le navire y courait, c'est
à la mâle mort que tu nous jetterais ! » Je disais ; mon
discours aussitôt les décide. Je n'avais pas encore dit un
mot de Scylla, fléau inévitable : mes gens, saisis de peur,
pouvaient lâcher les rames, pour se blottir en tas dans le
fond du vaisseau !…

Odyssée, XII, 201-225.

HOMÈRE
VIIIe s. av. J.-C.

VIRGILE
Ier s. av. J.-C.

CLAUDIEN
Ve s. ap. J.-C.

Hérodote

Le roi mède Astyage, ayant vu en rêve que son petit-fils deviendrait roi à sa place, le confie à son bouvier pour le faire périr – celui-ci décide de garder l'enfant et de l'élever comme son propre fils. Mais ce dernier s'avère avoir des aptitudes remarquables au commandement, et en particulier à la division et à l'attribution des tâches à ses petits camarades, ainsi qu'au souci de faire respecter la discipline. Il s'avère si strict sur ce dernier point que sa véritable identité est bientôt dévoilée.

UN ORGANISATEUR NÉ

Lorsque l'enfant eut atteint sa dixième année, voici ce qui lui arriva et le fit découvrir. Il jouait dans le bourg où se trouvaient aussi les étables des bœufs dont nous avons parlé ; il jouait avec d'autres garçons de son âge, sur la route. En jouant, ces enfants avaient choisi pour être leur roi celui qu'on appelait le fils du bouvier. Lui, désigna certains d'entre eux pour lui bâtir un palais, certains pour être ses gardes, un tel pour être l'œil du roi, à tel autre il donna la charge de lui apporter des messages ; à chacun il assignait sa tâche. L'un de ces enfants qui prenait part au jeu, – c'était le fils d'Artembarès, homme considéré chez les Mèdes, – n'ayant pas fait ce qui lui avait été assigné par Cyrus, celui-ci ordonna aux autres enfants de le saisir ; ils obéirent, et Cyrus le traita très rudement à coups de fouet. Aussitôt relâché, l'enfant ressentit une indignation d'autant plus vive qu'il pensait avoir été traité d'une manière indigne de lui ; il descendit à la ville, et se plaignit à son père du traitement qui lui avait été infligé par Cyrus ; il ne disait pas par Cyrus, car ce nom n'était pas encore en usage, mais par le fils du bouvier d'Astyage.

Artembarès, furieux comme il l'était, se rendit près d'Astyage, menant son fils avec lui ; et il déclara qu'on l'avait outragé : « Ô roi », dit-il, « voici de quelle façon nous avons été insultés par ton esclave, par un fils de bouvier » ; et il montrait les épaules de son fils. Astyage, après qu'il eut écouté et vu, voulut venger l'enfant, par égard pour Artembarès ; il envoya chercher le bouvier et son fils ; et, quand ils furent en présence tous les deux, il regarda Cyrus et lui dit : « C'est toi, fils d'un père tel que celui-là, qui as osé traiter de façon si ignominieuse le fils de l'homme que voici, qui est au premier rang après moi ? » Cyrus répondit en ces termes : « Maître, si je l'ai traité de la sorte, c'est justement. Les enfants du village, dont il était lui aussi, m'avaient en jouant nommé leur roi ; je leur paraissais en effet le plus capable de l'être. Or, tandis que les autres exécutaient mes ordres, lui n'y prêtait pas l'oreille et n'en tenait aucun compte, jusqu'à ce qu'il reçût son châtiment. Si donc, par ma conduite, je mérite une peine, me voici à ta disposition. »

Pendant qu'il parlait ainsi, le soupçon de ce qu'il était venait à la pensée d'Astyage ; les traits du visage de l'enfant lui paraissaient se rapprocher des siens, sa réponse convenir plutôt à un homme libre, son âge concorder avec le temps ou l'enfant de Mandane avait été exposé. Frappé de ces détails, il resta un temps sans parler ; enfin il revint à lui, non sans peine.

Histoires, I, 114-116.

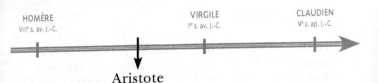

HOMÈRE
VIIIᵉ s. av. J.-C.

VIRGILE
Iᵉʳ s. av. J.-C.

CLAUDIEN
Vᵉ s. ap. J.-C.

Aristote

Le contexte est ici plus prosaïque. Le philosophe souligne dans ce passage de son traité sur l'Économique l'importance, pour diriger un domaine ou un ménage, de ne jamais relâcher sa vigilance.

L'ŒIL & LES PAS DU MAÎTRE

La coutume perse voulait que le maître en personne donnât tous les ordres et qu'il eût l'œil à tout ; c'est la remarque que Dion faisait à propos de Denys : « personne n'a les mêmes soins pour les affaires d'autrui et pour les siennes propres », si bien que, dans la mesure du possible, on doit avoir soin personnellement de ses intérêts. Les deux sentences du Perse et du Libyen seraient encore à propos ici : le premier, à qui l'on demandait ce qui engraisse le plus un cheval, répondit : « L'œil du maître ! » L'autre, à qui l'on demandait quel est le meilleur fumier, répondit : « La trace des pas du maître ! » [...]

Qui ne donne pas le bon exemple ne peut en effet être bien imité, tant dans les exploitations mises en gérance que dans les autres domaines : si les maîtres ne sont pas soigneux, il est impossible que les intendants le soient. Les maîtres doivent se lever plus tôt et se coucher plus tard que leurs serviteurs : c'est là une pratique excellente pour acquérir des qualités, en même temps qu'elle sert les intérêts domestiques ; la maison ne doit jamais, pas plus qu'une cité, être laissée sans surveillance, et tout ce qui doit être fait ne peut admettre de négligence la nuit ni le jour, y compris le soin de se relever la nuit : cela est aussi profitable à la santé qu'à l'administration domestique et à la réflexion philosophique. Dans les petites propriétés, il est avantageux d'adopter l'usage attique pour disposer des revenus ; dans les grandes, où il y a lieu de distinguer les dépenses annuelles et les dépenses mensuelles, et, de même dans l'utilisation des outils, leur usage quotidien et leur emploi exceptionnel, tous ces soins doivent être confiés aux intendants. De plus, il faut de temps en temps les soumettre à une inspection, pour que rien de ce qui est intact ou de ce qui manque n'échappe à l'attention du maître.

Économique, I, 6, 3-6.

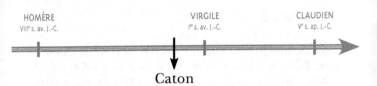

HOMÈRE
VIIIᵉ s. av. J.-C.

VIRGILE
Iᵉʳ s. av. J.-C.

CLAUDIEN
Vᵉ s. ap. J.-C.

Caton

Caton décrit ici, sans trop se soucier de style, ce que doit faire un bon « pater familias » pour gérer son domaine agricole. Il reproduit avec réalisme la conversation que ce dernier doit avoir avec son intendant, et parvient à un niveau élevé de détail : quelles tâches déléguer ou faire soi-même ? Comment s'assurer qu'il a bien été obéi ?

CHECK-LIST

Que le maître, quand il arrive à la ferme, après avoir salué le lare familial, fasse le tour de la propriété le jour même, s'il le peut ; sinon, le lendemain. Quand il a reconnu comment le fonds est entretenu, les travaux qui sont faits et ceux qui ne sont pas faits, qu'il convoque le fermier le lendemain ; qu'il lui demande ce qui a été fait comme travail, ce qui reste à faire, si les travaux ont été faits bien à temps, s'il peut achever ceux qui restent, et ce qui a été fait de vin, de blé et de tous les autres produits. Quand il a reconnu cela, il faut faire le compte des ouvriers, des journées ; si le travail ne lui apparaît pas, si le fermier dit qu'il a fait de son mieux, que des esclaves ont été malades, qu'il y a eu du mauvais temps, que des esclaves se sont enfuis, qu'il a fait la corvée, quand il a donné ces raisons et beaucoup d'autres, ramène le fermier au compte des travaux et des ouvriers. Quand le temps a été pluvieux, travaux qui pouvaient être faits par la pluie : laver les jarres, les enduire de poix, nettoyer la ferme, changer le blé de place, sortir le fumier, le mettre en tas, trier la semence, réparer les cordes, en faire de neuves, les esclaves devaient ravauder leurs hardes, leurs capuchons ; les jours de fête on pouvait curer les vieux fossés, entretenir le chemin public, débroussailler, bêcher le jardin, nettoyer les prés, fagoter le petit bois, extirper les épines, décortiquer le blé amidonnier, faire du nettoyage ; quand des esclaves ont été malades, il ne fallait pas leur donner autant à manger. Quand on aura reconnu calmement quels travaux restent à faire, les faire achever ; apurer les comptes d'argent, de blé, de ce qui a été préparé comme fourrage ; les comptes de vin, d'huile, de ce qui a été vendu, de ce qui a été recouvré, de ce qui reste à recouvrer, de ce qu'il y a à vendre ; que les avances à recevoir soient reçues ; que ce qui reste soit présenté ; s'il manque quelque chose pour l'année, qu'on l'achète ; que les surplus soient vendus ; que les ouvrages à mettre en louage soient mis en louage ; pour les travaux qu'il veut que l'on fasse et ceux qu'il veut confier à un entrepreneur, qu'il donne des ordres et les consigne par écrit ; qu'il examine le bétail. Qu'il fasse une vente aux enchères : qu'il vende l'huile, si elle se vend cher ; qu'il vende le vin, le blé en surplus ; qu'il vende bœufs qui ont pris de l'âge, bétail en mauvais état, brebis en mauvais état, laine, peaux, vieux chariot, vieilles ferrailles, esclave âgé, esclave mal portant, et toutes les choses superflues ; il faut que le maître soit vendeur de son naturel, non acheteur.

De l'agriculture, 2.

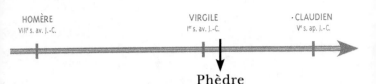

HOMÈRE
VIIIe s. av. J.-C.

VIRGILE
Ier s. av. J.-C.

· CLAUDIEN
Ve s. ap. J.-C.

Phèdre

On trouve une idée similaire dans cette fable de Phèdre : plus qu'aucun autre, le maître se doit d'être vigilant à tout, ce qui fait qu'il est le seul à y voir clair en ses affaires.

L'HOMME AUX CENT YEUX

Un cerf chassé des retraites de la forêt et cherchant à échapper aux coups mortels imminents des chasseurs, aveuglé par la crainte, se cacha dans une étable à bœufs qui se trouvait là à propos. Comme il se tenait dans l'ombre, un bœuf lui dit : « Quelle idée as-tu eue, infortuné, de courir de toi-même au-devant du massacre, et de confier ta vie à la demeure de l'homme ? » Mais le cerf suppliant : « Vous du moins, dit-il, épargnez-moi, pendant que durera le jour ; je saisirai une occasion pour m'échapper de nouveau. » Le bouvier apporte du feuillage et ne voit rien. À plusieurs reprises viennent et s'en vont tous les gens de la ferme, personne ne fait attention ; le régisseur lui-même passe, et lui non plus ne s'aperçoit de rien. Alors, tout joyeux, l'animal sauvage se mit à rendre grâce aux bœufs, qui se reposaient, de lui avoir donné l'hospitalité à l'heure de l'infortune. L'un d'eux répondit : « Nous désirons bien ton salut ; mais si l'homme aux cent yeux vient à paraître, il y aura un grand danger pour ta vie. » Sur ces entrefaites, le maître à son tour vient dîner, et, comme il avait vu récemment les bœufs mal entretenus, il s'approche du râtelier : « Pourquoi y a-t-il si peu de feuillage, dit-il, et la litière manque-t-elle ? Ôter ces toiles d'araignée donnerait-il tant de peine ? » Tandis qu'il examine tout en détail, le bois élevé du cerf attire aussi ses regards ; il appelle ses valets, fait tuer l'animal et prend possession de sa proie. Cette fable signifie que c'est le maître qui voit le plus clair dans ses affaires propres.

Fables, II, 8.

HOMÈRE
VIIIᵉ s. av. J.-C.

VIRGILE
Iᵉʳ s. av. J.-C.

CLAUDIEN
Vᵉ s. ap. J.-C.

Salluste

Le respect de la discipline et la bonne organisation des troupes sont essentiels à la guerre. L'historien évoque, dans l'extrait qui suit de La Guerre de Jugurtha, *la réorganisation en 109 avant Jésus-Christ, par le général romain Metellus, d'un contingent romain démoralisé.*

UNE REPRISE EN MAIN ÉNERGIQUE

À son arrivée en Afrique, il reçoit du proconsul Sp. Albinus une armée sans force, sans courage, aussi lâche devant la fatigue que devant le danger, plus hardie en paroles qu'en actes, pillant nos alliés et pillée elle-même par nos ennemis, sans commandement comme sans retenue. Ainsi le mauvais esprit des hommes causait au nouveau général plus d'inquiétude que leur nombre ne lui donnait de force et de confiance. Néanmoins, malgré le peu de temps que lui laissait pour la campagne d'été le retard des élections, et bien qu'il devinât que Rome attendait avec impatience l'issue des événements, Metellus décida pourtant de ne pas entamer la guerre avant d'avoir remis l'armée sur le pied de l'ancienne discipline. Car Albinus, abattu par la défaite de son frère et de l'armée, avait résolu de ne pas sortir de la province ; et pendant toute la partie de l'année où il eut le commandement, il établit les soldats dans des camps permanents, dont il ne changeait qu'au moment où l'odeur ou le manque de fourrage l'y réduisait. Mais ces camps n'étaient ni fortifiés, ni munis de sentinelles comme l'exigeait la discipline ; chacun s'éloignait des enseignes, comme il lui plaisait ; les cantiniers, mêlés aux soldats, rôdaient nuit et jour, et dans leurs vagabondages, ravageaient les champs, prenaient les fermes d'assaut, enlevaient à l'envi les hommes et le bétail, qu'ils échangeaient à des marchands contre du vin d'importation et autres denrées de ce genre ; en outre ils vendaient le blé donné par l'État, achetaient leur pain au jour le jour ; enfin tous les vices engendrés par la paresse et la débauche que l'on peut dire ou imaginer se trouvaient réunis dans cette armée, et bien d'autres encore.

Aux prises avec ces difficultés, je vois que Metellus se montra aussi grand et aussi sage qu'au cours de la guerre elle-même, sachant garder la juste mesure entre une indulgence intéressée et une rigueur excessive. Il commença par supprimer tout ce qui pouvait favoriser la mollesse, en interdisant la vente dans le camp du pain ou de quelque autre nourriture toute cuite ; en défendant aux cantiniers de suivre les troupes, aux hastats[1] et aux simples soldats d'avoir, soit au camp, soit dans les marches, aucun esclave ou aucune bête de somme ; les autres abus furent de même étroitement réprimés. En outre, il changeait chaque jour de camp par des chemins de traverse, le retranchait et le fortifiait comme si l'ennemi eût été proche, posait partout des sentinelles qu'il allait inspecter lui-même avec ses officiers ; de même pendant la marche, on le voyait tantôt en tête, tantôt en queue, souvent au centre, observant que personne ne sortît du rang, qu'on marchât serré autour des enseignes, que le soldat portât ses armes et ses vivres. C'est ainsi qu'en prévenant les fautes plutôt qu'en les punissant, il eut bientôt rétabli le moral de l'armée.

La Guerre de Jugurtha, 44-45.

---

1. Soldats de la première guerre qui constituaient une élite et jouissaient de certaines faveurs que ne connaissait pas le gros des troupes.

HOMÈRE
VIIIe s. av. J.-C.

VIRGILE
Ier s. av. J.-C.

CLAUDIEN
Ve s. ap. J.-C.

César

En 59 avant Jésus-Christ, pendant la guerre des Gaules, César entre en campagne contre les Belges, qui ont pris position sur une hauteur, en amont de Maubeuge ; César manœuvre pour installer son camp sur la colline qui fait face à ses ennemis. Les Belges, et en particulier la tribu des Nerviens, attendent les Romains de pied ferme, les guettent et les attaquent ; la bataille tourne à la pagaille générale. César manque d'être débordé par les événements… Mais son sens inné de l'organisation et l'énergie qu'il déploie pour tout contrôler lui permettent de remporter une éclatante victoire.

CÉSAR AVAIT TOUT À FAIRE À LA FOIS…

Dès que la tête de nos convois fut aperçue par eux qui se tenaient cachés dans la forêt – c'était le moment dont ils avaient convenu pour engager le combat –, comme ils avaient formé leur front et disposé leurs unités à l'intérieur de la forêt, augmentant ainsi leur assurance par la solidité de leur formation, ils s'élancèrent soudain tous ensemble et se précipitèrent sur nos cavaliers. Ils n'eurent pas de peine à les défaire et à les disperser ; puis, avec une rapidité incroyable, ils descendirent au pas de course vers la rivière, si bien que presque en même temps ils semblaient se trouver devant la forêt, dans la rivière, et déjà aux prises avec nous. Avec la même rapidité, ils gravirent la colline opposée, marchant sur notre camp et sur ceux qui étaient en train d'y travailler.

César avait tout à faire à la fois : il fallait faire arborer l'étendard, qui était le signal d'alarme, faire sonner la trompette, rappeler les soldats du travail, envoyer chercher ceux qui s'étaient avancés à une certaine distance pour chercher de quoi construire le remblai, ranger les troupes en bataille, les haranguer, donner le signal de l'attaque. Le peu de temps et l'ennemi qui approchait rendaient impossible une grande partie de ces mesures. Dans cette situation critique, deux choses aidaient César : d'une part l'instruction et l'entraînement des soldats, qui, exercés par les combats précédents, pouvaient aussi bien se dicter à eux-mêmes la conduite à suivre que l'apprendre d'autrui ; d'autre part l'ordre qu'il avait donné aux légats de ne pas quitter le travail et de rester chacun avec sa légion, tant que le camp ne serait pas achevé. En raison de la proximité de l'ennemi et de la rapidité de son mouvement, ils n'attendaient pas, cette fois, les ordres de César, mais prenaient d'eux-mêmes les dispositions qu'ils jugeaient bonnes. César se borna à donner les ordres indispensables et courut haranguer les troupes du côté que le hasard lui offrit : il tomba sur la dixième légion. Il fut bref, recommandant seulement aux soldats de se souvenir de leur antique valeur, de ne pas se laisser troubler et de tenir ferme devant l'assaut ; puis, l'ennemi étant à portée de javelot, il donna le signal du combat. Il partit alors vers l'autre aile pour y exhorter aussi les soldats ; il les trouva déjà combattant. [...] Le reste faiblissait, et aux derniers rangs un certain nombre, se sentant abandonnés, quittaient le combat et cherchaient à se soustraire aux coups ; les ennemis montaient en face de nous sans relâche, tandis que leur pression augmentait sur les deux flancs ; la situation était critique. Ce que voyant, et comme il ne disposait d'aucun renfort, César prit à un soldat des derniers rangs son bouclier – car il ne s'était pas muni du sien – et s'avança en première ligne : là, il parla aux centurions en appelant chacun d'eux par son nom et harangua le reste de la troupe ; il donna l'ordre de porter les enseignes en avant et de desserrer les rangs afin de pouvoir plus aisément se servir de l'épée. Son arrivée ayant donné de l'espoir aux troupes et leur ayant rendu courage, car chacun, en présence du général, désirait, même si le péril était extrême, faire de son mieux, on réussit à ralentir un peu l'élan de l'ennemi.

La Guerre des Gaules, II, 19-25.

HOMÈRE
VIIIe s. av. J.-C.

VIRGILE
Ier s. av. J.-C.

CLAUDIEN
Ve s. ap. J.-C.

Pline le Jeune

Le panégyriste affirme ici que l'une des grandeurs de Trajan est de respecter l'autorité de ses subordonnés : être le plus grand sans diminuer personne. Parce qu'il montre qu'il les respecte, ils en sont d'autant plus respectés par leurs troupes, ce qui ne peut qu'accroître la discipline et l'efficacité de l'armée.

LE RESPECT DE LA LIGNE HIÉRARCHIQUE

Quelle merveille d'avoir ravivé cette flamme tombée, éteinte de la discipline militaire en bannissant les fléaux de l'âge précédent, la paresse, l'esprit de révolte, le mépris de l'obéissance ! En toute sécurité on peut s'acquérir le respect, en toute sécurité l'affection et aucun général ne craint plus ni de ne pas être aimé de ses hommes, ni d'en être aimé ; aussi, libres du souci de déplaire ou de plaire, ils pressent les travaux, assistent aux manœuvres, mettent en état les armes, les fortifications, les troupes. Car notre prince est incapable de croire que le menacent, le visent les préparatifs faits contre l'ennemi : conviction bonne pour ceux qui redoutaient les actes d'hostilité parce qu'ils n'en commettaient point d'autres. C'étaient les mêmes qui se réjouissaient de voir dormir l'amour de la vie militaire, s'hébéter non le moral seul mais le physique encore, s'émousser et s'épointer dans l'incurie les épées mêmes. Nos généraux à leur tour craignaient moins les machinations des rois étrangers que celles de leurs propres princes, moins le bras et le fer de l'ennemi que ceux de leurs compagnons d'armes.

Telle était la nature des constellations que les petites et les faibles sont obscurcies par le lever des plus fortes. Ainsi l'arrivée de l'empereur éclipse le prestige de ses légats. Mais toi, tu étais plus grand que tous et plus grand sans diminuer personne : chacun conservait en ta présence la même autorité qu'en ton absence ; plus d'un même devait un surcroît de respect au respect que tu lui témoignais. Aussi, également cher aux plus grands et aux plus petits, l'empereur et le compagnon d'armes s'étaient si bien mêlés en toi que non seulement tu intensifiais le zèle et l'activité unanimes en les exigeant, mais que tu les allégeais en y participant et en t'y associant. Heureux les chefs dont le dévouement et le zèle n'étaient pas constatés par des intermédiaires, mais par toi-même, non par tes oreilles, mais par tes propres yeux. Ils ont eu cet avantage que jusqu'en ton absence tu ne croies que toi-même sur le compte des absents.

Panégyrique de Trajan, 18-19.

INSPIRER CONFIANCE

L'image que le chef donne de lui-même est un facteur essentiel de persuasion et une composante déterminante de son autorité. À cet égard, il est souvent question aujourd'hui du charisme des dirigeants, cette qualité qui fait que d'autres veulent leur obéir, et sont prêts à se surpasser pour les suivre jusqu'au bout. Le charisme des grands chefs de l'Antiquité tient, à en croire leurs biographes, à des facteurs très divers, parmi lesquels leur assurance et leur optimisme, pour Évagoras ou Alexandre ; leur courage et leur expérience, pour Pompée ou César ; leur intégrité, pour Caton, ou encore leur générosité, pour le même César.

HOMÈRE
VIIIe s. av. J.-C.

VIRGILE
Ier s. av. J.-C.

CLAUDIEN
Ve s. ap. J.-C.

Aristote

Pour le philosophe, l'un des principaux moyens de convaincre est l'impression que donne l'orateur, sa crédibilité, son autorité – ce qui fait qu'on lui fait confiance. Il faut se montrer sous son meilleur jour pour être en mesure de convaincre son auditoire.

DONNER UNE BONNE IMAGE DE SOI-MÊME

On persuade par le caractère, quand le discours est de nature à rendre l'orateur digne de foi, car les honnêtes gens nous inspirent confiance plus grande et plus prompte sur toutes les questions en général, et confiance entière sur celles qui ne comportent point de certitude, et laissent une place au doute. Mais il faut que cette confiance soit l'effet du discours, non d'une prévention sur le caractère de l'orateur. Il ne faut donc pas admettre, comme quelques auteurs de *Techniques*, que l'honnêteté même de l'orateur ne contribue en rien à la persuasion ; c'est le caractère qui, peut-on dire, constitue presque la plus efficace des preuves.

Rhétorique, I, 2, 1355b.

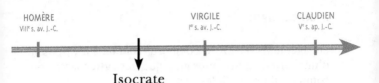

HOMÈRE
VIIIe s. av. J.-C.

VIRGILE
Ier s. av. J.-C.

CLAUDIEN
Ve s. ap. J.-C.

Isocrate

L'orateur athénien relate ici la prise du pouvoir à Salamine par Évagoras, qui régna dans cette cité-État de l'île de Chypre de 410 à 374 avant Jésus-Christ. Il souligne sa force de caractère et sa tranquillité d'âme, qui lui permettaient d'exercer un ascendant considérable sur sa troupe.

FORCE TRANQUILLE

Fuyant le danger, Évagoras se réfugia à Soles, ville de Cilicie, mais sans sombrer dans les sentiments que font naître ordinairement de tels malheurs. Les hommes, même lorsqu'ils tombent du pouvoir absolu, ont le cœur avili par les calamités qui les frappent. Lui, au contraire, atteignit à tant de grandeur de caractère que, simple particulier jusque-là, il estima qu'après avoir été contraint à la fuite, il lui était dû de détenir un jour le pouvoir absolu. Il méprisa les courses errantes des exilés, les retours assurés par des intermédiaires, les soins prodigués à des gens qui valaient moins que lui ; il adopta le moyen que doivent choisir les esprits respectueux des dieux : repousser les attaques et non pas en prendre l'initiative. Ayant choisi ou de régner s'il réussissait, ou de mourir s'il échouait, il réunit environ cinquante hommes, selon les évaluations les plus fortes, et, avec leur aide, prépara le retour dans sa patrie.

Une telle particularité permet d'apprécier et sa nature et la réputation qu'il avait parmi ses compagnons. Sur le point de prendre la mer avec un effectif aussi restreint pour atteindre une ville aussi forte, serré de près par tous les dangers possibles, il ne perdit pas courage et pas un de ses compagnons ne songea à se soustraire au péril. Au contraire, comme s'ils accompagnaient un dieu, tous demeurèrent fidèles à leurs engagements, et lui se comporta comme s'il disposait d'une armée plus puissante que ses adversaires, ou comme s'il prévoyait les événements.

Évagoras, 27-29.

HOMÈRE
VIIIe s. av. J.-C.

VIRGILE
Ier s. av. J.-C.

CLAUDIEN
Ve s. ap. J.-C.

Xénophon

Le charisme des chefs est aussi affaire de contexte. Xénophon dresse dans le passage suivant le portrait de l'un des chefs de l'expédition des Dix Mille, Cléarque, qui cherche à se faire craindre : ce qui en fait un excellent chef dans l'action, où sa dureté paraît être un talent, mais pas en temps de paix.

UN CHEF SÉVÈRE RASSURE DANS LE DANGER

On le disait apte entre tous à commander, à cause de deux qualités que voici et qu'il possédait : il savait comme personne s'ingénier à ce que ses troupes eussent des vivres et à leur en procurer ; il savait aussi imprimer en tous ceux qui l'entouraient la conviction qu'il fallait obéir à Cléarque. Il y arrivait par la sévérité : il avait l'air sombre, la voix rude et il punissait toujours fortement, quelquefois même avec colère, à tel point qu'il lui arrivait de s'en repentir. Et il punissait par principe : sans punitions, il estimait qu'on ne pouvait rien tirer d'une armée. Il disait même, prétendait-on, que le soldat doit craindre son chef plus que l'ennemi, si l'on veut qu'il garde son poste, qu'il épargne un pays ami ou qu'il marche sans tergiverser contre l'ennemi. Aussi dans les dangers les soldats de leur plein gré obéissaient rigoureusement à sa voix et ne voulaient pas d'autre chef, car alors, disaient-ils, son air sombre paraissait de la sérénité au milieu des autres visages, et en face de l'ennemi sa dureté semblait de l'assurance, au point qu'on la regardait comme un gage de salut et non plus comme une cause d'inquiétude.

Par contre, aussitôt qu'ils étaient hors de danger et qu'il leur était loisible de passer sous les ordres d'un autre, nombreux étaient ceux qui l'abandonnaient, car il n'avait rien d'aimable, toujours il était sévère et dur, en sorte que les soldats avaient envers lui les mêmes sentiments que des écoliers envers leur maître. Et voilà pourquoi il n'eut jamais personne qui le suivit par amitié et bon vouloir : tous ceux qui étaient attachés à lui ou par ordre de la cité, ou parce qu'ils avaient besoin de lui, ou par quelque autre nécessité, étaient tenus par lui dans une stricte obéissance. Mais lorsqu'ils commençaient avec lui à vaincre leurs ennemis, il y avait de grandes raisons pour qu'ils devinssent avec lui d'utiles soldats, car ils acquéraient de la hardiesse en face de leurs adversaires, et la crainte qu'ils avaient de ses punitions les rendaient disciplinés. Ainsi commandait Cléarque. On disait qu'il n'aimait pas beaucoup à recevoir les ordres des autres.

Anabase, II, 6.

HOMÈRE
VIIIe s. av. J.-C.

VIRGILE
Ier s. av. J.-C.

CLAUDIEN
Ve s. ap. J.-C.

Plutarque

Pour inspirer confiance comme chef, il est indispensable de se montrer optimiste, comme Alexandre le Grand avant de partir pour son expédition.

L'ESPÉRANCE COMME RÉCOMPENSE

Pour entretenir ses troupes, Aristoboulos rapporte qu'il n'avait pas plus de soixante-dix talents ; selon Douris, il n'avait de vivres que pour trente jours et, au dire d'Onésicrite, il avait même dû emprunter deux cents talents. Cependant, bien qu'il partît avec de si minces et si maigres ressources, il ne s'embarqua pas avant de s'être enquis de la situation de ses compagnons et d'avoir donné à l'un une terre, à l'autre un village, à tel ou tel le revenu d'un bourg ou d'un port. Comme déjà il avait dépensé pour cette liste de donations presque tous les biens du domaine royal, Perdiccas lui dit : « Mais pour toi, roi, que gardes-tu ? – L'espérance, répondit Alexandre. – Eh bien, reprit Perdiccas, nous la partagerons avec toi, nous, tes compagnons d'armes. » Perdiccas refusa donc la propriété qui lui était assignée sur la liste, et plusieurs autres amis du roi firent de même. Mais à tous ceux qui acceptaient ou sollicitaient ses présents, Alexandre les accordait.

Vies, Alexandre, 15.

HOMÈRE
VIIIe s. av. J.-C.

VIRGILE
Ier s. av. J.-C.

CLAUDIEN
Ve s. ap. J.-C.

Salluste

L'historien oppose ici avec un éclat antithétique recherché Caton d'Utique (95-46 av. J.-C.) et César, deux chefs inspirant une égale confiance par leur mérite, mais pour des raisons très différentes.

DEUX CARACTÈRES OPPOSÉS

Comme une mère dont la fécondité est tarie, Rome fut pendant de longues années sans produire aucun grand homme. À mon époque pourtant il y eut deux hommes d'un mérite éminent, quoique d'un caractère opposé, M. Caton et C. César : puisque mon sujet les a mis sur ma route, je n'ai pas voulu les passer sous silence, et je vais dépeindre, aussi bien que je le pourrai, leur caractère et leurs mœurs. Donc, ils étaient à peu près égaux par la naissance, par l'âge, par l'éloquence ; même noblesse de cœur, même gloire aussi, mais de nature différente. César devait son prestige à ses largesses et à sa munificence, Caton, à l'intégrité de sa vie. Le premier s'était rendu célèbre par sa douceur et sa pitié, le second avait conquis le respect par sa sévérité. César avait obtenu la gloire à force de donner, de soulager, de pardonner, Caton, par sa volonté de n'accorder rien. Le premier était le refuge des malheureux, le second, la perte des méchants. On louait la complaisance de l'un, la fermeté de l'autre. Enfin, César s'était donné pour règle de travailler, de veiller, de négliger ses intérêts pour se consacrer à ceux de ses amis, de ne rien refuser qui méritât d'être accordé ; il ambitionnait un haut commandement, une armée, une guerre nouvelle, où sa valeur pût briller de tout son éclat. Caton, lui, avait le goût de la modération, du devoir, et par dessus tout, de l'austérité. Il ne luttait pas de richesse avec le riche, ni d'intrigue avec l'intrigant, mais de courage avec le brave, de réserve avec le modeste, d'intégrité avec l'honnête homme. À l'apparence d'homme de bien, il préférait la réalité ; aussi, moins il recherchait la gloire, plus elle s'attachait à lui.

La Conjuration de Catilina, 53-54.

HOMÈRE
VIIIe s. av. J.-C.

VIRGILE
Ier s. av. J.-C.

CLAUDIEN
Ve s. ap. J.-C.

Plutarque

César a excellé dans l'art de plaire, au peuple comme aux grands, ce qui lui permit d'accroître peu à peu son pouvoir.

PLAIRE POUR DOMINER

À Rome, César s'acquit une grande et brillante popularité par son éloquence judiciaire, et, d'autre part, ses manières affables, ses poignées de main et la grâce de sa conversation lui gagnèrent une immense faveur auprès de ses concitoyens, qu'il savait flatter avec une habileté au-dessus de son âge. Par ailleurs, les festins qu'il offrait à sa table et, en général, l'éclat de son train de vie accroissaient insensiblement son influence politique. D'abord ses envieux, persuadés que, ses ressources une fois épuisées, cette influence disparaîtrait rapidement, ne s'inquiétèrent pas de la voir florissante parmi le peuple ; mais, quand elle eut grandi, fut devenue difficile à renverser et marchait droit vers une révolution totale de l'État, ils s'aperçurent trop tard que nulle entreprise à son début ne doit être tenue pour insignifiante, car il n'en est aucune que la continuité ne puisse rendre vite considérable, lorsque le mépris qu'on a pour elle empêche d'en arrêter les progrès. En tout cas, le premier qui parut soupçonner et craindre les sourires de cette politique, comme ceux de la mer, et qui pénétra le redoutable caractère que recélaient cette amabilité et cet enjouement, fut Cicéron : il disait qu'il apercevait dans tous ses desseins et tous ses actes politiques une intention tyrannique, et il ajoutait : « Cependant, quand je vois sa chevelure si artistement arrangée, quand je le vois se gratter la tête avec un seul doigt, il ne me semble plus concevable que cet homme ait pu se mettre dans l'esprit un crime tel que le renversement de la constitution romaine. »

Vies, César, 4.

Les grands chefs sont parfois capables d'inspirer à ceux qui leur obéissent un dévouement quasi fanatique, qui les amène à se dépasser – tel celui qu'avaient pour le même César ses soldats et dont l'historien fournit ici maint exemple sanglant.

INVINCIBLES SOUS CÉSAR

Il inspirait à ses soldats un tel dévouement et une telle ardeur que même ceux qui ne s'étaient nullement distingués dans leurs autres campagnes devenaient avec lui irrésistibles et invincibles, se jetant dans n'importe quel péril pour la gloire de César. Tel fut Acilius, qui, lors du combat naval livré près de Marseille, étant monté sur un vaisseau ennemi et ayant eu la main droite tranchée, loin de lâcher son bouclier de l'autre main, en frappa les ennemis au visage, leur fit tourner le dos à tous et resta maître du navire. Tel fut aussi Cassius Scaeva, qui, à la bataille de Dyrrachium, ayant eu un œil crevé par une flèche, ainsi qu'une épaule et une cuisse traversée par deux javelots, et ayant reçu cent trente traits sur son bouclier, appela les ennemis comme s'il voulait se rendre, et, deux d'entre eux s'approchant, il trancha l'épaule du premier d'un coup d'épée et, frappant l'autre au visage, le mit en fuite, tandis que lui-même était sauvé par ses camarades accourus autour de lui. De même, en Grande-Bretagne, un jour que les centurions dont les troupes marchaient en tête étaient tombés dans un endroit marécageux et plein d'eau où l'ennemi les attaquait, un soldat, en présence de César lui-même qui suivait des yeux le combat, se jeta au milieu des assaillants, et, par maints exploits d'une audace éclatante, mit en fuite les barbares, sauvant ainsi les centurions ; puis lui-même, traversant le marais à grand-peine après tous les autres, se jeta dans l'eau bourbeuse et s'en sortit difficilement, tantôt nageant, tantôt marchant, mais sans son bouclier ; César et les siens, pleins d'admiration, courent à sa rencontre avec des cris de joie, mais lui, baissant la tête et les yeux pleins de larmes, se jette aux pieds de

César en lui demandant pardon d'avoir abandonné son bouclier. En Afrique enfin, Scipion, s'étant emparé d'un vaisseau de César, où se trouvait Granius Petro, questeur désigné, réduisit l'équipage en servitude, mais dit au questeur qu'il lui accordait la vie sauve. Celui-ci répondit que les soldats de César avaient coutume d'en faire grâce aux autres, mais non d'en recevoir leur salut, et il se tua d'un coup d'épée.

De tels actes de courage et d'émulation pour la gloire, César lui-même les suscitait et les entretenait, d'abord par les faveurs et les honneurs qu'il prodiguait à ses soldats ; il montrait en effet que, s'il amassait des richesses au moyen de ses guerres, ce n'était pas pour son luxe et ses plaisirs personnels, mais pour les tenir en réserve et les conserver auprès de lui comme un trésor commun destiné à récompenser la bravoure ; on voyait qu'il ne prenait sa part des richesses que dans la mesure où il pouvait ainsi faire des présents à ceux de ses soldats qui le méritaient. En second lieu, il s'exposait volontairement à des périls et ne reculait devant aucune fatigue.

Vies, César, 16.

HOMÈRE
VIIIe s. av. J.-C.

VIRGILE
Ier s. av. J.-C.

CLAUDIEN
Ve s. ap. J.-C.

Ammien Marcellin

À l'instar de César, l'empereur Julien avait une autorité extraordinaire.

UN CHEF CHARISMATIQUE

Son autorité était si forte qu'étant l'objet d'un attachement profond lors même qu'il était craint, comme un compagnon d'armes qui partageait les périls et les fatigues de ses troupes, il put jusqu'au milieu des engagements les plus acharnés donner ordre de sévir contre des lâches, mais aussi, encore César, commander ses légionnaires sans les payer, au moment où ils étaient aux prises avec des peuples sauvages [...] ; et même, en s'adressant aux soldats mutinés, les menacer de les quitter pour rentrer dans la vie privée, s'ils ne renoncent pas à leur mutinerie. Enfin, la connaissance de ce seul fait dispensera de bien d'autres : il lui suffit d'une harangue sans apprêts à ses légionnaires des Gaules, accoutumés à leurs froidures rhénanes, pour leur faire parcourir en terre étrangère d'immenses étendues de pays, et les entraîner à travers l'Assyrie étouffante jusqu'aux confins des Mèdes.

Histoires, XXV, 4, 12.

PERSUADER

L'art de la parole est au cœur de l'éducation et de la culture antique, dès Homère. C'était aussi un instrument privilégié de pouvoir : les historiens antiques ont eu à cœur de reproduire, avec plus ou moins de fidélité (tel n'était pas nécessairement leur enjeu), nombre des discours, politiques ou militaires, des dirigeants d'alors, qui cherchaient à convaincre, à enflammer leurs auditeurs, ou bien, au tribunal, à défendre ou à condamner. Cicéron, dont l'œuvre laissa une empreinte considérable sur la civilisation occidentale, est bien sûr l'une des principales figures que nous laisse l'Antiquité en matière d'éloquence : sa maîtrise du verbe le mena au sommet des honneurs politiques de son temps. Mais pour convaincre, il ne suffit pas d'être capable de s'exprimer avec des phrases rythmées et un vocabulaire choisi : il faut aussi être sûr de soi et le rester, même face à un auditoire hostile, voire menaçant. Le même Cicéron en fit la pénible expérience lors d'un procès fameux, où il perdit contenance devant la foule menaçante des soldats de Pompée.

HOMÈRE
VIIIe s. av. J.-C.

VIRGILE
Ier s. av. J.-C.

CLAUDIEN
Ve s. ap. J.-C.

Homère

Dans ces passages célèbres, Homère distingue les styles d'éloquence de trois des chefs grecs : celui de Nestor, dont la voix est plus douce que le miel (le style « fleuri ») ; celui de Ménélas, bref et incisif (le style « simple ») ; et celui d'Ulysse, dont les paroles s'abattent comme une neige drue (le « grand style »).

CHACUN SON STYLE

Mais voici que Nestor se lève, Nestor au doux langage, l'orateur sonore de Pylos. De sa bouche ses accents coulent plus doux que le miel. [...] Mais, l'heure venue d'ourdir pour le public les idées et les mots, Ménélas sans doute parlait aisément ; peu de paroles, mais sonnant bien ; il n'était ni prolixe certes, ni maladroit – il était moins âgé aussi. Mais quand l'industrieux Ulysse, à son tour, se dressait, il restait là, debout, sans lever les yeux, qu'il gardait fixés à terre ; il n'agitait le sceptre en avant ni en arrière, il le tenait immobile et semblait lui-même ne savoir que dire. Tu aurais cru voir un homme qui boude ou, tout bonnement, a perdu l'esprit. Mais à peine avait-il laissé sa grande voix sortir de sa poitrine, avec des mots tombant pareils aux flocons de neige en hiver, aucun mortel alors ne pouvait plus lutter avec Ulysse, et nous songions moins désormais à admirer sa beauté.

Iliade, I, 247-249 et III, 212-224.

HOMÈRE
VIIIᵉ s. av. J.-C.

VIRGILE
Iᵉʳ s. av. J.-C.

CLAUDIEN
Vᵉ s. ap. J.-C.

Cicéron

La forme littéraire du dialogue historique, adoptée par Cicéron dans De l'orateur, *lui permet de mettre en scène des grands orateurs de la génération qui a précédé la sienne : Marcus Licinius Crassus (115-53 av. J.-C.), général et homme politique romain, prend la parole dans ce passage fameux. C'est le modèle cicéronien de l'homme politique véritable qui est ici esquissé : celui qui est orateur parce qu'il a une maîtrise suffisante sur le plan technique et intellectuel, mais aussi parce qu'il est pleinement conscient de son rôle dans la société et de ses responsabilités.*

ÉLOGE DE L'ÉLOQUENCE

« Certainement rien, ajouta-t-il, ne me semble plus beau que de pouvoir, par la parole, retenir l'attention des hommes assemblés, séduire les intelligences, entraîner les volontés à son gré, en tous sens. C'est le fait de l'art par excellence, de celui qui, chez les peuples libres, surtout dans les cités pacifiées et tranquilles, a toujours été l'art florissant, l'art dominateur. Oui ! qu'y a-t-il de plus admirable que de voir, en face d'une immense multitude, un homme se dresser seul et, armé de cette faculté que chacun a cependant reçue de la nature, en user comme il est seul alors, ou presque seul, en mesure de le faire ? Quoi de plus agréable pour l'esprit et l'oreille qu'un discours, tout paré, embelli par la sagesse des pensées et la noblesse des expressions ? Quelle puissance que celle qui dompte les passions du peuple, triomphe des scrupules des juges, ébranle la fermeté du Sénat, merveilleux effet de la voix d'un seul homme ? Est-il aussi rien de plus royal, peut-on dire, de plus grand et généreux que de secourir les suppliants, de relever les malheureux à terre, d'arracher ses concitoyens à la mort, aux dangers, à l'exil ? Est-il enfin plus précieux avantage que d'avoir

243

toujours en main des armes qui vous permettent, étant bien à couvert, ou de défier vous-même les méchants, ou de punir leurs attaques ?

Mais, pour ne pas nous occuper sans cesse de ce qui se passe au forum, du barreau, des rostres, du Sénat, quel délassement plus doux dans la retraite, ou plus conforme à la dignité de notre nature, qu'un entretien enjoué et qui se prête à tous les sujets. Notre plus grande supériorité sur les animaux, c'est de pouvoir converser avec nos semblables et traduire par la parole nos pensées. Qui donc n'admirerait à bon droit ce privilège ? Qui ne croirait devoir faire tous ses efforts pour que, là principalement où l'homme l'emporte sur la bête, il l'emporte à son tour sur les hommes eux-mêmes. Et puis, venons-en au point capital. Quelle autre force a pu réunir en un même lieu les hommes dispersés, les tirer de leur vie grossière et sauvage, pour les amener à notre degré actuel de civilisation, fonder les sociétés, y faire régner les lois, les tribunaux, le droit ?

Sans entrer dans des détails qui seraient infinis, je conclurai en peu de mots : de la sage direction qu'un grand orateur imprime aux affaires dépend non seulement sa propre réputation, mais le salut d'un très grand nombre de citoyens, le salut même de l'État tout entier. Aussi, jeunes gens, poursuivez vos efforts ; donnez-vous pleinement à l'art dont vous avez entrepris l'étude ; et puissiez-vous, grâce à lui, parvenir à la gloire, servir vos amis, vous rendre utiles à la république ! »

De l'orateur, I, 30-34.

HOMÈRE
VIIIᵉ s. av. J.-C.

VIRGILE
Iᵉʳ s. av. J.-C.

CLAUDIEN
Vᵉ s. ap. J.-C.

Plutarque

Il n'est pas nécessaire que les discours soient longs pour être efficaces. Exemple célèbre de communication politique réussie, le « Veni, vidi, vici » de César suggère par sa brièveté même la rapidité de sa victoire contre le roi du Pont, lors de la bataille de Zéla (47 av. J.-C.).

VENI, VIDI, VICI

Il marcha donc aussitôt contre lui avec trois légions, lui livra une grande bataille près de la ville de Zéla, le mit en fuite, le chassa du Pont et détruisit entièrement son armée. En annonçant à l'un de ses amis de Rome, Matius, cette bataille si vivement et si rapidement gagnée, il écrivit ces trois mots : « Je suis venu, j'ai vu, j'ai vaincu. » En latin, ces mots, qui ont la même désinence, sont très expressifs dans leur concision.

Vies, César, 56.

HOMÈRE
VIIIe s. av. J.-C.

VIRGILE
Ier s. av. J.-C.

CLAUDIEN
Ve s. ap. J.-C.

Isocrate

L'orateur souligne ici l'importance, à ses yeux, de l'assurance, complément indispensable à la capacité à composer des discours pour prendre la parole en public. Lui-même en savait quelque chose, ayant dû renoncer à la carrière de grand orateur politique à laquelle il aspirait du fait de sa timidité et de son manque de mémoire.

LA HARDIESSE : UNE QUALITÉ INDISPENSABLE

Car, si quelqu'un possède un esprit capable d'invention, d'instruction, de labeur et de mémoire, une voix et une netteté de diction telles que non seulement ses paroles, mais leur heureuse disposition puisse contribuer à convaincre ses auditeurs, s'il a en outre de la hardiesse, non pas celle qui témoigne de l'impudence, mais celle qui s'accompagne de réserve et dispose l'âme à ne pas avoir moins de confiance en parlant même devant tous les citoyens qu'en réfléchissant à part soi, qui ne sait pas qu'un tel homme, recevant une éducation, je ne dis pas achevée, mais superficielle comme tout le monde peut l'avoir, deviendrait un orateur comme je ne sais s'il y en eut jamais en Grèce ? […] Si en effet quelqu'un écoutait attentivement toutes les leçons sur l'éloquence et s'il en possédait les détails mieux que tout autre, peut-être serait-il un inventeur de discours plus élégant que la majorité, mais, en présence de la foule s'il lui manquait une seule chose, la hardiesse, il ne pourrait pas même dire un mot.

Discours, Sur l'échange, 189-190 et 192.

HOMÈRE
VIII° s. av. J.-C.

VIRGILE
I° s. av. J.-C.

CLAUDIEN
V° s. ap. J.-C.

Plutarque

Même le grand avocat qu'était Cicéron pouvait être gagné par le trac. L'exemple le plus célèbre en est celui du procès qui se tint en 52 avant Jésus-Christ, où Cicéron défendit – sans succès – Milon, homme politique influent du temps qui avait tué, lors d'une mêlée confuse sur la voie appienne, Clodius, son ennemi juré. La tâche était difficile : dans une atmosphère générale de guerre civile, beaucoup voulaient la perte de Milon, jusqu'aux plus importants dirigeants du moment, le général Pompée en tête, qui, monté sur une estrade et entouré de ses troupes, s'installa en face de Cicéron.

CICÉRON A LE TRAC

Après ces événements, Milon tua Clodius, et, poursuivi pour meurtre, il prit comme défenseur Cicéron. Mais le Sénat, craignant que le procès d'un accusé renommé et impétueux comme l'était Milon n'occasionnât des troubles, chargea Pompée de présider à cette affaire et aux autres en assurant la sécurité dans la ville et dans les tribunaux. Alors que la nuit durait encore, Pompée fit donc entourer de soldats le Forum à partir des collines. Milon, craignant que Cicéron, troublé à la vue de ce dispositif inaccoutumé, ne plaidât moins bien, le persuada de se faire porter en litière au Forum et d'y rester tranquillement jusqu'au moment où les juges seraient réunis et le tribunal au complet. Cicéron, paraît-il, n'était pas seulement timoré sous les armes, mais il éprouvait de la crainte même quand il devait parler, et, dans beaucoup de procès, il cessait à peine d'être ému et de trembler lorsque son éloquence atteignait tout son éclat et toute sa fermeté. Lorsqu'il avait défendu Licinius Murena, poursuivi par Caton, Cicéron, mettant son point d'honneur à surpasser Hortensius, qui avait eu du succès, ne s'était accordé aucun repos de toute la nuit, si

247

bien qu'exténué par l'excès de méditation et de veille, il avait paru inférieur à lui-même. Cette fois, au procès de Milon, quand Cicéron, sortant de sa litière, vit Pompée assis tout en haut, comme au milieu d'un camp, et les armes qui étincelaient tout autour du Forum, il se troubla et eut de la peine à commencer son discours. Il frissonnait et sa voix s'étranglait, alors que Milon lui-même assistait aux débats plein de hardiesse et d'assurance, et avait jugé indigne de lui de laisser croître ses cheveux et de prendre un habit de couleur sombre. Cette attitude semble avoir été la principale cause de sa condamnation. Quant à Cicéron, on attribua son émotion à la chaleur de son amitié plutôt qu'à la crainte.

Vies, Cicéron, 35.

HOMÈRE
VIIIᵉ s. av. J.-C.

VIRGILE
Iᵉʳ s. av. J.-C.

CLAUDIEN
Vᵉ s. ap. J.-C.

Dion Cassius

Le discours de Cicéron pour la défense de Milon, tel qu'on peut le lire aujourd'hui, réécrit par Cicéron (celui qu'il prononça avait dû être bien différent), est aujourd'hui considéré comme l'un de ses meilleurs. Milon, qui le reçut quelque temps après le procès, alors qu'il était à Marseille en exil, ironise à ce sujet.

DE L'AVANTAGE DE PERDRE SES PROCÈS

Les tribunaux se réunirent donc dans le calme et beaucoup furent condamnés pour divers motifs ou pour le meurtre de Clodius, notamment Milon, bien que Cicéron fût son défenseur. L'orateur en effet, voyant Pompée et les soldats présents au tribunal contrairement à l'usage, fut frappé de stupeur et d'épouvante, au point qu'il ne put rien dire de ce qu'il avait préparé et qu'après avoir à grand-peine prononcé quelques mots d'une voix mourante, il fut soulagé de pouvoir se retirer. Car le discours qui est aujourd'hui publié comme s'il s'agissait du plaidoyer prononcé à l'époque pour défendre Milon, il ne le rédigea que plus tard, à loisir, quand il eut repris ses esprits. On rapporte même la chose suivante : quand Milon, au cours de son exil, eut pris connaissance du discours qu'il lui avait envoyé, il répondit en lui écrivant qu'il avait eu de la chance que le discours n'ait pas pris cette tournure devant le tribunal, car il ne serait pas en train de manger d'aussi bons rougets à Marseille, où il résidait pendant son exil, s'il avait été défendu de la sorte.

Histoire romaine, XL, 54.

HOMÈRE
VIIIᵉ s. av. J.-C.

VIRGILE
Iᵉʳ s. av. J.-C.

CLAUDIEN
Vᵉ s. ap. J.-C.

Cicéron

Dans un passage du De l'orateur, *publié trois ans plus tôt, en 55, Cicéron semble, en quelque sorte, se justifier à l'avance. Le trac est ici, pour lui, la rançon du talent.*

LE PARADOXE DE L'ORATEUR

À mes yeux, l'orateur même le meilleur, celui qui a l'élocution la plus facile et la plus ornée, s'il ne s'intimide au moment de prendre la parole et ne se trouble dans son exorde, est un effronté, peu s'en faut. Mais, du reste, le cas ne saurait se présenter. Plus un orateur a de talent, plus il connaît aussi les difficultés de l'art et l'incertitude du succès, plus il redoute de tromper l'attente de ses auditeurs. D'autre part, l'homme incapable de rien produire, de rien faire entendre qui soit digne du sujet, digne du nom d'orateur, digne de l'audience du public, celui-là, fût-il très ému quand il parle, je le juge encore un effronté ; car ce n'est pas en rougissant, c'est en ne faisant pas ce qui prête à rougir que nous échapperons au reproche d'effronterie.

De l'orateur, I, 119-125.

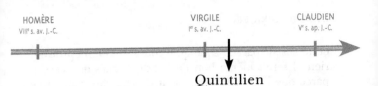

HOMÈRE
VIIIᵉ s. av. J.-C.

VIRGILE
Iᵉʳ s. av. J.-C.

CLAUDIEN
Vᵉ s. ap. J.-C.

Quintilien

Quintilien, professeur de rhétorique et lui-même avocat célèbre, souligne lui aussi l'importance pour l'orateur de la force d'âme et d'une juste confiance en soi, sans laquelle tous ses talents resteront enfouis.

UNE FORCE D'ÂME QUE RIEN N'ÉBRANLE

Mais de tout cela, ce qui l'emporte de beaucoup, c'est la hauteur d'un caractère que ne brise aucune crainte, que n'effraie aucune clameur, que, sans aller au-delà d'un légitime respect, n'entrave pas l'autorité d'un auditoire. Car autant sont détestables les défauts opposés, tels la confiance en soi, la témérité, la déloyauté, l'arrogance, autant sans la fermeté, l'assurance, le courage, l'art n'aura servi à rien, ni l'étude, ni le progrès même ; c'est comme si l'on donnait des armes à des lâches et à des couards. En vérité, je le dis avec regret, car cela peut donner même lieu à un malentendu, le respect humain lui-même, défaut sans doute, mais défaut aimable et qui engendre si aisément des vertus, est parmi les choses nuisibles, et chez beaucoup de gens, c'est à cause de lui que les avantages du talent et de l'étude n'ont pas été mis dans leur jour et sont rongés en quelque sorte par la rouille de l'isolement. Au cas où ces lignes viendraient à être lues par un lecteur encore incapable de distinguer la valeur de chaque mot, qu'il sache bien que je ne blâme pas l'honnêteté, mais le respect humain, qui est une sorte de crainte détournant l'esprit de faire ce qu'il faut faire ; c'est de là que viennent l'embarras et le regret d'avoir entrepris et un brusque silence. Qui donc hésiterait à ranger parmi les défauts un état d'âme qui rend honteux d'agir honnêtement ? Ce n'est pas non plus que je veuille que l'orateur qui s'apprête à parler ne soit pas inquiet en se levant et ne change pas de couleur et ne saisisse pas le risque qu'il court ; si l'on n'éprouvait rien, il serait même bon de feindre ; mais que ce soit parce que l'on sent la lourdeur de la tâche, non parce qu'on la redoute et soyons émus, non effondrés. Le meilleur remède au respect humain, c'est la confiance en soi et, quelque défaut d'assurance qu'il présente, l'orateur trouve un soutien dans la conscience de sa grande valeur.

Institution oratoire, XII, 5, 1-4.

HOMÈRE
VIIIe s. av. J.-C.

VIRGILE
Ier s. av. J.-C.

CLAUDIEN
Ve s. ap. J.-C.

Marc le Diacre

*La scène, relatée par Marc le Diacre, se déroule en 402, à
Constantinople. Porphyre (évêque de Gaza), dont Marc est le
diacre, et Jean (Métropolite de Césarée) sont à Constantinople,
pour réclamer à l'empereur Arcadius la fermeture des temples
païens à Gaza. Après un premier refus de l'empereur et alors que
leur fils va bientôt être baptisé, l'impératrice Eudoxie échafaude
non sans rouerie un stratagème complexe pour convaincre son
époux impérial d'accéder à la demande des saints hommes. Un
bel exemple de l'art d'influencer et de diriger en coulisses.*

MIRACLE !

L'Impératrice me répondit : « S'il plaît à Dieu, dans
quelques jours, l'enfant recevra le saint baptême. Allez
donc, rédigez une supplique, mettez-y tout ce que vous
demandez, et lorsque l'enfant reviendra du précieux
baptême, remettez la supplique à celui qui le portera
– je l'instruirai préalablement de ce qu'il devra faire –
et j'espère dans le fils de Dieu qu'il arrangera tout cela
selon la volonté de sa miséricorde. » Nous, ayant reçu de
telles assurances, nous prononçâmes sur elle et sur l'enfant d'abondantes bénédictions, puis nous sortîmes et
nous allâmes rédiger la supplique. Nous mîmes bien des
choses sur ce papier, non seulement la destruction des
idoles, mais encore l'octroi de privilèges pour la sainte
église et pour les chrétiens, ainsi que des revenus ; car la
sainte église était bien pauvre.

Les journées passèrent, et le jour vint où l'on devait
baptiser le jeune empereur Théodose. Toute la ville était
garnie et décorée de soieries, d'orfèvrerie, et de toutes
sortes d'ornements, au point que personne ne saurait
décrire la splendeur de la cité : mais on pouvait voir,
semblable aux flots agités, la foule des habitants, dont
les vêtements de toutes formes et de toutes couleurs,

chatoyaient. Dire la splendeur de ce décor n'est point dans ma capacité ; c'est l'affaire de ceux qui se sont exercés dans l'art des discours. Quant à moi, j'en reviens à mon récit véridique. Lorsque le jeune Théodose eut été baptisé, et qu'il revint de l'église au Palais, on put de nouveau compléter la foule magnifique des personnages qui s'avançaient en tête du cortège, et leurs vêtements qui jetaient des éclairs. Tous, en effet, étaient habillés en blanc, au point que cette foule avait l'air couverte de neige. En avant marchaient les patrices, les illustres et tous les dignitaires, avec les régiments de l'armée, tout ce monde ayant en main des cierges, au point que l'on eût dit des étoiles brillant sur cette terre. Près de l'enfant, que l'on portait, marchait l'empereur Arcadius lui-même, ayant le visage joyeux et plus brillant encore que la pourpre dont il était revêtu. Et c'était l'un des grands qui tenait l'enfant, vêtu lui aussi d'une robe éclatante de blancheur. Nous fûmes émerveillés en voyant toute cette gloire. Et saint Porphyre nous dit : « Si les choses terrestres, qui passent si vite, ont une telle gloire, qu'en sera-t-il des choses célestes, préparées pour ceux qui en sont dignes, qu'aucun œil n'a vues, qu'aucune oreille n'a perçues, et qui ne sont jamais montées au cœur d'un homme ? »

Et nous nous arrêtâmes au portail de la sainte église avec le papier portant la supplique. Et comme l'enfant sortait du baptistère, nous nous écriâmes : « Nous supplions Ta Piété », tout en tendant notre papier. Or, celui qui portait l'enfant, et qui était dans le secret de notre affaire (il avait été instruit d'avance par l'Impératrice), ordonna qu'on reçût la supplique et qu'on la lui remît ; il la prit, il s'arrêta. Il ordonna ensuite qu'on fît silence. Il déplia notre requête, en lut une partie, la roula, mit la main sous la tête de l'enfant et inclinant celle-ci en présence de tous, il s'écria : « Leur Majesté a ordonné qu'il soit fait ce qui est dit dans la supplique. » Et tous les témoins de ce spectacle furent remplis d'admiration et se prosternèrent devant l'Empereur, le félicitant d'avoir eu cet honneur de voir, lui vivant, régner son fils. Ce qu'entendant, l'Empereur était plein d'orgueil. Or, on s'était empressé de rapporter à l'impératrice Eudoxie ce qui s'était fait grâce à son fils. Elle se réjouit, et, s'agenouillant, rendit grâces à Dieu.

Lorsque l'enfant fut rentré dans le palais, l'Impératrice alla à sa rencontre, le reçut, le couvrit de baisers, et, sans cesser de le porter, elle embrassa l'Empereur en lui disant : « Je te félicite, Seigneur, pour ce que tes yeux ont vu de ton vivant. » Et l'Empereur l'écoutait avec joie. L'impératrice, le voyant joyeux, lui dit : « S'il te plaît, voyons ce que contient cette supplique, afin d'accomplir sa teneur. » L'Empereur commanda qu'on donnât lecture du papier, après quoi il dit : « La requête est grave, mais le refus serait plus grave, puisqu'aussi bien c'est là le premier commandement de notre fils. » Et l'Impératrice insista : « Ce n'est pas seulement son premier commandement, c'est encore un commandement qu'il a fait dans cette sainte robe ; de plus, la piété a dicté la requête et les suppliants sont des saints. » Et l'Empereur consentit à grand-peine, sur les instances répétées de l'Impératrice.

Vie de Porphyre, 46-49.

DONNER L'EXEMPLE

Bien parler ne suffit pas : pour motiver ses troupes, il faut aussi donner de sa personne. C'est là un lieu commun de l'éloge des grands chefs dans l'Antiquité : le bon chef est celui qui donne l'exemple ; dans le domaine militaire en particulier, il se bat en première ligne et vit à la dure, comme ses soldats. De par leur rôle en vue en effet, comme le rappelle Xénophon, tous les soldats ont les yeux tournés vers eux et sont disposés à les imiter. Alexandre le Grand, comme plus tard César, Trajan, ou Julien, maîtrisaient à merveille cette forme particulièrement efficace de communication politique.

HOMÈRE
VIII° s. av. J.-C.

VIRGILE
I°° s. av. J.-C.

CLAUDIEN
V° s. ap. J.-C.

Xénophon

*Le premier des deux extraits de l'*Anabase *qui suivent est un discours qu'adresse Xénophon aux chefs subsistants de l'expédition, après que les principaux généraux de l'armée ont été capturés par les Perses, pour leur rappeler leur devoir de montrer un comportement exemplaire. Dans le second extrait, plus tard au cours de leur traversée de l'Anatolie enneigée, Xénophon illustre son propos.*

PAYER DE SA PERSONNE

« Or, sachez bien une chose : réunis comme vous l'êtes maintenant en si grand nombre, vous avez une occasion définitive. Ces soldats ont tous les yeux tournés vers vous : s'ils vous voient découragés, tous seront des lâches ; si vous vous préparez ostensiblement à attaquer vous-même l'ennemi, si vous y encouragez les autres, sachez bien qu'ils vous suivront et qu'ils s'efforceront de vous imiter. Peut-être d'ailleurs n'est-il que juste que vous ayez une certaine supériorité sur eux : vous êtes stratèges[1], vous êtes taxiarques[2], lochages ; pendant le temps de paix, vous jouissiez de plus d'honneurs qu'eux. Aujourd'hui donc que c'est la guerre, c'est aussi pour vous un devoir de l'emporter sur leur multitude, de veiller à leur salut, de vous donner du mal en toute occasion pour eux. […] »

Ils arrivèrent à une résidence royale entourée de nombreux villages, pleins de vivres de toutes sortes. Ils y installent leur camp et pendant la nuit survient une forte chute de neige. À l'aurore, on décida que les divisions avec leurs stratèges camperaient isolément dans les villages ; on n'apercevait, en effet, aucun ennemi, et la

---

1. Généraux.
2. Commandant d'une division d'infanterie.

chose paraissait sans danger, à cause de l'épaisseur de la neige. En ce lieu on trouva toute sorte de bonnes choses, du bétail, du blé, des vins vieux pleins d'arôme, des raisins secs, des légumes variés. Cependant quelques soldats qui s'étaient écartés du cantonnement rapportèrent qu'ils avaient vu la nuit briller de nombreux feux. Les stratèges jugèrent donc qu'il n'était pas sans danger de camper séparément et qu'il valait mieux rassembler de nouveau l'armée. Alors elle se réunit ; d'ailleurs le temps paraissait s'éclaircir. Mais cependant qu'ils campaient cette nuit-là, voilà qu'il tombe une telle épaisseur de neige, qu'on ne voyait plus ni les armes, ni les hommes étendus ; les bêtes de somme étaient engourdies par la neige ; partout les hommes ne mettaient aucune hâte à se lever : allongés sur le sol, la neige qui les couvrait leur tenait chaud, quand elle n'avait pas fondu autour d'eux. Xénophon eut le courage de se lever et de se mettre, sans manteau, à fendre du bois. Aussitôt un soldat se leva, puis un autre, qui lui prennent des mains la hache et continuent sa besogne. Alors tout le monde se leva, alluma du feu, se frotta le corps avec des matières grasses.

Anabase, III, 1 et IV, 4.

HOMÈRE
VIIIe s. av. J.-C.

VIRGILE
Ier s. av. J.-C.

CLAUDIEN
Ve s. ap. J.-C.

Plutarque

Un élément récurrent de la légende du Conquérant est sa capacité à montrer l'exemple, ce qui est une façon de montrer à ses soldats l'attachement qu'il leur porte et exalte leur courage. L'épisode se déroule ici en Asie centrale, alors qu'Alexandre est à la poursuite de Darius. Il s'agit bien là de ces « petits faits » qu'affectionne Plutarque, et qui « montrent mieux le caractère que des combats qui font des milliers de morts[1] ».

UN MODÈLE D'ABNÉGATION

Il marchait alors contre Darius dans l'intention de lui livrer un nouveau combat quand il apprit que Bessus s'était saisi de la personne du roi ; il renvoya les Thessaliens dans leur patrie, après leur avoir fait présent de deux mille talents en sus de leur solde. La poursuite fut pénible et longue (en onze jours il parcourut à cheval trois mille trois cents stades), et la plupart de ses soldats perdirent courage, surtout à cause du manque d'eau. C'est alors qu'il rencontra des Macédoniens qui transportaient dans des outres à dos de mulets de l'eau qu'ils avaient puisée au fleuve. Ceux-ci, voyant Alexandre accablé par la soif à l'heure de midi, remplirent vite un casque et le lui tendirent. Il leur demanda pour qui ils faisaient ce transport. « Pour nos propres fils, répondirent-ils ; mais, pourvu que tu vives, nous en aurons d'autres, si nous perdons ceux-là. » À ces mots, il prit le casque dans ses mains, mais, ayant jeté les yeux autour de lui, il vit tous les cavaliers qui l'accompagnaient tourner la tête et regarder vers la boisson. Alors il la rendit sans avoir bu, et, en remerciant ceux qui la lui avaient offerte, il dit : « Si je bois tout seul, ces gens perdront cœur. »

---

1. *Vie d'Alexandre*, I, 2.

Les cavaliers, voyant sa maîtrise de lui-même et sa grandeur d'âme, lui crièrent de les emmener hardiment, et ils fouettèrent leurs montures. « Nous ne pouvons admettre, se disaient-ils, que nous sommes fatigués, ou que nous avons soif, ou, en un mot, que nous sommes mortels, tant que nous aurons un tel roi. »

Vies, Alexandre, 42.

HOMÈRE
VIIIᵉ s. av. J.-C.

VIRGILE
Iᵉʳ s. av. J.-C.

CLAUDIEN
Vᵉ s. ap. J.-C.

Cicéron

*A contrario, à en croire la description sarcastique de l'ora-
teur, l'infâme Verrès, propréteur de Sicile (73-71 av. J.-C.), chargé
de protéger la Sicile des exactions des pirates, préféra s'adonner
à la débauche dans le cadre agréable de Syracuse plutôt que de
prendre ses responsabilités à la tête de ses troupes.*

UN CONTRE-EXEMPLE

Comme je parle de la gloire militaire de Verrès, je
désire qu'il me mette sous les yeux les faits qui peuvent
m'échapper. [...] Vous connaissez les sages résolutions
de cet homme, son activité, sa vigilance, la protection
et la défense de la province. L'essentiel, c'est d'arriver à vous faire savoir, – car il y a plusieurs sortes de
généraux, – à quelle sorte il appartient, pour que nul
ne puisse plus longtemps, dans une si grande disette
d'hommes de cœur, ignorer un tel général. Ne pensez
ni à la prudence de Fabius Maximus, ni à la vivacité dans
l'action du premier Africain, ni à la rare prévoyance du
second, ni à la tactique savante de Paul Émile, ni à la
fougue et à la vaillance de Marius ; c'est une autre sorte
de général bien digne assurément d'être maintenue et
conservée avec soin que je vous demande d'apprendre
à connaître.

En premier lieu, pour les marches, qui sont bien
certainement, juges, l'exercice le plus important dans
l'art militaire et en Sicile le plus nécessaire, écoutez
combien il se les est rendues faciles et agréables par sa
méthode réfléchie et prudente. D'abord, dans la saison
de l'hiver, contre la rigueur du froid et la violence du
mauvais temps et des torrents, voici le beau remède qu'il
s'était inventé : il avait élu domicile à Syracuse dont la
position et le climat sont tels, dit-on, que jamais, dans le
plus grand désordre des éléments, aucun jour ne s'est

passé sans qu'à quelque moment les hommes aient vu
le soleil. C'est là que, pendant les mois d'hiver, notre
excellent général vivait de telle manière que jamais
personne ne le voyait aisément hors de son logis ni
même hors de son lit. C'est ainsi que la courte durée
du jour était remplie tout entière par des festins et la
longueur de la nuit par des débauches et des scandales.

Au début du printemps – et il ne le faisait pas
commencer avec les premiers souffles du Favonius ou le
mouvement de quelque constellation, mais c'était quand
il avait vu fleurir la rose qu'à ses yeux arrivait le printemps, – il se livrait à la fatigue des marches : il y montrait
tant d'endurance et d'activité que personne jamais ne
le vit à cheval. En effet, suivant la coutume des rois de
Bithynie, c'était sur une litière à huit porteurs qu'il voyageait, appuyé sur un coussin en tissu de Malte, transpa-
rent, bourré de roses. Lui-même avait une couronne
sur la tête, une seconde au cou et il approchait de son
nez un filet de la plus fine toile, à mailles serrées, tout
plein de roses. La marche effectuée dans ces conditions,
une fois arrivé dans quelque ville, c'était dans la même
litière qu'il se faisait transporter jusqu'en sa chambre.
Là venaient les magistrats Siciliens, là se présentaient des
chevaliers romains, comme vous l'avez entendu déclarer
à beaucoup de témoins, sous la foi du serment ; les litiges
lui étaient soumis à huis clos ; peu après, tout ouvertement étaient emportées de là les décisions. Puis après
avoir donné quelques moments à rendre la justice en sa
chambre au poids de l'or et non de l'équité, c'était alors à
Vénus et à Bacchus qu'il croyait devoir consacrer le reste
de son temps. Ici je ne dois pas passer sous silence, il me
semble, la remarquable [préture] et l'originale activité
de cet illustre général ; car, sachez-le bien, il n'y a pas en
Sicile une seule des villes où les préteurs ont coutume
de s'arrêter et de tenir leurs assises, pas une, dis-je, où
dans quelque famille très noble il ne choisît une femme
pour ses plaisirs. Quelques-unes dans le nombre étaient
amenées publiquement à son banquet ; quelques-unes

étaient-elles plus réservées, elles venaient au moment propice pour éviter le grand jour et la réunion. Et ces banquets avaient lieu non pas dans le silence qui sied aux préteurs et aux généraux du peuple romain, ou avec la retenue qui caractérise d'ordinaire les banquets des magistrats, mais au milieu des cris les plus violents et du vacarme ; parfois même on en venait aux mains et aux coups. En effet, ce préteur austère et actif, lui qui n'avait jamais obéi aux lois du peuple romain, se pliait exactement à celles qui étaient établies pour la boisson. En conséquence, à la fin, l'un était emporté hors du banquet comme d'un champ de bataille entre les bras des esclaves ; l'autre était laissé pour mort ; beaucoup restaient étendus sans connaissance et privés de senti-ment, si bien que, devant ce spectacle, tout assistant aurait cru voir non pas un banquet de préteur, mais la bataille de Cannes de la débauche.

Mais quand venait le fort de l'été, saison que tous les préteurs de Sicile ont toujours eu l'habitude d'employer à des tournées, pensant que la province doit être visitée surtout au moment où les blés sont sur les aires, car les serviteurs sont rassemblés, le grand nombre des esclaves peut se compter, le travail de l'exploitation saute le plus aux yeux, l'abondance de la récolte se révèle, la tempé-rature ne gêne pas, – alors, dis-je, que tous les autres préteurs sont en courses, notre général d'un nouveau genre se faisait un camp fixe à l'endroit le plus beau de Syracuse. Car c'est à l'entrée même et à l'ouverture du port, à l'endroit où en s'éloignant du large le rivage commence à s'infléchir et se creuse dans la direction de la ville, qu'il plaçait ses tentes couvertes de voiles du lin le plus fin. C'est là qu'au sortir de ce palais prétorial, qui fut celui du roi Hiéron, il s'établissait si bien à demeure qu'en ces jours-là nul ne pouvait le voir hors de cette résidence. L'accès en cet endroit était permis seulement à qui pouvait être le complice ou le serviteur de ses débauches. Là venaient à la fois toutes les femmes avec qui il avait liaison, et il y en avait à Syracuse une quantité invraisemblable. Là se rendaient des hommes dignes de son amitié, dignes de prendre part à cette existence et à ces banquets. Parmi les hommes et les femmes de ce caractère, se trouvait ordinairement son fils déjà grand, de sorte que, même si la nature l'entraînait à ne pas ressembler à son père, l'habitude et l'éducation reçue ne laissaient pas de le forcer à lui ressembler. Là, Tertia la bien connue, enlevée par ruse et par embûches à un joueur de flûte rhodien, causa, dit-on, les plus grands troubles dans le camp de ce général, quand l'épouse du Syracusain Cléomène, femme de haute condition, et aussi l'épouse d'Aeschrion, issue d'une bonne famille, s'indignaient et ne pouvaient souffrir que la fille du mime Isidore vînt en leur compagnie. Mais notre Hannibal, en homme qui croyait qu'il fallait en son camp rivaliser de mérite et non pas de noblesse, chérit cette Tertia au point de l'emmener avec lui en quittant la province. Pendant les journées où, vêtu d'un manteau de pourpre et d'une tunique tombant jusqu'aux talons, il passait le temps à banqueter avec des femmes, les hommes ne se plaignaient pas à son sujet et souffraient sans peine que le magistrat fût absent du Forum, que la justice ne fût pas rendue, que les procès ne fussent pas jugés, que toute cette partie du rivage retentît des voix des femmes et de la musique d'un orchestre, que le plus grand silence régnât au Forum, privé de plaidoiries et de débats judiciaires ; car ce n'étaient pas le droit et la justice qui semblaient loin du Forum, mais la violence, la cruauté, l'âpre et inique pillage des biens.

Voilà l'homme dont tu fais, Hortensius, un grand général ? Ce sont ses vols, ses rapines, sa sensualité, sa cruauté, sa tyrannie, sa scélératesse, son audace, que tu veux couvrir de la grandeur de ses exploits et de sa gloire militaire ?

Seconde action contre Verrès, V, 10-13.

Plutarque

L'exemplarité dont fait preuve lui aussi César est l'un des nombreux traits qu'il a en commun avec Alexandre. Alors qu'il part à la poursuite de Pompée en Grèce, ses troupes qui s'approchent de Brindes pour embarquer commencent à murmurer – avant de se rendre compte que leur chef les a précédées de l'autre côté de la rive !

LA SURPRISE DU CHEF

Pressant sa marche, il devança le gros de ses troupes et, avec six cents cavaliers d'élite et cinq légions, en plein solstice d'hiver, au début de janvier (ce qui correspond au mois athénien de Poséidon), il s'embarqua, traversa la mer ionienne et s'empara d'Oricos et d'Apollonie, puis renvoya ses navires de transport à Brindes pour prendre les troupes qui, dans leur marche, étaient restées en arrière. Pendant toute la route, ces soldats qui n'avaient plus la vigueur physique de leur jeunesse et qui étaient rebutés par tant de guerres, murmuraient contre César : « Où donc, disaient-ils, et vers quel but cet homme veut-il nous conduire, en nous traînant partout et en nous employant comme des outils inusables et sans âme ? Le fer même s'émousse à force de frapper, et, quand la guerre dure si longtemps, il faut ménager le bouclier et la cuirasse. Nos blessures elles-mêmes ne font-elles donc pas voir à César qu'il commande à des mortels, et que nous sommes nés pour n'endurer que des peines et des souffrances de mortels ? Un dieu même ne saurait faire violence à la saison des tempêtes et des vents marins. Et pourtant il brave les périls, à croire qu'il fuit devant l'ennemi au lieu de le poursuivre ! » C'est en tenant de tels propos qu'ils s'acheminaient lentement vers Brindes. Mais lorsqu'en arrivant ils apprirent que César avait pris la mer, ils changèrent vite de sentiments :

ils se reprochaient à eux-mêmes d'avoir trahi leur général et reprochaient aussi à leurs chefs de n'avoir point pressé leur marche. Assis sur les hauteurs face à la mer et à l'Épire, ils cherchaient à apercevoir les vaisseaux qui devaient les transporter près de lui.

Vies, César, 37.

HOMÈRE
VIIIe s. av. J.-C.

VIRGILE
Ier s. av. J.-C.

CLAUDIEN
Ve s. ap. J.-C.

Pline le Jeune

Trajan, contrairement à ses prédécesseurs, avait à cœur de partager la vie de ses troupes.

UN GÉNÉRAL EN PREMIÈRE LIGNE

Dirai-je quelle admiration chez nos soldats, comment tu l'as conquise ? Ils partageaient avec toi les privations, avec toi la soif ; dans les exercices sur le champ de manœuvres tu mêlais aux escadrons des soldats la poussière et la sueur impériales ; sans aucune distinction que ta force et ta supériorité, sans aucune étiquette, tantôt tu lançais de loin des traits, tantôt tu recevais ceux qu'on te lançait ; tu te réjouissais et te félicitais de la bravoure de tes hommes chaque fois que ton casque ou ton bouclier était plus durement touché, car tu applaudissais ceux qui faisaient touche, tu leur recommandais d'oser et ils osaient aussitôt ; spectateur et directeur, tu préparais les armes des braves qui allaient se livrer assaut, tu essayais les traits et si un de tes soldats trouvait trop lourde l'arme qu'il avait reçue, tu la lançais toi-même ; que dirai-je encore ? tu consolais les fatigués, tu soulageais les malades. Il n'était pas dans tes habitudes de pénétrer sous ta tente avant d'avoir passé en revue celles de tes compagnons d'armes, ni de prendre repos si ce n'est le dernier. [...]

Lequel admirerai-je du consulat que tu as exercé, ou de celui dont tu n'as pas voulu ? Exercé non pas dans la tranquillité de Rome et au plus profond d'une paix complète, mais face aux nations barbares, à l'instar de ceux-là qui avaient accoutumé de changer la prétexte[1]

---

1. **Toge** blanche bordée de pourpre, portée par les magistrats romains, à l'exception des questeurs, des édiles plébéiens et des tribuns de la plèbe.

pour le *paludamentum*[2], et de découvrir par la victoire des terres inconnues. Il est beau pour l'empire, glorieux pour toi qu'alliés et amis soient venus à tes audiences dans leur patrie, dans leurs pénates. Splendide spectacle : après plusieurs siècles le tribunal du consul fait de gazon vert, et pour garde d'honneur non tant les faisceaux que les javelots et les enseignes. Pour rehausser la majesté du président, la variété de costume des demandeurs, leurs langues dissemblables et ces discours auxquels il fallait presque toujours un interprète. Il est magnifique déjà de rendre la justice aux citoyens, mais la rendre aux ennemis ! il est éclatant d'être sur la chaise curule dans la paix assurée du forum ; mais la fixer avec les traces de la victoire sur ces plaines sauvages ! intimider ces rives menaçantes avec assurance et tranquillité ! dédaigner les cris des barbares ! et faisant moins parade de ses armes que de ses toges, réprimer la peur de l'ennemi ! Aussi n'était-ce pas devant des portraits, mais en ta présence, à tes oreilles, qu'ils te saluaient *imperator*, nom que d'autres avaient mérité pour avoir vaincu les barbares, et toi pour les avoir méprisés.

Panégyrique de Trajan, XIII et LVI.

2. Manteau des généraux.

HOMÈRE
VIIIe s. av. J.-C.

VIRGILE
Ier s. av. J.-C.

CLAUDIEN
Ve s. ap. J.-C.

Ammien Marcellin

L'empereur Julien, lui non plus, n'hésitait pas à monter au front et à s'exposer aux dangers – il mourut d'ailleurs, blessé par une lance ennemie, après s'être témérairement engagé dans la mêlée sans avoir mis sa cuirasse.

UNE AUDACE COMMUNICATIVE

Son courage, la fréquence des combats et l'expérience des guerres en donnèrent la preuve, aussi bien que son endurance à de terribles froids tout autant qu'à la chaleur. On requiert d'un soldat un service physique, et d'un chef un service moral ; lui, on le vit en personne aller audacieusement à l'attaque et frapper mortellement un ennemi farouche, et arrêter plusieurs fois à lui seul la débandade des nôtres en leur opposant sa propre poitrine. Que ce fût lorsqu'il anéantit les royaumes des Germains en furie, ou bien dans la poussière brûlante de la Perse, il augmentait la confiance de ses soldats en combattant en première ligne.

Histoires, XXV, 4, 10.

FAVORISER LA COLLABORATION

Un bon chef veille à ce que ses collaborateurs travaillent de concert le plus harmonieusement possible. Il convient aussi qu'il se montre réceptif aux suggestions qu'il peut recevoir de ses équipiers, sans toujours imposer ses décisions de façon autoritaire : quand Ulysse ne fait pas cas des conseils de ses compagnons d'*Odyssée*, tout l'équipage manque de peu de périr.

HOMÈRE
VIIIe s. av. J.-C.

VIRGILE
Ier s. av. J.-C.

CLAUDIEN
Ve s. ap. J.-C.

Homère

*Si les compagnons d'Ulysse servent surtout de faire-valoir à sa sagesse, par leurs imprudences et leurs refus de lui obéir qui entraînent leur perte, dans certains épisodes, les rôles se renversent. Ainsi, quand ils pénètrent dans l'antre du Cyclope en son absence, ils supplient Ulysse de partir, mais ce dernier ne les écoute pas – décision funeste. Un peu plus tard, les survivants qui ont réussi à prendre la fuite dans un navire tentent d'empêcher Ulysse de provoquer le Cyclope par ses insultes. Là encore, il ignore leurs avertissements – il s'en fallut de peu que l'*Odyssée *ne s'arrêtât là.*

PRISES DE RISQUES INUTILES

Mais, aussitôt entrés, mes gens n'ont de paroles que pour me supplier de prendre les fromages, les agneaux, les chevreaux, de vider les enclos et de nous en aller en courant, au croiseur, retrouver l'onde amère. C'est moi qui refusai ; ah ! qu'il eût mieux valu !… Mais je voulais le voir et savoir les présents qu'il nous ferait, cet hôte ! il n'allait se montrer à mes gens que trop tôt, et non pour leur plaisir… Nous restons. Nous faisons du feu, un sacrifice, et, nous étant servis, nous mangeons des fromages. Puis, dans la grotte assis, nous restons à l'attendre. […]

Nous voici revenus en mer, deux fois plus loin ; je hèle le Cyclope ; mes gens, autour de moi, de leurs mots les plus doux, à l'envi me retiennent : « Tu vas exaspérer, malheureux, ce sauvage ! Il vient de nous jeter un si gros projectile qu'il nous a ramené le croiseur à la côte ; il a failli nous perdre. Si tes cris ou ta voix lui parviennent encore, c'est nos têtes à nous, et les bois du vaisseau, qu'il va mettre en bouillie, sous le bloc anguleux que son bras peut lancer : il porte jusqu'ici ! Ils parlaient, sans fléchir l'audace de mon cœur. Je reprends et lui crie toute ma rancune : « Cyclope, auprès de toi, si quelqu'un des mortels vient savoir le malheur qui t'a privé de l'œil, dis-lui qui t'aveugla : c'est le fils de Laerte, oui ! le pilleur de Troie, l'homme d'Ithaque, Ulysse. » [...] Et déjà le Cyclope a repris un rocher bien plus gros qu'il soulève. Il le fait tournoyer, le jette, en y mettant sa force exaspérée. Du navire azuré, le bloc rase la poupe, en risquant d'écraser la pointe de l'étambot.

Odyssée, IX, 224-233, 492-505 et 537-540.

HOMÈRE
VIIIe s. av. J.-C.

VIRGILE
Ier s. av. J.-C.

CLAUDIEN
Ve s. ap. J.-C.

Xénophon

L'orateur affirme aux Grecs désemparés par la perte de leurs chefs (on l'a vu, les stratèges, dont Cléarque en particulier, ayant été traîtreusement tués par les Perses) que pour survivre dans l'environnement hostile où ils se trouvent désormais, il leur faut maintenant se montrer beaucoup plus disciplinés et solidaires. Il réclame l'avis et l'aval de tous pour cette proposition, même des simples soldats – bel exemple de cette collaboration de tous qu'il cherche à promouvoir.

DES LÉGIONS DE CHEFS AU LIEU D'UN SEUL

« Il me reste à dire ce qui pour moi est essentiel. Vous voyez que nos adversaires n'ont pas osé renouveler les hostilités contre nous avant de capturer nos stratèges : tant que nous avions des chefs, pensaient-ils, et que nous leur obéissions, nous étions assez forts pour les battre ; les chefs pris, ils se sont mis à croire qu'à cause de l'anarchie et du désordre qui en résulteraient, ils nous anéantiraient. Il faut donc que ceux qui commandent actuellement soient bien plus vigilants que ceux qui les ont précédés, et que ceux qui obéissent soient bien plus disciplinés et dociles aux chefs d'aujourd'hui qu'à ceux d'hier. Si quelqu'un refuse d'obéir, il faut voter que le premier venu d'entre vous aidera chaque fois le chef dans la répression. Ainsi nos ennemis seront complètement déçus : aujourd'hui même ils vont voir devant eux non plus un seul, mais des légions de Cléarques, qui ne permettront à personne d'être lâche. Je m'arrête ; il est temps de finir. Peut-être nos ennemis vont-ils immédiatement apparaître. Que celui qui approuve ces mesures les ratifie au plus vite, pour qu'on les mette à exécution. Si quelqu'un a quelque chose de meilleur à proposer, qu'il n'hésite pas, fût-ce un simple soldat, à nous en faire part : tous nous sommes intéressés au salut commun. »

Anabase, III, 2, 29-32.

HOMÈRE
VIIIᵉ s. av. J.-C.

VIRGILE
Iᵉʳ s. av. J.-C.

CLAUDIEN
Vᵉ s. ap. J.-C.

Plutarque

Le bataillon sacré était, à Thèbes, un corps d'élite de trois cents hoplites choisis parmi des familles nobles, formé en 387 avant Jésus-Christ pour défendre Thèbes contre l'armée hautement entraînée de Sparte. Il eut en Pélopidas (410-364 av. J.-C.) un chef remarquable, qui conduisit Thèbes au zénith de sa puissance. Son caractère particulier tenait à ce qu'il était composé de cent cinquante couples d'amants, chaque membre étant lié à l'autre par de puissants liens émotionnels d'amour et de loyauté. D'après les conceptions de l'époque (on retrouve l'idée dans le Banquet *de Platon), c'était là s'assurer que chacun serait prêt à se battre jusqu'au bout. À la bataille de Chéronée en 338, quand Athènes et Thèbes furent battues par Philippe II de Macédoine, le bataillon sacré se battit jusqu'à la mort.*

UNE TROUPE
FORMÉE DE GENS QUI S'AIMENT
EST INVINCIBLE

Le bataillon sacré fut, dit-on, créé par Gorgidas. Il y fit entrer trois cents hommes d'élite, dont l'État assurait la formation et l'entretien, et qui étaient campés dans la Cadmée. C'est pour cela qu'on l'appelait le bataillon de la ville, car en ce temps-là on donnait couramment aux acropoles le nom de villes. Quelques-uns prétendent que cette unité était composée d'amants et d'aimés, et l'on rapporte à ce propos un mot plaisant de Pamménès : « Le Nestor d'Homère, disait-il, est un médiocre tacticien, quand il engage les Grecs à se grouper au combat "par tribus et par clans" : "Ainsi, le clan pourra s'appuyer sur le clan et la tribu porter secours à la tribu", alors qu'il fallait ranger l'amant près de l'aimé. Car, dans les périls, on ne se soucie guère des gens de sa tribu ou de sa phratrie, tandis qu'une troupe formée de gens qui s'aiment d'amour possède une cohésion impossible à rompre et à briser. Là, la tendresse pour l'aimé et la crainte de se montrer indignes de l'amant les font rester fermes dans les dangers pour se défendre les uns les autres. » Et il n'y a pas lieu de s'en étonner, s'il est vrai que l'on respecte plus l'ami, même absent, que les autres présents. C'est ainsi qu'un guerrier terrassé et près d'être égorgé par l'ennemi le priait, le suppliait de lui passer l'épée à travers la poitrine, « afin, dit-il, que mon ami n'ait pas à rougir devant mon cadavre, en me voyant blessé dans le dos ». On dit aussi qu'Iolaos, aimé d'Héraclès, partageait ses travaux et combattait à ses côtés. Et Aristote rapporte que, de son temps encore, les aimés et les amants se prêtaient serment de fidélité sur le tombeau d'Iolaos. Il est donc naturel que l'on ait appelé « sacré » ce bataillon, de même que Platon définit l'amant comme « un ami inspiré par la divinité ». On dit que le bataillon sacré resta invincible jusqu'à la bataille de Chéronée. Après cette bataille, Philippe, regardant les morts, s'arrêta à l'endroit où gisaient les trois cents, que les sarisses avaient frappés par devant, tous avec leurs armes et mêlés les uns aux autres. Il fut dans l'admiration […] De même que les chevaux attelés à un char sont plus rapides que lorsqu'ils courent seuls, non point parce que, dans leur élan impétueux, ils fendent l'air plus facilement à cause de leur nombre, mais parce que la rivalité et l'émulation réciproques enflamment leur ardeur, de même, pensait-il, les braves, lorsqu'ils s'inspirent mutuellement le désir des grands exploits, sont les plus empressés et les plus efficaces pour accomplir une action commune.

Vies, Pélopidas, 18-19.

GÉRER LES CONFLITS

Tout meneur d'hommes est amené à consacrer une part substantielle de son temps à apaiser les querelles qui surgissent inévitablement dans ses équipes. Cette compétence est liée, comme le rappellent Hésiode ou Virgile, à la maîtrise de l'art de la parole et consiste, de façon générale, à trouver un équilibre entre la fermeté d'une part et le souci de se montrer compréhensif d'autre part.

HOMÈRE
VIIIe s. av. J.-C.

VIRGILE
Ier s. av. J.-C.

CLAUDIEN
Ve s. ap. J.-C.

Hésiode

Dans l'extrait qui suit, le poète évoque le divin privilège que reçoivent les rois des muses, filles de Zeus : la sagesse et l'habileté de leurs discours les rendent capables, en particulier, d'apaiser les conflits qui naissent au sein de leur peuple.

DON DIVIN

Celui qu'honorent les filles du grand Zeus, celui d'entre les rois nourrissons de Zeus sur qui s'arrête leur regard le jour où il vient au monde, celui-là les voit sur sa langue verser une rosée suave, celui-là de ses lèvres ne laisse couler que douces paroles. Tous les gens ont les yeux sur lui, quand il rend la justice en sentences droites. Son langage infaillible sait vite, comme il faut, apaiser les plus grandes querelles. Car c'est à cela qu'on connaît les rois sages, à ce qu'aux hommes un jour lésés ils savent donner, sur la place, une revanche sans combat, en entraînant les cœurs par des mots apaisants. Et quand il s'avance à travers l'assemblée, on lui fait fête comme à un dieu, pour sa courtoise douceur, et il brille au milieu de la foule accourue. Tel est le don sacré des Muses aux humains.

Théogonie, 80-93.

HOMÈRE
VIIIe s. av. J.-C.

VIRGILE
Ier s. av. J.-C.

CLAUDIEN
Ve s. ap. J.-C.

Virgile

Virgile compare Neptune apaisant les flots qui sont sur le point de détruire la flotte d'Énée à un chef apaisant la révolte d'un peuple – le passage n'est pas sans rappeler Hésiode. Dressant à l'orée de son Institution oratoire *le portrait de l'orateur idéal, Quintilien, inversant la comparaison, vit dans ce passage un portrait de l'orateur idéal*[1].

COMME UNE TEMPÊTE QUI S'APAISE

Il dit et, plus vite encore, apaise les flots soulevés, met en fuite les nuages amoncelés et ramène le soleil. Cymothoé et Triton unissent leurs efforts et dégagent les navires de la pointe des rocs. Lui-même, de son trident, les soulève, ouvre les bancs de sable, aplanit l'étendue des flots ; les roues légères de son char effleurent la cime des vagues. On voit souvent, dans un concours de peuple, l'émeute éclater : le bas peuple est déchaîné, déjà volent pierres et brandons, la rage fait arme de tout ; mais alors, si apparaît un homme auquel sa piété et ses mérites donnent beaucoup de poids, le silence se fait, on s'arrête, on est tout oreilles ; il parle et sa parole gouverne les esprits, adoucit les cœurs. De même est retombé tout le fracas de la mer, maintenant que, sur son char, le vénérable Neptune a les yeux sur l'étendue des flots, dirige ses chevaux sous un ciel dégagé et lâche les rênes à leur vol docile.

Énéide, I, 142-156.

---

1. Quintilien, *Institution oratoire*, X, 1b.

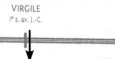

HOMÈRE
VIIIᵉ s. av. J.-C.

VIRGILE
Iᵉʳ s. av. J.-C.

CLAUDIEN
Vᵉ s. ap. J.-C.

Tite-Live

La scène se déroule en 206 avant Jésus-Christ en Espagne, pendant la deuxième guerre punique. Leur général, Scipion, étant tombé malade, quelques troupes cantonnées à l'embouchure du fleuve Sucro (le Júcar ?) se sont révoltées. Le célèbre général romain les convoque à Carthagène et met un terme à leur révolte dans un discours célèbre. Une certaine fermeté s'impose parfois pour apaiser les conflits…

UN DISCOURS GLAÇANT

Convoqués ensuite à une assemblée, ceux qui étaient arrivés la veille se dirigèrent en courant, pleins de superbe, vers le forum, en direction de la tribune du général, dans l'intention, en prenant les devants, de lui faire peur par leurs clameurs. Simultanément, le général monta à la tribune et les soldats en armes, ramenés des portes, se déployèrent en cercle derrière la foule désarmée. Alors tomba toute leur superbe et, comme ils l'avouaient par la suite, rien ne les effraya autant que la vigueur et le teint coloré que, contrairement à leur attente, affichait le général (ils s'étaient attendus à le voir affaibli), ainsi que l'expression de son visage, qu'ils ne se souvenaient pas de lui avoir vue, disaient-ils, même sur le champ de bataille. Il resta assis sans un mot pendant quelque temps, jusqu'au moment où on lui annonça que les instigateurs de la révolte avaient été amenés au forum et que tout était prêt.

Alors, le héraut ayant fait faire le silence, il commença ainsi : « Jamais je n'aurais cru que les mots me manqueraient pour m'adresser à mon armée ; non que je me sois jamais exercé à l'éloquence plus qu'à l'action, mais parce que, vivant dans un camp presque depuis mon enfance, je m'étais habitué au caractère des militaires. Comment m'adresser à vous ? Ni la réflexion, ni l'art de la parole ne m'en offrent les moyens, vous que je ne sais même pas de quel nom appeler – compatriotes ? vous qui vous êtes détachés de votre patrie ; soldats ? vous qui avez dit non à l'autorité militaire et au droit d'auspices, vous qui avez rompu le lien sacré du serment ; ennemis ? je reconnais l'allure, les traits, les vêtements, la tenue de compatriotes, mais ce que je vois, ce sont le comportement, les paroles, les projets, les intentions d'ennemis. [...] La cause et l'origine de toute l'agitation furieuse se trouvent chez les meneurs ; vous, c'est sous l'effet de la contagion que vous avez perdu la raison, vous qui, même aujourd'hui, me donnez l'impression de ne pas savoir quel degré de démence vous avez atteint, quel forfait vous avez osé commettre contre moi, quel forfait contre votre patrie, vos parents et vos enfants, quel forfait contre les dieux, témoins de votre serment, quel forfait contre les auspices qui guident votre vie à l'armée, quel forfait contre les usages militaires et la discipline des ancêtres, quel forfait contre la majesté du commandement suprême ! [...] C'est pourquoi, en ce qui concerne l'ensemble d'entre vous, si vous vous repentez de votre égarement, je vous considère comme largement assez punis ; Albius de Calès et Atrius l'Ombrien et tous les autres responsables d'une mutinerie scélérate expieront de leur sang ce qu'ils ont commis. Pour vous, le spectacle de leur supplice doit être non seulement dépourvu de dureté, mais même réjouissant, si une saine raison vous revient ; il n'est personne, en effet, à qui les décisions qu'ils ont prises firent plus de tort et plus de mal qu'à vous. »

À peine avait-il fini de parler que, comme tout était prêt, les yeux et les oreilles furent frappés d'un effroi qui venait de partout en même temps. Les troupes qui avaient entouré l'assemblée heurtèrent leurs épées contre leurs boucliers ; l'on entendit la voix du héraut citant les noms de ceux qui avaient été condamnés au conseil ; voici qu'on les traînait, nus, sous les yeux de tous et qu'en même temps tout l'appareil du supplice était déployé. Ils furent attachés à un poteau, frappés de verges et décapités à la hache, les assistants étant à ce point paralysés par la peur que non seulement on n'entendit aucune voix un peu hardie pour protester contre l'atrocité du châtiment, mais pas même de gémissements. On enleva ensuite tous les corps de la place et, l'endroit une fois purifié, tous les soldats, appelés chacun nominalement devant les tribuns militaires, prêtèrent serment à P. Scipion, tandis que la solde leur était versée intégralement à l'appel de leur nom. Telles furent la fin et l'issue de la mutinerie commencée près de Sucro.

Histoire romaine, XXVIII, 26-29.

HOMÈRE	VIRGILE	CLAUDIEN
VIIIᵉ s. av. J.-C.	Iᵉ s. av. J.-C.	Vᵉ s. ap. J.-C.

Zosime

C'est sur un conflit résolu sans concessions entre un empe-
reur et le Sénat romain que s'achève ce recueil et que commence,
pour l'historien païen Zosime, le déclin de l'Empire romain d'Oc-
cident. Théodose veut convaincre les sénateurs de se convertir
au christianisme ; ceux-ci refusent et l'empereur décide de couper
les vivres, en supprimant les fonds publics alloués aux cultes
païens officiels. Pour l'historien, qui rejette sur le christianisme
la responsabilité du déclin et de la chute de l'Empire (première
apparition d'un thème historiographique promis à une grande
fortune), cette interruption impie des sacrifices, en 394, eut
comme première conséquence la mort de Théodose et, à plus long
terme, la prise de Rome en 410 par le Vandale Alaric.

PASSAGE EN FORCE

La situation ayant ainsi pris un tour favorable pour
l'empereur Théodose, il part pour Rome, y élève son fils
Honorius à l'Empire, désigne en même temps Stilicon
comme général des unités qui sont stationnées là et l'y
laisse comme tuteur de son fils ; il convoqua par ailleurs
le Sénat qui s'en tenait aux antiques traditions des
ancêtres et n'avait pas encore choisi de se rallier à ceux
qui s'en étaient détournés pour mépriser les dieux, et
lui tint un discours dans lequel il l'exhorta à renoncer à
cette « erreur » – comme il disait lui-même – que le Sénat
avait auparavant cultivée et à préférer la foi des chrétiens,
qui comporte la promesse de la délivrance de tout péché
et de toute impiété. Mais aucun des sénateurs n'obéit
à son appel ni ne choisit de renoncer à leurs traditions
ancestrales, qui remontaient à la fondation de la ville,
pour leur préférer une soumission absurde : en les maintenant en effet, ils habitaient une ville qui n'avait jamais
été mise à sac depuis près de douze cents ans déjà, mais
ignoraient ce qui s'ensuivrait s'ils adoptaient d'autres

pratiques au lieu de celles-là ; Théodose déclara alors que l'État était accablé par les dépenses pour les cérémonies religieuses et les sacrifices, et qu'il voulait supprimer cela, vu qu'il n'approuvait pas ce qui se faisait, et que par ailleurs le budget militaire exigeait des ressources accrues. Les membres du Sénat ayant affirmé que les cérémonies n'étaient pas accomplies rituellement si l'État ne subvenait pas aux frais, […], le rite des sacrifices cessa alors pour cette raison et tous les autres cultes hérités des ancêtres furent négligés, si bien que l'Empire romain s'affaiblit progressivement, devint une demeure de Barbares ou même finalement fut privé de ses habitants et réduit dans un état tel qu'on ne reconnaît même pas les sites sur lesquels se trouvaient les villes.

Histoire nouvelle, III, 59.

LES AUTEURS DU « SIGNET »[1]

Ammien Marcellin (330-400)

L'un des derniers grands écrivains romains à écrire en latin, bien qu'il fût un Grec, né à Antioche. Ses *Histoires* en 31 livres constituent la suite de celles de Tacite, et couvrent la période de 96 à 378, de la mort de Domitien à la désastreuse défaite des Romains devant les Goths à Andrinople en 378. Les livres que nous avons conservés, de XIV à XXXI, traitent avec beaucoup de détail les années 353-378, recouvrant des événements qui se sont déroulés durant la vie de l'auteur et dont il a été le témoin pour nombre d'entre eux. Jeune homme, il avait rejoint l'armée et servi sur la frontière orientale, puis en Gaule sous Julien, qui devint ensuite empereur, et qu'il admirait profondément. Il prit part à la campagne fatale de Julien en Perse et voyagea ensuite en Égypte et en Grèce. En 378, il s'installa à Rome où il écrivit ses *Histoires*.

Aristote (384-322 av. J.-C.)

Né à Stagire en Chalcidique, il s'installa à Athènes en 367 et y devint un des disciples de Platon. Il resta membre de l'Académie jusqu'à la mort de Platon en 347, année où il quitta Athènes, pour séjourner à Assos, en Troade, puis à Mytilène, dans l'île Lesbos. Philippe II l'invita en 342 à devenir le précepteur de son fils Alexandre, le futur Alexandre le Grand, alors âgé de treize ans. En

---

1. Certaines de ces notices sont librement inspirées du *Guide de poche des auteurs grecs et latins* ou sont issues des précédents « Signets ». Les auteurs de langue grecque sont signalés par la casse droite, les auteurs de langue latine par l'italique.

335, Alexandre ayant accédé au trône et commencé son expédition en Asie, Aristote retourna à Athènes et y enseigna dans un gymnase construit au milieu d'un bosquet consacré à Apollon Lykeios, d'où son nom de Lycée. Il donnait ses conférences à ses élèves le matin et au grand public dans la soirée. Sa philosophie fut appelée « péripatéticienne » en raison du nom du déambulatoire (*peripatos*) où les étudiants allaient et venaient. À la mort d'Alexandre en 323, le parti antimacédonien redevint prédominant à Athènes ; Aristote légua son école à Théophraste et s'enfuit d'Athènes, pour mourir l'année suivante à Chalcis, en Eubée. Il est l'auteur d'un grand nombre de travaux sur des sujets variés, dont il nous reste à peu près le cinquième, et qui comportent en particulier des œuvres philosophiques et scientifiques qui eurent une influence considérable sur la culture occidentale.

Auguste (63 av. J.-C.-14 apr. J.-C.)

Gaius Octavus était le fils de la nièce de Jules César. Quand César fut assassiné en 44 et que son testament révéla qu'il avait adopté Octave et l'avait nommé son héritier, Octave quitta la Grèce où il était allé terminer son éducation et revint en Italie à l'âge de dix-neuf ans pour venger César. Doué de flair politique, il s'attacha l'appui des vétérans de César et des républicains modérés qui s'étaient opposés à lui, y compris Cicéron. Il instaura un triumvirat avec Antoine, le chef du parti de César, et M. Lépide, gouverneur provincial, et ils gouvernèrent tous trois Rome et l'Empire à partir de 43. L'influence d'Octave se développa avec le temps, et il obligea en 36 Lépide à se retirer du triumvirat. La liaison d'Antoine avec la reine égyptienne Cléopâtre, qui lui aliéna Rome, renforça davantage la position d'Octave. En 31, la guerre fut déclarée à Cléopâtre ; Antoine se rangea à ses côtés et, battu lors de la bataille navale d'Actium, se suicida. En 27, Octave remit le gouvernement de l'État au Sénat, restaurant formellement la république par ce geste ; il conservait toutefois une autorité réelle écrasante. Il reçut le titre d'Auguste, qui le mettait au-dessus de l'État et celui d'*imperator* (général, qui est à l'origine du mot « empereur » en français). Pendant les années qui suivirent, il réorganisa les provinces, et fit des réformes morales et religieuses qui tendaient à restaurer les anciennes vertus romaines de simplicité, de dur labeur, et de mariages fidèles et prolifiques. Les hommes de lettres influents de son époque (au premier rang desquels Virgile, Horace, Tibulle, Properce, Ovide et Tite-Live) l'aidèrent dans son entreprise. Quand il mourut, il fut déifié et rangé parmi les dieux de l'État.

Aurelius Victor (327-390)

Aurelius Victor, d'origine modeste et provinciale, fit une carrière administrative et devint gouverneur de Pannonie. Proche de l'empereur Julien, il composa, avant de devenir gouverneur, *Le Livre des Césars*, bréviaire regroupant les biographies des empereurs. L'ouvrage nous est parvenu comme la troisième et dernière partie d'une histoire romaine allant des origines mythiques jusqu'au IVe siècle après Jésus-Christ.

Caton (234-149 av. J.-C.)

Caton dit « l'Ancien » ou « le Censeur » naquit à Tusculum dans une famille d'origine paysanne. Tribun militaire pendant la deuxième guerre punique, il entama une carrière politique sous le patronage de L. Valerius Flaccus, qui avait été fort impressionné par ses mœurs sévères. Il fut questeur en Sicile, préteur en 198, consul avec Flaccus en 195 lorsqu'il s'opposa sans succès à l'abolition de la loi Oppia, qui limitait le luxe des femmes, et gouverneur en Espagne où ses campagnes militaires lui valurent le triomphe. Il fut élu au censorat en 184, charge dont il s'acquitta avec une sévérité proverbiale. Son idéal était le retour à la simplicité originale d'un État fondé sur l'agriculture. Il écrivit à l'intention de son fils des traités sur des sujets variés, et notamment sur l'agriculture (*De agricultura*), traité dont une grande partie a été conservée et qui traite de la culture de la vigne, des olives et des fruits, et de l'élevage. Lorsqu'il fut la cible, dans sa vieillesse, d'une accusation capitale, il se défendit avec une vigueur intacte.

Catulle (84-54 av. J.-C.)

Poète latin né à Vérone, dont le père était un homme aisé qui comptait Jules César parmi ses relations. Jeune homme, il se rendit à Rome, où il fréquenta le cercle littéraire à la mode, adressant des poèmes à des personnalités du temps comme Cicéron ou Hortensius, entre autres, et ne se privant pas d'insulter César et son lieutenant Mamurra. Il passa un an (57-56) avec son ami Cinna en Bythinie, puis revint s'installer dans une villa à Sirmio, sur le lac de Garde. À Rome, il tomba amoureux d'une femme mariée de la bonne société, qu'il appelle Lesbie, mais dont le véritable nom était sans doute Clodia, sœur du Clodius qui fut assassiné par Milon. Il dédia à Lesbie vingt-cinq poèmes qui sont une chronique de sa liaison, depuis ses débuts idylliques jusqu'à la désillusion finale.

César (100-44 av. J.-C.)

Gaius Julius Caesar fut un général, homme d'État et dictateur romain. Il fit sa première campagne militaire à dix-neuf ans en Asie, suivit à Rhodes les cours du rhéteur grec M. Antonius Gnipho, qui fut aussi le maître de Cicéron. Il suivit ensuite le *cursus honorum* : sénateur avant 70, questeur en Espagne, édile, pontifex maximus, préteur. En 61 avant Jésus-Christ, il établit une première alliance officieuse avec Pompée et Crassus, et fut élu consul pour 59. Il passa les neuf années suivantes à conquérir le reste de la Gaule (Rome était déjà maîtresse de la Gaule Cisalpine – l'Italie du Nord – et de la Gaule Transalpine, le sud de la France), campagne qu'il décrit brillamment dans ses *Commentaires sur la guerre des Gaules*. La pacification de la Gaule fut achevée en 50, après la répression du soulèvement général de 52 dont Vercingétorix avait pris la tête. Le pacte avec Pompée et Crassus avait été renouvelé en 56, mais en 53 Crassus trouva la mort en combattant les Parthes ; César et Pompée restèrent seuls à la tête de l'État. Le 10 janvier 49, alors que Pompée avait pris le parti des adversaires de César et que le Sénat avait ordonné à César de renvoyer ses soldats, ce dernier franchit le Rubicon (rivière frontière entre la Gaule cisalpine et l'Italie) avec son armée : c'est le début de la guerre civile. Pompée se réfugie en Grèce ; en trois mois, César est maître de l'Italie. Il se rend en Espagne où il force l'armée de Pompée à capituler, avant de partir en Grèce en 44, où il bat Pompée à Pharsale (été 48) et de le poursuivre en Égypte où, lorsqu'il arrive, Pompée a déjà été assassiné. Pendant l'hiver 48, il se consacre à une guerre difficile, pour établir Cléopâtre VII, devenue sa maîtresse, sur le trône d'Égypte. Puis, avant de revenir à Rome, il traverse la Syrie pour combattre Pharnace ; il remporte la victoire en 47 à Zéla (nord-est de la Turquie actuelle), où, pour souligner la rapidité de sa campagne, il prononça le célèbre « *Veni, vidi, vici* » (« Je suis venu, j'ai vu, j'ai vaincu »). Il part ensuite en Afrique, où il défait les partisans de Pompée à Thapsus en 46. Lors de son retour à Rome, César est nommé dictateur pour dix autres années et c'est au cours de quatre triomphes magnifiques qu'il célèbre ses victoires sur les ennemis étrangers (mais non les victoires sur d'autres Romains). Les armes laissent alors la place aux lois, et César entreprend plusieurs réformes, dont la plus durable fut la réforme du calendrier : le calendrier julien, instaurant une année bissextile, resta en vigueur en Europe occidentale jusqu'au XVIᵉ siècle. La popularité de César est alors immense dans le peuple et l'armée ; devant sa volonté évidente de mettre fin au gouvernement républicain, plusieurs personnages se conjurent contre lui et il est poignardé à mort au Sénat en 44. Il avait adopté et nommé son héritier Octave, le futur Auguste. Il fut déifié en 42.

Cicéron (106-43 av. J.-C.)

Né à Arpinum, Cicéron est un « homme nouveau », c'est-à-dire le premier de sa lignée à parcourir la carrière des honneurs jusqu'au consulat, qu'il exerce en 63. Ensuite exilé pendant un an pour avoir fait mettre à mort Catilina sans jugement, il voit son rôle politique décliner. Fervent partisan du régime républican, il rallie le camp de Pompée, juste avant que César ne l'emporte, puis prend le parti du futur Auguste, qu'il espère influencer. Il le sert en attaquant dans les *Philippiques* Marc Antoine, qui le fit assassiner. Sa grandeur réside dans sa maîtrise exceptionnelle de la langue latine, et il fut le plus grand orateur que Rome ait produit. L'œuvre de Cicéron comprend une riche correspondance, environ cent quarante discours judiciaires ou politiques et divers traités de rhétorique et de philosophie. L'« humanisme » cicéronien exerça une influence considérable sur la culture occidentale.

Claudien (fin du IVe siècle-après 404 apr. J.-C.)

Grec d'Alexandrie venu à Rome, Claudien est le dernier grand poète païen de la Rome antique. Sa langue maternelle était le grec, mais il écrivait en latin et connut un succès immédiat à la cour d'Honorius, jeune empereur d'Occident. Il composa de nombreux poèmes de circonstance en faisant l'éloge des puissants de son époque, parmi lesquels un panégyrique en trois livres du général et régent Stilicon. Il use abondamment dans ces poèmes de l'allégorie, de l'allusion et des épisodes mythologiques. On lui doit aussi *Le Rapt de Proserpine*, dont il subsiste mille cent vers, qui est la dernière grande épopée mythologique latine antique.

Démosthène (384-322 av. J.-C.)

Considéré à bon droit comme le plus célèbre orateur grec athénien, Démosthène, après des débuts difficiles comme orateur, du fait notamment de ses défauts d'élocution, força l'admiration des Grecs en prônant avec acharnement la résistance contre les ambitions de Philippe II, roi de Macédoine, contre lequel il composa ses célèbres *Philippiques* ; sa politique aboutit néanmoins à la défaite de Chéronée en 338. L'un de ses plus célèbres discours, *Sur la couronne*, est la réponse à une accusation d'Éschine, lequel le rendait responsable des malheurs qui s'étaient abattus sur Athènes ; réponse qui valut à Démosthène un vote massif en sa faveur.

Diodore de Sicile (Ier siècle av. J.-C.)

Historien grec de Sicile, qui écrivit entre 60 et 30 une histoire du monde, la *Bibliothèque historique*, centrée sur Rome et qui comprend quarante livres. Le livre XVII couvre l'épopée d'Alexandre le Grand.

Dion Cassius (env. 150-235)

Historien romain né à Nicée en Bithynie, il fut deux fois consul à Rome et gouverneur d'Afrique et de Dalmatie. Son œuvre majeure est une *Histoire romaine*, écrite en grec, en quatre-vingts livres, depuis l'arrivée d'Énée en Italie jusqu'à 229 après Jésus-Christ ; il nous en reste les livres XXXVI-LIV, qui couvrent les années 68-10 avant Jésus-Christ.

Eschyle (525-456 av. J.-C.)

Le plus ancien poète tragique grec dont l'œuvre ait survécu. Né à Éleusis, près d'Athènes, d'une famille noble, il fut dans sa jeunesse le témoin de la fin de la tyrannie athénienne, et dans sa maturité celui du développement de la démocratie. Il prit part aux guerres contre les Perses à Marathon, et sans doute à Salamine en 480 (qu'il évoqua dans *Les Perses*). Il écrivit quelque quatre-vingts ou quatre-vingt-dix pièces (incluant des drames satyriques) dont il subsiste sept tragédies, parmi lesquelles *Les Sept contre Thèbes* qui fut produite en 472. Il est considéré comme le véritable fondateur de la tragédie grecque ; notamment parce qu'en portant à deux le nombre des acteurs et en diminuant le rôle joué par le chœur, il rendit possibles un véritable dialogue et une action dramatique.

Florus (IIe siècle apr. J.-C)

Auteur d'une histoire latine connue sous le nom de *Tableau de l'histoire du peuple romain, de Romulus à Auguste*, abrégé de l'histoire romaine jusqu'à l'époque d'Auguste, avec des références spéciales aux guerres, et conçue comme un panégyrique du peuple romain. On l'a parfois identifié au Florus qui était l'ami-poète de l'empereur Hadrien.

Hérodote (484-420 av. J.-C.)

Historien grec, auteur des *Histoires* (*Historiai*, « enquêtes »), qui couvrent la lutte entre la Grèce et l'Asie depuis l'époque de Crésus (milieu du VIe siècle av. J.-C.) jusqu'à la retraite de Xerxès de Grèce (478 av. J.-C.) des guerres médiques. Né à Halicarnasse, il se retira ou fut exilé à Samos puis voyagea en Égypte et dans le monde grec. Il visita Athènes vers le milieu des années 440. Cicéron et d'autres l'ont appelé « le père de l'histoire ». Il comprenait les événements de l'histoire comme ayant leur source dans le caractère et les actes individuels de grands hommes.

Hésiode (env. VIIe siècle av. J.-C.)

L'un des tout premiers poètes grecs connus, représentant, comme Homère, de la plus ancienne poésie grecque. Né à Ascra en Béotie, il entendit, alors qu'il gardait les moutons sur le mont Hélicon, les Muses l'appeler à devenir poète et à chanter les dieux. Deux de ses poèmes authentiques nous sont parvenus, la *Théogonie* et *Les Travaux et les Jours*.

Homère (env. 750 av. J.-C.)

Le plus célèbre poète de l'Antiquité et aussi l'un des moins connus. La version traditionnelle veut qu'il ait vécu en Asie mineure et qu'il ait composé l'*Iliade* et l'*Odyssée*, immenses épopées comptant respectivement seize mille et douze mille vers. Les deux œuvres se réfèrent à la légende de la guerre de Troie. L'*Iliade* relate la prise de Troie, riche cité d'Asie mineure, par l'armée grecque, après dix ans de siège. Récit de voyage et conte merveilleux, l'*Odyssée* chante les errances d'Ulysse jusqu'à son retour à Ithaque. Tenues pour essentielles dès l'Antiquité, ces deux œuvres sont fondatrices de la culture occidentale.

Isocrate (435-338 av. J.-C.)

Né à Athènes dans une riche famille, Isocrate suivit les leçons des sophistes et fut influencé par la pensée de Socrate. Pendant un certain temps, il écrivit des discours judiciaires pour ses clients. Vers 392, il ouvrit une école à Athènes et commença aussi à écrire des discours politiques. L'école se distinguait de celles des sophistes par l'ampleur de l'éducation qu'on y donnait et par l'accent mis sur la morale ; par sa méthode aussi qui faisait une large place aux efforts et au travail intense des élèves eux-mêmes. Elle devint célèbre et les élèves venaient de tout le monde grec. Les écrits politiques d'Isocrate sont surtout consacrés au thème de l'unité des Grecs. Il chercha longtemps un homme fort pour mener à la tête des Grecs unis une expédition contre la Perse ; il crut le trouver en la personne du roi de Sparte Agésilas, puis, après d'autres, en la personne de Philippe II de Macédoine.

Jean Damascène (676-749)

Théologien chrétien d'origine syriaque, mais de langue grecque, considéré comme saint par les Églises catholique et orthodoxe. Il occupa un poste de haut fonctionnaire auprès du calife de Damas, avant de devenir moine près de Jérusalem, au monastère de Mar Saba. On lui doit de nombreux textes, parmi lesquels un *Panégyrique de Jean Chrysostome*.

Jordanès (VIᵉ siècle apr. J.-C.)

Chrétien de Constantinople, sans doute lui-même issu d'un milieu goth, il fut l'auteur d'une *Histoire des Goths* écrite vers 550, qui comporte des tableaux saisissants comme celui de la prise de Rome par Alaric ou de la fameuse bataille des champs Catalauniques, en 451, contre Attila, le roi des Huns.

Julien (332-363)

Constance II, le fils de Constantin, mit à mort tous les membres rivaux de la famille impériale, à l'exception de ses deux jeunes cousins, Julien et son frère, qui furent élevés en captivité à Cappadoce. Julien fut pris d'une passion pour les classiques et les dieux païens. Après le meurtre de son frère, il abandonna à contrecœur ses études lorsque Constance II, qui n'avait pas d'héritier, l'appela et le proclama César, lui confiant la Gaule et la Bretagne. Ce fut un général victorieux, très populaire auprès de ses soldats dont il partageait les épreuves. Devenu empereur à la mort de Constance, Julien rétablit les cultes et les dieux païens. Son œuvre, très variée, comporte quatre-vingts lettres, huit discours et quelques poèmes. Julien s'embarqua pour une campagne contre la Perse en 363 mais fut mortellement blessé au combat plus tard dans l'année.

Juvénal (60-130)

Juvénal, qui naquit à Aquinum (dans le Latium), fut le plus grand poète satirique latin. Peu de détails subsistent sur sa vie. Il écrivit seize *Satires*, publiées entre 110 et après 127, sous les règnes paisibles de Trajan et d'Hadrien, et remarquables pour leur humour amer et ironique et leur puissance d'invective.

Lucain (39-65)

Poète latin né à Cordoue, en Espagne. Son père était le frère de Sénèque le Philosophe. Il fut élevé à Rome et poursuivi ses études à Athènes, avant d'en être rappelé par l'empereur Néron, qui l'introduisit dans son cercle, le fit questeur et augure et l'admira beaucoup pendant un certain temps. En 62 ou 63, il publia trois livres de son épopée, *La Pharsale*, sur la guerre civile entre César et Pompée. Il s'attira toutefois l'hostilité de Néron, peut-être par jalousie littéraire, et prit part à la conjuration de Pison (64-65) ; lorsqu'elle fut découverte, il fut contraint de se suicider.

Marc Aurèle (121-180)

Empereur romain de 161 à sa mort. Issu d'une famille consulaire, il reçut une éducation soignée des meilleurs maîtres. Encore jeune, il gagna la faveur de l'empereur Hadrien. Lorsque Hadrien adopta Antonin le Pieux comme successeur, ce dernier adopta Marc Aurèle. Son règne fut dominé par la guerre contre les envahisseurs, Parthes et Germains en particulier, sur toutes les frontières importantes. Ses douze livres de *Pensées* furent écrits, en grec, pendant les dix dernières années de son règne, alors qu'il était en campagne, quand l'exercice du pouvoir lui en laissait le temps. L'ouvrage se fait l'écho du dialogue entre le politique et le philosophe.

Marc le Diacre (fin du IVe siècle-début du Ve siècle apr. J.-C.)

Marc, diacre de Porphyre, évêque de Gaza, est l'auteur de la vie de ce dernier, un document unique sur la cour byzantine au temps d'Arcadius, d'Eudoxie et de saint Jean Chrysostome.

Phèdre (15 av. J.-C.-env. 50 apr. J.-C.)

Esclave thrace, emmené à Rome, qui devint un affranchi dans la famille d'Auguste. Il fut l'auteur d'un recueil de fables inspirées d'Ésope, en cinq livres, écrites en latin.

Platon (428-348 av. J.-C.)

Citoyen athénien destiné par son origine, sa richesse et son éducation à devenir un dirigeant politique, il se mit à l'écart de la vie publique. Sa rencontre avec Socrate, en 407, fit naître son intérêt pour la philosophie ; ce dernier exerça une influence considérable sur lui, dont témoignent ses écrits. Il fonda à Athènes une école de philosophie, l'Académie, où Platon et ses élèves, parmi lesquels Aristote, s'engagèrent dans les mathématiques, la dialectique et toutes les études qui semblaient utiles à l'éducation des futurs hommes d'État et politiciens. Nous pouvons lire de lui près de trente dialogues authentiques et quelques lettres. Dans *Le Politique* (« l'homme d'État »), la recherche porte sur la nature de l'idéal platonicien du gouvernant idéal.

Pline l'Ancien (23-79)

Né à Côme en Italie du Nord, il consacra les douze premières années de sa vie active au service militaire, avant de devenir un avocat actif au barreau. Après l'avènement de l'empereur Vespasien en 69, il prit la succession d'un procurateur en Gaule, en Afrique et en Espagne, charge dont il s'acquitta « avec les plus grands scrupules » d'après Suétone. Nommé commandant de la flotte de Misène, près de Naples, il mourut le 24 août 79 en observant l'éruption du Vésuve. Son œuvre la plus importante nous est parvenue, la *Naturalis Historia* (« Histoire naturelle ») en trente-sept livres ; le septième livre traite de la physiologie humaine.

Pline le Jeune (61/62-113)

Né à Côme, il fit ses études sous la direction de Quintilien. Il commença une carrière d'avocat à dix-huit ans, avant de suivre le *cursus honorum* des magistratures romaines. Sous Trajan, il devint l'un des fonctionnaires chargés du trésor de l'État. Il composa un *Panégyrique de Trajan*, prononcé devant l'empereur en 100, et remanié par la suite pour la publication. Sa réputation repose par ailleurs sur les dix livres de lettres qu'il nous a laissés, qui correspondent chacune à un bref essai et traitent des sujets les plus divers. La correspondance avec Trajan dans le Xe livre apporte un éclairage précieux sur l'administration d'une province impériale. Elle présente Pline comme un gouverneur honnête mais timide, en référant à Rome pour des sujets aussi mineurs que l'absence d'une brigade de pompiers ou de seaux d'eaux à Nicomédie. Les réponses de Trajan sont précises et claires, et montrent à quel point ce dernier encourageait la centralisation.

Plutarque (env. 45-125)

Issu d'une grande famille de Béotie, Plutarque étudia à Athènes, visita l'Égypte et l'Asie mineure, puis s'installa un temps à Rome ; il passa la plus grande partie de sa vie dans sa ville natale de Chéronée, en Béotie. Il subsiste de son œuvre une série d'une cinquantaine de biographies connues sous le titre de *Vies parallèles*, où il raconte les vies de Grecs éminents (hommes d'État ou militaires), suivie des vies de quelques Romains comparables, qui offrent des points de ressemblance avec les premiers ; il ajoute ensuite une comparaison des deux biographies. Soixante-dix-huit œuvres variées lui sont aussi attribuées, rassemblées sous le titre de *Moralia*.

Procope (500-565)

Originaire de Césarée en Palestine, cet historien grec de l'époque byzantine fut le secrétaire de Bélisaire, le célèbre général de l'empereur romain Justinien, qu'il accompagna lors de ses premières campagnes en Afrique et en Italie. Il revint à Constantinople, qui était alors la capitale de l'Empire romain, en 542, et fut nommé préfet de la ville en 562. Son *Histoire des guerres de Justinien* en huit livres, couvrant les années 527-553, constitue une de nos sources principales concernant le règne de Justinien. Il y fait surtout l'éloge de Bélisaire, Justinien et l'impératrice Théodora faisant l'objet d'un traitement beaucoup moins enthousiaste. Procope est aussi l'auteur d'un remarquable supplément à son *Histoire* : une *Histoire secrète* couvrant la même période, mais renfermant une violente attaque de la politique de Justinien dans son ensemble et soulignant notamment la moralité douteuse de l'impératrice Théodora.

Quinte Curce (Iᵉʳ siècle apr. J.-C.)

Cet historien romain écrivit une histoire d'Alexandre le Grand en dix livres. Les deux premiers livres sont perdus ; ceux qui subsistent commencent en 333 avec la marche d'Alexandre à travers la Phrygie et l'épisode du nœud gordien.

Quintilien (35-après 95)

Né en Espagne, Quintilien fut un célèbre avocat et professeur de rhétorique à Rome. Il fut le premier rhéteur à recevoir un salaire officiel sur le trésor d'État. Il compta Pline le Jeune parmi ses élèves. L'*Institution oratoire* est son œuvre la plus fameuse ; elle traite de la formation d'un orateur, de la petite enfance jusqu'à l'âge adulte, et constitue la source la plus complète dont nous disposons sur l'enseignement de la rhétorique dans l'Antiquité.

Salluste (86-35 av. J.-C.)

Issu d'une famille plébéienne du pays sabin, il fut tribun de la plèbe en 52, où il combat Cicéron et Milon, préteur en 47, et gouverneur de la province de Numidie en 46, où il s'enrichit considérablement. Il se retira ensuite de la vie publique et consacra le reste de ses jours à écrire des monographies historiques, la *Conjuration de Catilina*, la *Guerre de Jugurtha* et les *Histoires* couvrant la période 78-67.

Silius Italicus (25-101)

Né à Padoue, ce poète latin fut avocat, consul en 68 (dernière année du règne de Néron), puis plus tard, vers 77, proconsul d'Asie. Il vécut ensuite retiré dans ses propriétés près de Naples. Il acheta une maison de campagne ayant appartenu à Cicéron, qu'il vénérait, et fit restaurer le tombeau de Virgile, pour lequel il avait une admiration profonde, qui se trouvait dans une de ses propriétés. Son œuvre principale est le poème

Punica, épopée en dix-sept chants en hexamètres sur la deuxième guerre punique (218-201 av. J.-C.).

Sidoine Apollinaire (env. 430-480)

Né à Lyon, d'une famille de notables chrétiens, il prononça un *Panégyrique* en vers pour son beau-père Avitus (le père de sa femme) lorsque celui-ci fut proclamé empereur romain pour l'Occident en 455, panégyrique pour lequel il fut récompensé par une statue élevée sur le forum de Trajan. Évêque en 469, il résista avec courage à une invasion des Wisigoths et n'abandonna la lutte que lorsque l'Auvergne tout entière leur fut cédée en 475. Libéré de prison en 476, il consacra le reste de sa vie à l'administration de son diocèse et à la littérature. Il subsiste de sa production littéraire vingt-quatre poèmes et neuf recueils de lettres, précieuses sources d'information sur la vie en Gaule au Ve siècle.

Sophocle (496/495-406 av. J.-C.)

Le deuxième des trois grands tragiques athéniens, né un peu après Eschyle et contemporain d'Euripide. Ses biographes nous en conservent l'image d'un homme pieux et de famille aisée. Sept pièces nous sont parvenues sous son nom, qui semblent toutes avoir été composées après cinquante ans. *Antigone,* la plus ancienne qui soit datée, fut créée en 442.

Suétone (70-après 122)

Il fut d'abord avocat, puis, sous Hadrien, secrétaire au palais de l'empereur, ce qui lui permit de consulter les archives impériales, avant d'être disgracié en 121-122, sous prétexte d'une indiscrétion concernant l'impératrice. De ses nombreux écrits nous sont parvenus notamment sa *Vie des douze Césars,* presque intégrale, qui comprend les biographies de Jules César et des onze empereurs lui ayant succédé : Auguste, Tibère, Caligula, Claude, Néron, Galba, Othon, Vitellius, Vespasien, Titus et Domitien. Seules les vies de César et d'Auguste devaient être terminées avant son exclusion du palais, car aucune citation extraite de correspondances n'est utilisée au-delà de la vie d'Auguste.

Tacite (55/57-116/120)

Historien romain, originaire de la Gaule narbonnaise. Il commença sa carrière sénatoriale sous Vespasien (69-79), épousa la fille d'Agricola en 77, devint préteur en 88, *consul suffectus* en 97 et gouverneur de la province d'Asie en 112-113. Il était un excellent orateur et devint célèbre pour ses écrits de son vivant. Ses deux œuvres majeures sont les *Histoires* (sur la période 69-96) et les *Annales* (sur les années 14 à 68), qui nous sont parvenues toutes deux incomplètes. Il partageait l'antique conception romaine selon laquelle ce sont les individus qui font l'histoire et se montrait très pessimiste sur la capacité de Rome à produire un bon empereur.

Thucydide (460-395 av. J.-C.)

Né d'une noble famille d'Athènes, il fut atteint par la peste entre 430 et 427 mais parvint à en guérir. Élu stratège en 424, il fut chargé de surveiller la flotte thrace, mais arriva trop tard pour empêcher l'importante colonie athénienne d'Amphipolis de tomber aux mains du général spartiate Brasidas. Accusé de trahison et condamné à l'exil, il ne revint à Athènes que vingt ans plus tard, à la fin de la guerre, et y mourut quelques années plus tard. Il est l'auteur de *La Guerre du Péloponnèse*, un récit détaillé et précis des événements de 431 à 410 (la guerre dura jusqu'en 404 ; la rédaction semble avoir été interrompue par la mort de l'auteur). Ayant passé la plus grande partie de la guerre en exil, il chercha à obtenir des informations des deux côtés, ce qui lui permit sans doute d'avoir une vision plus claire des événements. L'une des caractéristiques de son histoire est de rapporter de nombreux discours (trente-neuf), dans lesquels, sans chercher à reproduire exactement les paroles prononcées, il met en lumière les mobiles des actions et les causes des événements rapportés.

Tite-Live (env. 60 av. J.-C.-17 apr. J.-C.)

Originaire de Padoue, cet intime d'Auguste occupe les fonctions de précepteur du futur empereur Claude, tout en restant attaché à ses convictions républicaines. Il est l'auteur d'une monumentale *Histoire romaine*, dont trente-cinq livres nous sont restés. Légendes, documents officiels et annales archaïques sont les matériaux utilisés pour ce travail qui se veut explicatif et didactique : les grandes figures de la Rome des premiers temps doivent aujourd'hui servir d'exemples aux contemporains fourvoyés dans le luxe et la débauche.

Valerius Flaccus (45-90)

Poète latin, dont l'unique œuvre connue, les *Argonautiques*, fut probablement commencée au début des années 70 et n'était pas achevée lorsqu'il mourut prématurément en 92 ou 93. Il s'agit d'un poème épique, en hexamètres, inspiré des *Argonautiques* d'Apollonios de Rhodes.

Virgile (70-19 av. J.-C.)

Issu d'une famille modeste, Virgile est né à Mantoue et ne tarde guère à se consacrer à la poésie, après avoir étudié la rhétorique et la philosophie épicurienne à Crémone, Milan, Rome et Naples. À trente ans il compose les *Bucoliques*, imitées de Théocrite ; il poursuit avec les *Géorgiques*, imitées de la poésie didactique d'Hésiode. Remarqué par Mécène puis l'empereur Auguste, il devient le chantre officiel de l'Empire. Désireux de chanter la gloire d'Auguste, il entreprend une épopée propre à flatter tant le prince que l'orgueil national : l'*Énéide* relate les exploits d'Énée, chef troyen, fils de Vénus et ancêtre mythique de la famille d'Auguste et du peuple romain.

Xénophon (428-354 av. J.-C.)

Cet Athénien faisait partie du cercle de jeunes aristocrates qui entouraient Socrate (ce dernier aurait un jour arrêté Xénophon, encore enfant, dans la rue et lui aurait demandé où il pouvait trouver divers objets. Sa dernière question aurait été : où peut-on trouver des hommes braves et vertueux ? Devant l'embarras de Xénophon, Socrate lui aurait dit de venir avec lui). Il quitta Athènes en 401, et prit alors part, avec son ami le Béotien Proxénos, à l'expédition (relatée dans l'*Anabase*) que Cyrus le Jeune mena contre son frère Artaxerxès. Lors du combat décisif, près de Babylone, Cyrus fut tué et ses troupes asiatiques prirent la fuite. Le découragement des Grecs s'accrut lorsque le satrape Tissapherne, qui conduisait les négociations du côté perse, attira les généraux grecs dans ses quartiers, les fit arrêter et décapiter. Xénophon incita alors les autres commandants à réorganiser l'armée et à effectuer une retraite, lui-même prenant le commandement de l'arrière, position la plus dangereuse. Grâce aux conseils, au courage et à l'ingéniosité de Xénophon, l'armée grecque (les « Dix Mille ») fut en mesure, après de grandes souffrances et des violents combats, de traverser le plateau anatolien pour atteindre la mer Noire. Xénophon se mit ensuite, en 394, au service du roi de Sparte Agésilas, puis s'établit pour près de vingt ans à Scillonte près d'Olympie, dans un domaine que lui avait donné Sparte, jouissant de la nature et composant la plupart de ses ouvrages. Son œuvre abondante se présente comme un témoignage vécu sur les événements et les mouvements intellectuels de son époque. Il rédigea l'*Économique*, un traité d'économie domestique, ainsi que l'*Anabase* et la *Cyropédie*, inspirées de son séjour en Perse. Il termina sa vie à Athènes, son décret d'exil ayant été révoqué.

Zosime (Vᵉ siècle apr. J.-C.)

Historien byzantin, fonctionnaire du trésor impérial, sans doute à Constantinople, et de religion païenne, il est l'auteur d'une *Histoire nouvelle* de l'Empire romain, d'Auguste à la prise de Rome par Alaric en 410, en quatre livres.

POUR ALLER PLUS LOIN

Nota bene. L'abréviation « CUF » désigne la « Collection des universités de France », publiée à Paris par les Belles Lettres.

SOURCES

ANONYME
Histoire Auguste, t. IV, 3ᵉ partie : *Vie des Trente Tyrans et de Claude*, texte établi, traduit et commenté par F. Paschoud, « CUF », 2011.

Inscriptions historiques grecques, traduites et commentées par J.-M. Bertrand, « La roue à livres » (1992), 2004.

Panégyriques latins, t. II : *Les Panégyriques constantiniens (VI-X)*, texte établi et traduit par E. Galletier, « CUF » (1952), 2003.

AMMIEN MARCELLIN
Histoires, t. I : *Livres XIV-XVI*, sous la direction de J. Fontaine, texte établi et traduit par E. Galletier avec la collaboration de J. Fontaine, « CUF » (1968), 2002.

Histoires, t. IV : *Livres XXIII-XXV* (2 *vol.*), texte établi, traduit et commenté par J. Fontaine, « CUF » (1977), 2002.

ARISTOTE
Économique, texte établi et traduit par B. A. Van Groningen et A. Wartelle, introduction et notes par P.-E. Dauzat, « Classiques en poche », 2003.

Rhétorique, t. I, livre 1, texte établi et traduit par Médéric Dufour, « CUF » (1931), 2011.

Auguste
Res Gestae divi Augusti. Hauts faits du divin Auguste,
texte établi et traduit par J. Scheid, « CUF », 2007.

Aurelius Victor
Livre des Césars, texte établi et traduit par P. Dufraigne,
« CUF » (1975), 2002.

(Pseudo-)Aurelius Victor
Abrégé des Césars, texte établi, traduit et commenté par
M. Festy, « CUF », 1999.

Caton
De l'agriculture, texte établi, commenté et traduit par
R. Goujard, « CUF » (1975), 2002.

Catulle
Poésies, texte établi et traduit par G. Lafaye, revu par
S. Viarre et J.-P. Néraudau, Introduction et notes par
J.-P. Néraudau, « Les classiques en poche », 1998.

César
La Guerre des Gaules, t. I : *Livres I et II,* texte établi par
L.-A. Constans, traduction d'A.-M. Ozanam, Introduction
et notes par J.-Cl. Goeury, « Classiques en poche » (1997),
2012.
Guerre civile, t. II : *Livre III,* texte établi et traduit par
P. Fabre, 3e tirage de la huitième édition revue et corrigée
par A. Balland, « CUF », 1936.

Cicéron
De l'orateur, t. I : *Livre I,* texte établi et traduit par
E. Courbaud, « CUF » (1922), 2009.
De l'orateur, t. II : *Livre II,* texte établi et traduit par
E. Courbaud, « CUF » (1928), 2009.
Discours, t. VI : *Seconde action contre Verrès, Livre V : Les
supplices,* texte établi par H. Bornecque et traduit par
G. Rabaud, « CUF » (1929), 1970.

Tusculanes, t. II : *Livres III-V*, texte établi par G. Fohlen et traduit par J. Humbert, « CUF », 1931.

CLAUDIEN
Œuvres, t. II, 1re et 2e *parties : Poèmes politiques (395-398)*, texte établi et traduit par J.-L. Charlet, « CUF », 2000.

DÉMOSTHÈNE
Plaidoyers politiques, t. IV : *Sur la couronne. Contre Aristogiton I et II*, texte établi et traduit par G. Mathieu (1947), 2002.

DIODORE DE SICILE
Bibliothèque historique, t. XII : *Livre XVII*, sous la direction de F. Chamoux, texte établi et traduit par Goukovsky, « CUF » (1976), 2002.

DION CASSIUS
Histoire romaine. Livres 38, 39 & 40, texte édité et traduit par G. Lachenaud, « C.U.F. », 2011.

ESCHYLE
Les Sept contre Thèbes, traduction par P. Mazon, Introduction et notes de J. Alaux, « Classiques en poche », 1997.

FLORUS
Œuvres, t. I : *Livre I. Tableau de l'histoire du peuple romain, de Romulus à Auguste*, texte établi et traduit par P. Jal, « CUF » (1967), 2002.

HÉRODOTE
Histoires, t. I : *Livre I. Clio*, texte établi et traduit par Ph.-E. Legrand, « CUF », 1932.
Histoires, t. VII : *Livre VII. Polymnie*, texte établi et traduit par Ph.-E. Legrand, « CUF » (1951), 2003.

HÉSIODE
Théogonie. Les Travaux et les Jours. Bouclier, texte établi et traduit par P. Mazon, « CUF » (1928), 2014.

HOMÈRE
Iliade. Chants I à VIII, texte établi et traduit par P. Mazon, Préface de J.-P. Vernant, notes par H. Monsacré, « Classiques en poche » (1998), 2012.
Odyssée, texte établi et traduit par V. Bérard, « CUF », 1924.

ISOCRATE
Discours, t. II : *Panégyrique. Plataïque. À Nicoclès. Nicoclès. Evagoras. Archidamos,* texte établi et traduit par G. Mathieu et E. Brémond (1938), 2003.
Discours, t. III : *Sur la paix. Aéropagitique. Sur l'échange,* texte établi et traduit par G. Mathieu, « CUF » (1942), 2003.

JEAN DAMASCÈNE
Figures de l'évêque idéal, discours traduits et commentés par Laurence Brottier, « La roue à livres », 2004.

JORDANÈS
Histoire des Goths, Introduction, traduction et notes par O. Devillers, « La roue des livres », 1995.

JULIEN
Œuvres complètes, t. I, 1re partie : *Discours de Julien César (I-V),* texte établi et traduit par J. Bidez, « CUF » (1932), 2003.

JUVÉNAL
Satires, texte établi par P. de Labriolle et F. Villeneuve, émandé, présenté et traduit par Olivier Sers, « Classiques en poche », 2002.

LUCAIN
La Guerre civile. La Pharsale, texte établi et traduit par A. Bourgery, « CUF » (1927), 2013.

Histoire romaine, t. XI : *Livre XXVIII*, texte établi [
P. Jal, « CUF » (1995), 2002.

Histoire romaine, t. XIX : *Livre XXIX*, texte établi
traduit par P. François, « CUF » (1994), 2003.

VALERIUS FLACCUS
Argonautiques, t. I : *Chants I-IV*, texte établi et tradui
par G. Liberman, « CUF », 1997.

VIRGILE
Énéide, Introduction, traduction nouvelle et notes
par P. Veyne, texte établi par J. Perret, Les Belles Lettres,
2013.

XÉNOPHON
Anabase, t. I : *Livres I-III*, texte établi et traduit par
P. Masqueray, « CUF » (1930), 2009.
Anabase, t. II : *Livres IV-VII*, texte établi et traduit par
P. Masqueray, « CUF » (1931), 2009.
Cyropédie, t. I : *Livres I-II*, texte établi et traduit par
M. Bizos, « CUF », 1971.
Économique, texte établi, traduit et annoté par
P. Chantraine, Introduction et notes revues et complé-
tées par C. Mossé, « Classiques en poche », 2008.
Mémorables, t. I : *Introduction générale. Livre I*, texte
établi par M. Bandini et traduit par L.-A. Dorion,
« CUF », 2000.

ZOSIME
Histoire nouvelle, t. II, 2ᵉ partie, texte établi et traduit
par F. Paschoud, « CUF », 1979.

MARC AURÈLE
Écrits pour lui-même, t. I : *Introduction générale. Livre I*,
texte établi et traduit par P. Hadot, avec la collaboration
de C. Luna, « CUF » (1998), 2002.

MARC LE DIACRE
Vie de Porphyre, évêque de Gaza, texte établi, traduit et
commenté par H. Grégoire et M.-A. Kugener, « Collection
byzantine », 1930.

PLATON
Œuvres complètes, t. IX, 1ʳᵉ partie : *Le Politique*, texte
établi et traduit par A. Diès, « CUF » (1935), 2012.

PHÈDRE
Fables, texte établi et traduit par A. Brenot, « CUF »
(1924), 2009.

PLINE LE JEUNE
Lettres, t. IV : *Livre X. Panégyrique de Trajan*, texte établi
et traduit par M. Durry, « CUF » (1948), 2002.

PLINE L'ANCIEN
Histoire naturelle. Livre VII, texte établi, traduit et
commenté par R. Schilling, deuxième tirage revu et
corrigé, « CUF », 2003.

PLUTARQUE
Œuvres morales, t. I, 2ᵉ partie : *Traités 3-9. Comment
écouter. Moyens de distinguer le flatteur d'avec l'ami. Comment
s'apercevoir qu'on progresse dans la vertu. Comment tirer
profit de ses ennemis. De la pluralité d'amis. De la fortune.
De la vertu et du vice*, texte établi et traduit par R. Klaerr,
A. Philippon et J. Sirinelli, « CUF » (1989), 2003.
Œuvres morales, t. XI, 2ᵉ partie : *Traités 52 et 53.
Préceptes politiques. Sur la monarchie, la démocratie et
l'oligarchie*, texte établi et traduit par J.-C. Carrière et
M. Cuvigny, « CUF » (1984), 2003.

Vies, t. I : *Thésée-Romulus. Lycurgue - Numa*, texte établi et traduit par R. Flacelière, E. Chambry et M. Juneaux, revu et corrigé par J. Irigoin, « CUF » (1993), 2003.

Vies, t. IX : *Timoléon-Paul Émile. Pélopidas-Marcellus*, texte établi et traduit par É. Chambry et R. Flacelière, « CUF » (1967), 2003.

Vies, t. IX : *Alexandre-César*, texte établi et traduit par É. Chambry et R. Flacelière, « CUF » (1975), 2012.

Vies, t. XII : *Démosthène-Cicéron*, texte établi et traduit par R. Flacelière et E. Chambry, « C.U.F. » (1976), 2003

Vies, t. XIII : *Démétrios-Antoine*, texte établi et traduit par É. Chambry et R. Flacelière, « CUF » (1977), 2013.

PROCOPE

La Guerre contre les Vandales. Guerres de Justinien (livres III et IV), traduit et commenté par Denis Roques, « CUF » (1990), 2009.

Histoire secrète, traduit et commenté par P. Maraval, « La roue à livres » (1990), 2009.

QUINTILIEN

Institution oratoire, t. I : *Livre I*, texte établi et traduit par J. Cousin, « CUF » (1975), 2012.

Institution oratoire, t. IV : *Livres VI-VII*, texte établi et traduit par J. Cousin, « CUF » (1976), 2002.

QUINTE-CURCE

Histoires, t. I : *Livres III-VI*, texte établi et traduit par H. Bardon, « CUF » (1961), 2002.

Histoires, t. II : *Livres VII-X*, texte établi et traduit par H. Bardon, « CUF » (1948), 2012.

SALLUSTE

La Conjuration de Catilina, texte établi et traduit par A. Ernout, Introduction et notes par M. Chassignet, « Classiques en poche » (1999), 2012.

La Guerre de Jugurtha, texte établi et traduit par A. Ernout, Introduction et notes par J.-F. Cottier, « Classiques en poche », 2012.

SIDOINE APOLLINAIRE

T. I : *Poèmes*, texte établi et traduit par A. Loyen, « CUF » (1961), 2002.

SILIUS ITALICUS

La Guerre punique, t. I : *Livres I-IV*, texte établi et traduit par P. Miniconi et G. Devallet, « CUF » (1979), 2002.

SOPHOCLE

Antigone, traduction de P. Mazon, Introduction, notes, postface de Nicole Loraux, « Classiques en poche », 1997.

SUÉTONE

Vies des douze Césars, t. I : *César. Auguste*, texte établi et traduit par H. Ailloud, « CUF » (1931), 2007.

TACITE

Histoires, t. I : *Livre I*, texte établi et traduit par P. Wuilleumier et H. Le Bonniec, annoté par J. Hellegouarc'h, « CUF », 1987.

THUCYDIDE

La Guerre du Péloponnèse, t. I : *Livres I et II*, texte établi et traduit par J. de Romilly, Introduction et notes par Claude Mossé, « CUF » (2009), 2014.

La Guerre du Péloponnèse, t. IV : *Livres VI et VII*, sous la direction de J. de Romilly, texte établi et traduit par L. Bodin et J. de Romilly, « CUF » (1975), 2003.

TITE-LIVE

Histoire romaine, t. XI : *Livre XXI*, texte établi par P. Jal, « CUF » (1988), 2015.

Suggestions bibliographiques

ALBIN B., *La Véritable Histoire d'Auguste*, Paris, Les Belles Lettres, 2014.

ASOKA, *Les Inscriptions d'Asoka*, traduit par J. Bloch, Paris, Les Belles Lettres, 2007.

BAYET J., *Littérature latine*, Paris, Armand Colin, 1934.

BERRA A., DE GIORGIO J. P., MALICK-PRUNIER S., *Dixit. L'art de la parole dans l'Antiquité*, Paris, Les Belles Lettres, 2009.

DÉTIENNE M., VERNANT J.-P., *Les Ruses de l'intelligence. La* mètis *des Grecs*, Paris, Flammarion, 1974.

DROGULA F. K., *Commanders and Command in the Roma Republic and Early Empire. Studies in the History of Greece and Rome*, Chapel Hill, University of North Carolina Press, 2015.

DUBRIN A. J., *Leadership: Research Findings, Practice, and Skills*, Boston, Cengage Learning, 2015.

DUPONT C., *La Véritable Histoire de Cicéron*, Paris, Les Belles Lettres, 2013.

HOWATSON M. C. (dir.), *Dictionnaire de l'Antiquité. Mythologie, littérature, civilisation*, Paris, Robert Laffont, 1993.

LAURENS P., *Histoire critique de la Littérature latine*, Paris, Les Belles Lettres, 2014.

MALYE J., *La Véritable Histoire de Jules César*, Paris, Les Belles Lettres, 2007.

MALYE J., *La Véritable Histoire de Périclès*, Paris, Les Belles Lettres, 2008.

MALYE J., *La Véritable Histoire d'Alexandre le Grand*, Paris, Les Belles Lettres, 2009.

MARAVAL P., *La Véritable histoire de Constantin*, Paris, Les Belles Lettres, 2010.

NYE J. S., *The Powers to Lead*, Oxford, Oxford University Press, 2008.

PELTIER B., *The Psychology of Executive Coaching, Theoy and Application*, New York, Routledge, 2010.

MARROU H.-I., *Histoire de l'éducation dans l'Antiquité*, 1 : *Le Monde grec* ; 2. *Le Monde romain*, Paris, Seuil, 1948.

MOSSÉ C. (dir.), *Une histoire du monde antique*, Paris, Larousse, 2008.

PERNOT L., *La Rhétorique dans l'Antiquité*, Paris, Librairie générale française, 2000.

SAÏD S., *Homère et l'Odyssée*, Paris, Belin, 1998.

SAÏD S., TRÉDÉ M., LE BOULLUEC A., *Histoire de la littérature grecque*, Paris, Presses universitaires de France, 1997.

VAN BEIRENDONCK L., *Tous compétents ! Le management des compétences dans l'entreprise*, Bruxelles, De Boeck, 2006.

INDEX DES AUTEURS ET DES ŒUVRES

TABLE DES MATIÈRES

Ce volume,
le vingt-septième
de la collection « Signets »,
publié aux Éditions Les Belles Lettres,
a été achevé d'imprimer
en juillet 2017
sur les presses de
ISI Print
93210 La Plaine Saint-Denis, France